Janine Chasseguet-Smirgel
Zwei Bäume im Garten

Janine Chasseguet-Smirgel

Zwei Bäume im Garten

Zur psychischen Bedeutung
der Vater- und Mutterbilder
Psychoanalytische Studien

Aus dem Französischen von Eva Moldenhauer

Verlag Internationale Psychoanalyse
München–Wien 1988

Titel der Originalausgabe: Sexuality and mind: The role of the father and the mother in the psyche. © 1986 New York University Press, New York. Übersetzt von Eva Moldenhauer nach dem französischen Originalmanuskript © 1986 by Janine Chasseguet-Smirgel.

Lektorat: Dr. Jürgen Kagelmann, Petra Glück, Dipl.–Psych.

Wissenschaftliche Beratung:
Prof. Dr. Dieter Ohlmeier, Frankfurt/M.
Dr. Peter Zagermann, München

CIP-Kurztitelaufnahme der Deutschen Bibliothek

Chasseguet-Smirgel, Janine:
Zwei Bäume im Garten : zur psych. Bedeutung d.
Vater- u. Mutterbilder ; psychoanalyt. Studien /
Janine Chasseguet-Smirgel. Aus d. Franz. von
Eva Moldenhauer. – München ; Wien : Verl. Internat.
Psychoanalyse, 1988.
   Einheitssacht.: Sexuality and mind ⟨dt.⟩
   ISBN 3-621-26502-3

Umschlagentwurf: Dieter Vollendorf, München
Herstellung: Wilfried Wirth, Regensburg
Satz, Druck und Bindung: Pustet, Regensburg
Printed in Germany

© Verlag Internationale Psychoanalyse 1988

ISBN 3-621-26502-3

Der östliche Mythus weiß von zwei Bäumen im Garten der Welt, denen er eine grund- und gegensätzliche kosmische Bedeutung zuschreibt. Der eine ist der Ölbaum: mit dem Saft seiner Früchte salbt man die Könige, auf daß sie leben. Er ist der Lebensbaum, der Sonne heilig; das Sonnenprinzip, das männliche, geistige, klare, ist mit seinem Wesen verbunden (...). Der andere ist der Feigenbaum mit Früchten voll süßer Granatkerne, und wer davon ißt, stirbt. (...) Die Welt des Tages, der Sonne, ist geistige Welt, ist männlich und zeugerisch. Es ist eine Welt der Bewußtheit, der Freiheit, des Willens, der sittlichen Norm- und Zielsetzung, der vernunftstolzen Widersetzlichkeit gegen das Natürlich-Fatale (...). Denn zum mindesten die Hälfte des menschlichen Herzens gehört nicht ihrer Welt, sondern der anderen, von der zu reden gerade für den Dichter ungleich verlockender sein mag, der Welt der Nacht und der Mondgottheit (...). Das ist keine Welt des Geistes, sondern der Seele. Nicht männlich-zeugerische Welt, sondern eine solche tragender, hegender und innigsinnlicher Mütterlichkeit. Nicht die Welt des Seins und der Wahrheit, sondern des Wachsens in der Schoßwärme des Unbewußten.

Thomas Mann, „Die Bäume im Garten"
(1930b)

Inhalt

Danksagungen

Der Mensch hat nicht die Möglichkeit, sich selbst all die narzißtischen Gratifikationen zu geben, die er für sein Überleben braucht. Er bedarf der anderen, die ihm einen Spiegel vorhalten, in dem er sein Bild ohne Haß und ohne Vergötterung betrachten kann. Sonst würde er sterben oder zum Stillstand kommen. Ich danke also all denen, die mich „wohl temperiert" ermutigt und kritisiert haben. Mein Dank gilt insbesondere den Kollegen der Universität von Columbia, die mich im Dezember 1984 eingeladen haben, ein „André Ballard Lecturer" zu sein. Vier der im vorliegenden Band enthaltenen Texte habe ich bei jener Gelegenheit vorgelegt.

„Das Grüne Theater" war Thema einer Diskussion über den Antisemitismus vor einer Studiengruppe, die hauptsächlich aus New Yorker Psychoanalytikern und Historikern unter der Leitung von Mortimer Ostow bestand. Ihre Kommentare haben mir Anregungen gegeben und Mut gemacht.

„Das Paradoxon der Freudschen Methode" wurde anläßlich des fünfundzwanzigjährigen Bestehens des Sigmund-Freud-Instituts an der Johann Wolfgang Goethe-Universität in Frankfurt vorgetragen. Ich danke meinen Frankfurter Kollegen, daß sie mir Gelegenheit gaben, mit ihnen zu untersuchen, welche Rolle die beiden wesentlichen Aspekte der Persönlichkeit des Schöpfers der Psychoanalyse bei der Begründung seiner Theorie gespielt haben.

Was die deutsche Ausgabe dieses Buchs betrifft, so danke ich den Verlegern des neugegründeten Verlages Internationale Psychoanalyse, den Lektoren und den wissenschaftlichen Beratern, Peter Zagermann und Dieter Ohlmeier. Mein Dank gilt auch der Übersetzerin Eva Moldenhauer für ihre ausgezeichnete Arbeit.

Die deutsche Fassung dieses Buches widme ich dem An-
denken an John Rittmeister, der 1943 wegen seines Widerstands in Deutschland ermordet wurde.

Vorwort

Als Professor Leo Goldberger mich bat, für seine Reihe *Psychoanalytic Crosscurrents* ein Buch zu schreiben, eine Bitte, die mich sehr geehrt hat, dachte ich sofort an eine Reihe von Aufsätzen, die ich kürzlich geschrieben hatte und die zum größten Teil noch nicht veröffentlicht waren. Als ich begann, sie wiederzulesen, fiel mir auf, daß ein mehr oder weniger unbewußter „roter Faden" sie miteinander verband, der mit fortschreitender Lektüre immer deutlicher wurde.

Auch wenn alle im vorliegenden Band enthaltenen Aufsätze aus den Jahren 1983, 1984 und 1985 stammen, hielt ich es doch zur Verdeutlichung der Entwicklung meiner Überlegungen für angebracht, ihnen einen älteren Text voranzustellen: „Freud und die Weiblichkeit. Einige blinde Flecken auf dem dunklen Kontinent." Vor etwa zwanzig Jahren hatte ich ein Buch mit dem Titel *La sexualité féminine* (1964) herausgegeben, das 1970 in Amerika übersetzt worden ist. Vor ein paar Jahren wurde in London eine Neuausgabe veröffentlicht, und soeben erschien bei Karnac Books eine neue Auflage. Außerdem wurde dieses Buch in mehrere andere Sprachen übersetzt. (Die deutsche Ausgabe *Psychoanalyse der weiblichen Sexualität* erschien 1974.) Es war in der Tat einer der ersten, vielleicht sogar *der* erste Versuch nach dem Krieg, die psychoanalytische Theorie der weiblichen Sexualität sowie Freuds Ansichten zu dieser Frage in den Blickpunkt zu rücken. Aus diesem Grunde wurde ich 1975 aufgefordert, auf dem Kongreß der Internationalen Psychoanalytischen Vereinigung in London einen Text über die weibliche Sexualität vorzulegen, der dann Teil eines kontroversen Dialogs mit meinem amerikanischen Kollegen Dr. Burness Moore wurde.

In der Zeit zwischen der Veröffentlichung des Buches über die weibliche Sexualität und dem Londoner Kongreß war viel geschehen, insbesondere die Ereignisse vom Mai 1968 in Frankreich, gefolgt von der Entfaltung der Frauenbewegung in der ganzen Welt sowie einem Aufblühen verschiedener Ideologien. Um mich auf meinen kulturellen Kontext zu beschränken und um bei der Psychoanalyse zu bleiben, erinnere ich an die Ideologie des Anti-Ödipus (Deleuze & Guattari 1972) in Frankreich, eine neue Hinwendung zu Wilhelm Reich, die mich veranlaßte, zusammen mit Béla Grunberger ein Buch über Wilhelm Reichs „ewige Wiederkehr" zu schreiben (*Freud ou Reich?*, 1976; dt. 1979). In der Tat ist eines der latenten Elemente des vorliegenden Buches, ähnlich wie in Reichs Werk, das Verschwinden des Vaters und seiner Funktion der *Trennung* von Mutter und Kind. In einem seiner letzten Bücher (*Ether, God and the Devil*, 1949) postuliert Reich die Vereinigung des Menschen mit Gott, identifiziert mit dem Kosmos. Das „Ich" dagegen ist verschwunden. Dasselbe finden wir auch bei Deleuze und Guattari, die eine „Koextensivität von Mensch und Natur" postulieren. Ihr Modell eines nicht verstümmelten Wesens ist der Schizophrene: „Doch wie lange schon hat der Schizo den Glauben an das Ich, das Papa-Mama gleicht, fahrenlassen" (S. 31). Am Ende des 6. Kapitels unseres Buches sagten wir über Reich: „Freilich, hinter dem Wunsch einer geradezu grandiosen Verbindung mit Gott-Vater steckt – man ahnt es – die Wahnvorstellung einer Auflösung im Weltall, eines Aufgehens im Primärobjekt, der Mutter« (S. 133).

Zur gleichen Zeit blieben viele französische und europäische Intellektuelle (z. B. Sartre, Moravia, Macchiocchi) Maoisten, trotz der Anprangerungen von Simon Leys (*Les habits neufs du Président Mao*, 1971, und *Ombres Chinoises*, 1974), und bedauerten das Ende der „Kulturrevolution", dieser finsteren, perversen und blutigen Episode, die fünf Jahre dauerte. Nun beruhen der Maoismus und die Kulturrevolution aber unter anderem auf einer Verherrlichung der Bauernschaft, einer Klasse, deren „Reinheit" unzweifelhaft mit ihrem Kontakt zur Erde, zur Mutter Natur, zusammenhängt. Im April 1975 brach in Kambodscha eine der schlimmsten Terrorherrschaften aus, welche die Welt seit Auschwitz erlebt hat, und zwar im Namen einer Ideologie ähnlich derjenigen, die der Chinesischen Kulturrevolution zugrundelag und die ebenfalls den Haß auf die Stadtbewohner und die Rückkehr zur Natur predigte.

Damals hatte ich natürlich noch keine Verbindung hergestellt zwischen diesem neuen Naturkult, dem Verschwinden des „Ichs" und der Vaterfigur einerseits und meinen eigenen Arbeiten über die Weiblichkeit andererseits. Erst heute stellen sich diese Zusammenhänge für mich her. Im übrigen schrieben unsere Zeitungen wenig über die Roten Khmer und ihre furchtbaren Taten. Auf der Rechten (ein gaullistischer Minister hatte ein begeistertes Buch über China geschrieben) wie auf der Linken herrschte noch immer große Bewunderung für China.

Doch inzwischen haben sich die Zeiten geändert, und am 2. September 1985 schrieb Patrick Sabatier in aller Ruhe einen höchst kritischen Aufsatz über die Kulturrevolution und veröffentlichte ihn in *Libération*, einer Zeitung, die Jean-Paul Sartre 1973 zu dem Zweck gegründet hatte, der maoistischen Sache zu dienen. Seither hat diese Zeitung ihren Kurs geändert, aber der erwähnte Aufsatz enthält kein mea culpa in bezug auf die vergangenen Positionen:

Deng junior [Deng Xiaopings Sohn] spricht nicht gern über die Kulturrevolution, jener von Mao Zedong ins Leben gerufenen Bewegung, die China zwischen 1966 und 1971 verwüstete und Abertausende von Opfern forderte. Er hat es nicht nötig. Sein von der Brust abwärts gelähmter Körper, gestützt von einem Empire-Sessel des Pariser Hotels, wo er einige Journalisten empfängt, spricht für ihn. An einem Abend des Jahres 1967 hatte ihn eine Gruppe fanatisierter Rotgardisten ergriffen, um ihn zu zwingen, seinen Vater zu denunzieren, der aus seinem Amt als Generalsekretär der Kommunistischen Partei Chinas vertrieben worden war, weil man ihn beschuldigte, als „zweithöchster Führer den Weg des Kapitalismus eingeschlagen" zu haben. Sie hatten ihn in ein Laboratorium mit radioaktivem Material eingeschlossen. Als Deng Pufang über eine Dachrinne zu fliehen

XIII

versuchte, stürzte er vom 4. Stock und brach sich die Wirbelsäule. Die folgenden Monate verbrachte er ohne Behandlung in einem Pekinger Krankenhaus. Um seinen Lebensunterhalt zu verdienen, wurde er gezwungen, Drahtkörbe zum Einsammeln schmutzigen Toilettenpapiers herzustellen. Sein Vater fuhr in dieser Zeit Jauche ...

Moravia starb nicht vor Scham, und der gaullistische Minister strebt wieder zur Macht. Mein Aufsatz von 1975 endete mit folgenden Sätzen:

> Bachofen spürte, daß der Übergang vom Mutterrecht zum Vaterrecht gleichbedeutend war mit der Unterordnung des materiellen Prinzips unter das geistige Prinzip, der Unterordnung des chthonischen Rechts der souveränen mütterlichen Kräfte unter das himmlische Recht des Olymps. Auch der psychoanalytischen Theorie bleibt dieser Kampf zwischen Mutterrecht und Vaterrecht nicht erspart: wenn wir die Bedeutung unserer früheren Beziehungen und unserer Besetzung der Mutterimago unterschätzen, dann heißt das, daß wir dem Vaterrecht Geltung verschaffen und vor unserer kindlichen Abhängigkeit fliehen; und wenn wir die strukturierenden Wirkungen des Ödipuskomplexes vernachlässigen, der die Erfahrung der Ganzheit von Objekten, des väterlichen Überichs und des Penis einschließt, setzen wir die ursprüngliche Macht der Mutter wieder ein, die, auch wenn sie uns einschüchtert, eine unleugbare Faszination ausübt. Unsere persönlichen Konflikte dürfen uns nicht vergessen lassen, daß wir Kinder vom Mann *und* von der Frau sind.

Heute fällt mir auf, wie stark ich die *Faszination* betonte, die die primitive Mutter auf den Menschen auszuüben vermag, und zwar neben dem unmittelbarsten und sichtbarsten Widerwillen, den dieselbe archaische Figur einflößt. Ich kann mich des Gedankens nicht erwehren, daß der soziokulturelle und politische Kontext, in dem dieser Aufsatz geschrieben wurde, mich mehr oder weniger dazu geführt hat, die andere Seite des Problems zu betrachten. In ihrer realen Situation stößt die Frau auf die sehr konkrete Tatsache, daß die Furcht vor der primitiven Mutter Männer wie Frauen veranlaßt, die weibliche Macht zu kontrollieren und der Frau einen Status als Unmündige zu verleihen; doch der Wunsch, mit der

Mutter zu verschmelzen, das Ich zu beseitigen und den Vater sowie seine Attribute auszumerzen und sich der kosmischen mütterlichen Kräfte zu bemächtigen, bringt die Männer dazu, mit den Frauen in Wettstreit zu treten, denn sie behaupten, daß nur sie, die Männer, fähig seien, in das Große Ganze einzutauchen. Diese Rivalität treibt sie dazu, den Frauen ihre Kräfte zu neiden, sie zu verleumden und sie ihnen rauben zu wollen.

Im zweiten Kapitel, „Die Weiblichkeit des Analytikers bei der Ausübung seines Berufes", rufe ich in Erinnerung, daß genetisch gesehen das inzestuöse Objekt für beide Geschlechter die Mutter darstellt, da unser gemeinsamer Herkunftsort der Mutterleib ist. Ich sage außerdem:

> Mir scheint (...), daß die *Fähigkeit zur Mutterschaft* es der Frau ermöglicht, ihren doppelten Inzestwunsch in der Phantasie zu verwirklichen, nämlich dank der bestehenden Einheit mit dem Fötus während der Schwangerschaft die primäre Verschmelzung mit der Mutter wiederzufinden und zugleich das Liebesobjekt, den Vater oder seinen Penis, in sich aufzubewahren.

Mit anderen Worten, die Frau hat die außergewöhnliche Fähigkeit, mit der Mutter eins zu werden, aufgrund einer Funktion, die wesentlich mit der Weiblichkeit verbunden ist. In diesem Kapitel untersuche ich, auf welche Weise die Weiblichkeit des Mannes wie die der Frau in der psychoanalytischen Praxis eine wichtige Rolle spielt. Dennoch betrachte ich die psychoanalytische Situation als ein Analogon des ödipalen Dreiecks. Dem Analysanden wird ein Mutterschoß geboten, in den er regredieren kann, aber der psychoanalytische Rahmen setzt dieser Regression Grenzen, die den Analysanden vom Analytiker trennen, so wie der Vater das Kind von der Mutter trennt.

Im folgenden Kapitel, „Gefügige Töchter", geht es um einen Typus von Patientinnen, deren Liebesbeziehung zur Mutter frühzeitig bedroht worden ist, was sie dazu führt, eine sehr passive Beziehung zu ihr zu bewahren, deren Prototyp die Lage des von der Mutter manipulierten Säuglings ist. Aus Gründen, die mit ihrer persönlichen Geschichte zusammenhängen, haben sie ihre Identifizierung mit dem Vater nicht in der Form seines wichtigsten Repräsentanten integriert: des Penis. Meine Hypothese lautet, daß eine solche psychische Struktur bei Frauen existiert, die Sexualverbrechern zum Opfer fallen, da der Mord für sie das einzige Mittel ist, den väterlichen Penis symbolisch zu integrieren. Diese Struktur geht mit bestimmten Denkstörungen einher.

In dem Kapitel „Zur Übertragungsliebe beim Mann" untersuche ich den Fall eines Patienten, der große schöpferische Fähigkeiten besitzt und von Anfang an eine sowohl sinnliche wie zärtliche Übertragungsliebe zeigte. Doch konnte sich diese Übertragung erst dann ohne Angst entwickeln, nachdem der Patient in der Übertragung eine Phase homosexueller Annäherung an die Vaterfigur durchlaufen hatte. Die Untersuchung dieses Falles erlaubte es mir, das Paradox des Ödipuskomplexes zu verstehen: die Übertragungsliebe zur Mutter kann sich von dem Augenblick an freier äußern, wo das Gefühl männlicher Identität durch die Introjektion des väterlichen Penis während der homosexuellen Phase gestärkt worden ist. Gleichzeitig ist nun das Subjekt, da in seiner Identität gefestigter, weniger fasziniert von einer Rückkehr zu seinen Ursprüngen und sehnt sich weniger nach dem verlorenen Paradies – Gefühle und Phantasien, die dem Inzestwunsch zugrundeliegen. Der Höhepunkt der Übertragungsliebe besiegelt ihre bevorstehende Auflösung.

Das Kapitel „Die archaische Matrix des Ödipuskomplexes" scheint mir das Kernstück dieses Bandes zu sein. Es ist auch dasjenige Kapitel, das mich drängt, mich in späteren Arbeiten mit den Denkstörungen sowie mit der individuellen und kollektiven Destruktivität zu beschäftigen. Ich bin keine Anhängerin von W. Bion, und ich bezweifle, daß man in meinen Hypothesen seinen Einfluß erkennen kann. Dennoch meine ich, daß ein Teil der Zukunft der Psychoanalyse mit dem Studium der Mechanismen des Denkens verbunden ist.

Der Leser wird sehen, daß die väterliche Dimension der Psyche für mich einem psychischen Geschehen entspricht, das demjenigen entgegensteht, das in einer rein mütterlichen Welt herrscht, aus der der Vater, seine Attribute, seine Abkömmlinge und seine Produkte beseitigt worden sind.

Das Thema der „archaischen Matrix des Ödipuskomplexes" veranschauliche ich im folgenden Kapitel durch eine Studie über *Utopia*. Ich definiere Utopia als die Beschreibung politischer Systeme, die als Modelle vorgeschlagen und unter dem alleinigen Primat der Rationalität (was nicht „Vernunft" heißt) errichtet werden. Ich zeige, daß der Stadtbewohner der Feind der Utopie ist, da er von der Natur zu weit entfernt ist und deshalb die Verschmelzung mit der Mutter nicht erreichen kann. Die utopische Stadt versucht, diesen Widerspruch zu lösen. Wie sie das tut, versuche ich am Beispiel des ungewöhnlichen Buches *Wir* des russischen Dissidenten Jewgenij Samjatin aus dem Jahre 1920 zu zeigen. Ist es wirklich bloßer Zufall, daß der erste Übersetzer dieses Buches in die englische Sprache, Gregory Zilboorg, ein Psychoanalytiker war? Ich möchte demonstrieren, daß die Utopie trotz ihrer idyllischen Fassade zu Fanatismus und Gewalt führt und in den ihr zugrundeliegenden Wunsch mündet, einen Zustand von tabula rasa zu erreichen.

Die beiden letzten Kapitel betreffen Deutschland. Zur Erklärung sollte ich vielleicht hinzufügen, daß ich zwei Jahre lang das Programmkomitee der Internationalen Psychoanalytischen Vereinigung geleitet habe, das den ersten Kongreß vorbereiten sollte, der seit 1932 in Deutschland stattfand. Der Sieg des Nazismus hatte für die Psychoanalyse verheerende Konsequenzen. 1935 forderten die Nazis die Deutsche Psychoanalytische Gesellschaft auf, sich ihrer jüdischen Mitglieder zu entledigen. Viele von ihnen waren bereits emigriert. Andere fielen dem Genozid zum Opfer. Die Psychoanalyse ist unstreitig mit dem Judaismus verbunden. Freud und die ersten Analytiker waren mit wenigen Ausnahmen Juden. Das reicht jedoch nicht aus, um sie, nach der Hitlerschen Terminologie, zu einer „jüdischen Wissenschaft" zu erklären. Doch aus Gründen, die ich im letzten Kapitel, „Das Paradoxon der Freudschen Methode", darlege, war Freuds Haltung gegenüber dem Menschen tief im Judaismus verwurzelt, in der väterlichen Dimension der jüdischen Religion und Moral. Gleichzeitig war die deutsche Romantik ein – wenn auch uneingestandener – Teil von Freuds Erbe. Die deutsche Romantik war mehr als irgendeine andere romantische Bewegung vom Kult der Natur beherrscht. Sowohl Heinrich Heine, bereits 1833, als auch Thomas Mann in den zwanziger Jahren sahen die Zeichen einer nahenden Katastrophe. Thomas Mann bezieht sich deutlich und wiederholt auf das „Mütterlich-Chthonische", das in der deutschen Romantik gefeiert wurde, auf Kosten der Vernunft und der Mäßigung, die für ihn die Tugenden des Sonnenprinzips, der männlichen (ich würde sagen der väterlichen) Welt repräsentierten.

So finde ich mich im letzten Kapitel dieses Buches bei dem Thema wieder, das ich am Ende des zehn Jahre vorher geschriebenen Aufsatzes über „Freud und die weibliche Sexualität" kurz skizziert hatte.

Das vorletzte Kapitel, „Das Grüne Theater", ist das Ergebnis meiner Kontakte mit Deutschland und den Deutschen in den letzten beiden Jahren. Die Vorbereitung des Hamburger Kongresses hat mich intellektuell und emotional tief beschäftigt. Viele Analytiker hatten persönlich unter dem Nazismus gelitten, und wahrscheinlich noch mehr diejenigen, die zwar der Verfolgung hatten entkommen können, aber deren Familien von den Nazis umgebracht worden waren: sie wollten nie mehr nach Deutschland zurückkehren. Das Programm des Kongresses hatte einen Tag für das Studium des Phänomens des Nazismus vorgesehen. Einige deutsche Kollegen hatten Angst davor: würde die analytische Gemeinschaft nicht als Anklägerin nach Deutschland kommen? Auf beiden Seiten wurde eine gewisse Verarbeitung geleistet, und die Analytiker erschienen zahlreich. Der dem Nazismus gewidmete Tag konnte zwar die wahren Probleme nur andeuten, aber es ist zu hoffen, daß diese Debatten fortgesetzt werden. Der Nazismus und der Holocaust bleiben das Rätsel des 20. Jahrhunderts und haben schwindelerregende Abgründe in der menschlichen Seele aufgedeckt.

In dem erwähnten Kapitel stelle ich einige Hypothesen über die Wiederkehr all dessen auf, was die Eltern oder die Großeltern der jungen Generation im heutigen Deutschland verleugnet haben, d. h. ihre Beteiligung am Genozid der Juden. Wieder einmal steht der Kult der Natur im Vordergrund, auch wenn dieser Kult eine Natur schützen will, die tatsächlich gefährdet ist. Für die Deutschen ist die Identifizierung mit den väterlichen Werten besonders schwierig, nicht nur weil der Vater der persönlichen Geschichte selber in die Arme des Erlkönigs gesunken ist (dessen Bild der archaischen Mutter näher steht als dem genitalen Vater), sondern weil er die Vergangenheit leugnet; das hindert seinen Sohn oder seine Tochter daran, diese Vergangenheit anders als in projizierter, persekutorischer Form zu akzeptieren. Das Problem der zweiten oder dritten Generation der Deutschen ist meines Erachtens nicht, daß sie keine Schuld trägt, sondern daß sie diese Schuld nicht auf depressive Weise verarbeiten kann. Nur eine integrierte Identifizierung ermöglicht es, diejenigen Merkmale des Objekts auszuwählen, die man bewahren will, und die zur Sublimierung der unerwünschten Elemente notwendige Energie freizusetzen. Faust verbündete sich mit dem Teufel, nachdem er auf das Erbe seines Vaters, seine „Werkzeuge", verzichtet hatte.

Eine Welt, in der die (die Mutter repräsentierenden) Frauen keine Rechte haben, in der sie „erniedrigt und beleidigt" werden, verrät eine tiefe Unsicherheit sowie die Furcht, von der überwältigenden Macht der mütterlichen Urimago vernichtet zu werden. Eine Welt, in der der Vater verschwunden ist, ist eine Welt, in der auch die Fähigkeit zu denken abhanden gekommen ist. Die Vereinigung von Vater und Mutter gebiert nicht nur das Kind, sondern auch den Intellekt in seiner ganzen Kraft.

Zum Schluß dieses Vorworts möchte ich hinzufügen, daß die beiden Bäume des Gartens Eden nicht die Mutter und den Vater, den Mann und die Frau als solche repräsentieren. Sie sind Schöpfungen des Geistes in dem Sinne, daß unsere psychische Tätigkeit nach dem universellen Wunsch, in den Mutterleib zurückzukehren, sowie nach den Hindernissen gestaltet ist, die diesen Wunsch vereiteln und den Menschen mehr oder weniger dazu zwingen, einen anderen Weg zu wählen und andere Wünsche zu formulieren.

Freud und die Weiblichkeit.

Einige blinde Flecken auf dem dunklen Kontinent

Der Platz, der mir zur Verfügung steht, reicht leider nicht aus, um mich mit Freuds Gedanken über die weibliche Sexualität in ihrer Gesamtheit auseinanderzusetzen oder sie gar mit den entgegengesetzten Ansichten anderer Psychoanalytiker zu vergleichen. Daher werde ich hier nur diejenigen Punkte behandeln, die die größten Kontroversen hervorgerufen haben.

Ich möchte diese Diskussion mit einigen Bemerkungen allgemeiner Art beginnen: Wenn über ein so grundlegendes Thema wie die weibliche Sexualität auch noch nach achtzig Jahren klinischer Erfahrung solche Uneinigkeit unter den Analytikern herrscht, so muß das daran liegen, daß es bestimmte innere Faktoren auf besonders intensive Weise mobilisiert, die mit unserem Wissensfortschritt kollidieren. Unsere Meinungsverschiedenheiten in bezug auf die weibliche Sexualität sind so groß, daß im Getümmel die Wahrheit aus dem Blickfeld gerät.

Noch ein weiterer Gedanke stellt sich ein: Abweichungen in unserem Verständnis der weiblichen Sexualität ziehen unweigerlich Meinungsverschiedenheiten hinsichtlich der männlichen Sexualität nach sich. Die Bisexualität, der Begriff des „vollständigen" – sowohl negativen wie positiven – Ödipuskomplexes, die Notwendigkeit der doppelten Identifizierung (mit beiden Elternteilen) – das alles trägt dazu bei, daß sich der Schatten des „dunklen Kontinents" auf die männliche Sexualität ausdehnt. Ich halte es für künstlich und trügerisch, die Untersuchung der weiblichen

Sexualität von der Untersuchung der beiden Geschlechtern gemeinsamen Weiblichkeit und der menschlichen Sexualität im allgemeinen loszulösen.

Ich werde also meine Untersuchung der Freudschen Arbeiten über die weibliche Sexualität auf die Erörterung einiger wesentlicher Punkte beschränken; zugleich bin ich jedoch gezwungen, den Umfang eben dieser Punkte zu erweitern. Ich werde die Theorie des *sexuellen phallischen Monismus* und ihre wichtigsten Folgen prüfen und versuchen, einige Hypothesen zu formulieren, die ich schon bei anderen Gelegenheiten entwickelt habe, um aufzuzeigen, warum Freuds Theorie der weiblichen Sexualität weiterhin Bestand hat – trotz des klinischen Materials, das sie zu widerlegen scheint, trotz der unbestreitbaren Widersprüche, die diese Theorie enthält, und jenen Theorien zum Trotz, die die weibliche Sexualität in ein völlig anderes Licht gerückt haben. Ich werde zwar persönliche Ansichten über dieses Thema äußern, insbesondere zur Frage des Penisneids; dennoch werden meine Darlegungen in einer Freudschen Perspektive stehen, denn meine Grundannahmen basieren auf dem Problem der „menschlichen Frühreife", die mit der Hilflosigkeit des Säuglings verbunden ist.

Ein „Midrasch" (Kommentar des Talmud) erzählt, daß das Kind bei seiner Geburt ein universelles Wissen besitzt; doch ein Engel erscheint, legt seinen Finger auf die Oberlippe des Neugeborenen, und dessen Wissen fällt dem Vergessen anheim. Diese Legende, die so schön die primäre Verdrängung darstellt, paßt wunderbar zu den infantilen Sexualtheorien, insbesondere zur Theorie des sexuellen phallischen Monismus und der ihr entsprechenden Unkenntnis der Vagina bei beiden Geschlechtern; sie treten an die Stelle eines wahrscheinlich angeborenen Wissens. Man weiß jedoch, daß – Freud zufolge – der sexuelle phallische Monismus und die Unkenntnis der Vagina keine Abwehrbildungen sind, die mit der Verdrängung zusammenhängen: für die Kinder beiderlei

Geschlechts gibt es die Vagina nicht, *nicht einmal im Unbewußten*, und zwar bis zur Pubertät. Ein Postulat, das Freuds ganzes Werk durchzieht, angefangen von den „Drei Abhandlungen" (1905) über „Die infantile Genitalorganisation" (1923 c) bis hin zu „Die Weiblichkeit" (1933) und zum „Abriß" (1938). Interessant ist, daß Freud in seinen letzten Texten zwar auf die Kontroverse bezüglich der Existenz frühzeitiger vaginaler Empfindungen eingeht, sie jedoch jedesmal mit einem einzigen Satz beiseite schiebt. In „Die Weiblichkeit" sagt er: „Vereinzelte Stimmen berichten zwar auch von frühzeitigen vaginalen Sensationen, aber es dürfte nicht leicht sein, solche von analen oder Vorhofsensationen zu unterscheiden; auf keinen Fall können sie eine große Rolle spielen. Wir dürfen daran festhalten, daß in der phallischen Phase des Mädchens die Klitoris die leitende erogene Zone ist." (S. 126)

Im „Abriß" weist Freud in einer kleinen Fußnote die Meinung der Vagina-Verfechter zurück: „Frühzeitige Vaginalerregungen werden vielfach behauptet, sehr wahrscheinlich handelt es sich aber um Erregungen an der Klitoris, also einem dem Penis analogen Organ, was die Berechtigung, die Phase die phallische zu nennen, nicht aufhebt." (S. 76)

In seinem Aufsatz „Über die weibliche Sexualität" (1931) setzt sich Freud zum erstenmal mit diesem Argument seiner Gegner auseinander, und zwar auf recht überraschende Weise. Er spricht von der „eigentlich weiblichen Vagina" und der dem „männlichen Glied analogen Klitoris" und fährt fort:

> Wir halten uns für berechtigt anzunehmen, daß die Vagina durch lange Jahre so gut wie nicht vorhanden ist, vielleicht erst zur Zeit der Pubertät Empfindungen liefert. In letzter Zeit mehren sich allerdings die Stimmen der Beobachter, die vaginale Erregungen auch in diese frühen Jahre verlegen. Das Wesentliche, was *also*[1] an Genitalität in der Kindheit vorgeht, muß sich beim Weibe an der Klitoris abspielen. (S. 520)

Es ist offensichtlich, daß Freud in seinen Widerlegungen nur

---

[1] Von mir hervorgehoben.

vom Vorhandensein oder Fehlen frühzeitiger vaginaler Erregungen spricht, nicht aber von der Umwälzung, die eine solche (zumindest unbewußte) Existenz der Vagina für die Theorie der weiblichen Sexualität nach sich ziehen würde. Ich denke hier insbesondere an das Verständnis des *weiblichen Ödipuskomplexes* und des Wunsches des kleinen Mädchens nach dem väterlichen Penis sowie des Wunsches, ein Kind zu haben, lauter Dinge, die dann *primär*, grundlegend weiblich werden. Auch der Knabe weiß nichts von der Existenz der Vagina und stellt sich vor, daß alle Menschen, auch seine Mutter, einen Penis besitzen. Das wird in den „Drei Abhandlungen" einfach behauptet; gleichzeitig wird jedoch die Existenz von präpubertären Peniserektionen und damit von Penetrationswünschen geleugnet. („Während durch die Pubertätsvorgänge das Primat der Genitalzonen festgelegt wird und das Vordrängen des erigiert gewordenen Gliedes beim Manne gebieterisch auf das neue Sexualziel hinweist, auf das Eindringen in eine die Genitalzone erregende Körperhöhle ...", S. 123.) In „Über infantile Sexualtheorien" (1908) erwähnt Freud einige Beobachtungen, die er bezüglich des „Kleinen Hans" gemacht hat. Er zeichnet hier ein für mein Vorhaben höchst interessantes Bild:

> Wenn das Kind den Andeutungen folgen könnte, die von der Erregung des Penis ausgehen, so würde es der Lösung seines Problems um ein Stück näher rücken. Daß das Kind im Leibe der Mutter wächst, ist offenbar nicht genug Erklärung. Wie kommt es hinein? Was gibt den Anstoß zu seiner Entwicklung? Daß der Vater etwas damit zu tun hat, ist wahrscheinlich; er erklärt ja, das Kind sei auch sein Kind. Anderseits hat der Penis gewiß auch seinen Anteil an diesen nicht zu erratenden Vorgängen, er bezeugt es durch seine Miterregung bei all dieser Gedankenarbeit. Mit dieser Erregung sind Antriebe verbunden, die das Kind sich nicht zu deuten weiß, dunkle Impulse zu gewaltsamem Tun, zum Eindringen, Zerschlagen, irgendwo ein Loch aufreißen. Aber wenn das Kind so auf dem besten Wege scheint, die Existenz der Scheide zu postulieren, und dem Penis des Vaters ein solches Eindringen bei der Mutter zuzuschreiben als jenen Akt, durch den das Kind im Leibe der Mutter entsteht, so bricht

an dieser Stelle doch die Forschung ratlos ab, denn ihr steht die Theorie im Wege, daß die Mutter einen Penis besitzt wie ein Mann, und die Existenz des Hohlraumes, der den Penis aufnimmt, bleibt für das Kind unentdeckt. (1908, S. 180)

Merken wir an, daß Freud später (1924 d) meint, das männliche Kind habe lediglich den Wunsch, irgendwelche Betätigungen an der Mutter vorzunehmen, an denen sein Penis vage beteiligt ist.

Ich möchte hier einige Elemente aus der Beobachtung des „Kleinen Hans" (1909) aufgreifen, die meines Erachtens nicht nur der „Verschwommenheit" der Peniserregung des kleinen Knaben widersprechen, sondern auch die gesamte Theorie des sexuellen phallischen Monismus in Frage stellen oder vielmehr deutlich ihren defensiven Charakter hervorheben. Gleichzeitig scheinen sie mir den ebenfalls defensiven Aspekt der infantilen Sexualtheorien im allgemeinen zu unterstreichen. Ihnen liegt eine intuitive, triebbedingte und vollständige Kenntnis der sexuellen Wirklichkeit zugrunde, die aus vielerlei Gründen unerträglich ist. Wie kann man annehmen, das kleine Mädchen wisse nicht, daß es eine Vagina hat, wo Freud doch in „Metapsychologische Ergänzungen zur Traumlehre" (1916 b) dem Traum die „diagnostische Fähigkeit" zuspricht, frühzeitig alle organischen Veränderungen zu entdecken? Warum sollten die Kräfte des Unbewußten, das zu erkennen, was in unserem Körper vorgeht, bei der Vagina halt machen? Warum sollte der Knabe nichts von einem Organ wissen, welches das seine ergänzt, wo Freud doch an anderer Stelle die Existenz angeborener primärer Phantasien postuliert?

Als Hans dreieinhalb Jahre alt ist, kommt seine kleine Schwester Hanna auf die Welt. An diesem Tag notiert sein Vater in sein Tagebuch:

Früh um 5 Uhr, mit dem Beginne der Wehen, wird Hans' Bett ins Nebenzimmer gebracht; hier erwacht er um 7 Uhr und hört das Stöhnen der Gebärenden, worauf er fragt: „Was hustet denn die Mama?" Nach einer Pause: „Heut' kommt gewiß der

Storch." (. . .) Später wird er in die Küche gebracht; im Vorzimmer sieht er die Tasche des Arztes und fragt: „Was ist das?", worauf man ihm sagt: „Eine Tasche." Er dann überzeugt: „Heut' kommt der Storch." Nach der Entbindung kommt die Hebamme in die Küche und Hans hört, wie sie anordnet, man möge einen Tee kochen, worauf er sagt: „Aha, weil die Mammi hustet, bekommt sie einen Tee." Er wird dann ins Zimmer gerufen, schaut aber nicht auf die Mama, sondern auf die Gefäße mit blutigem Wasser, die noch im Zimmer stehen, und bemerkt, auf die blutige Leibschüssel deutend, befremdet: „Aber aus meinem Wiwimacher kommt kein Blut." (Freud 1909, S. 247f.)

Dieser Auszug zeigt deutlich, daß Hans *weiß*, daß die Geburt schmerzhaft ist, da er das Stöhnen seiner Mutter mit dem Kommen des Storchs in Verbindung bringt. Aus bestimmten Gründen (wahrscheinlich wegen der mit dem Sadismus und den daraus erwachsenden Schuldgefühlen verbundenen Erregungen) zieht er es jedoch vor, das Stöhnen in Husten zu verwandeln, was weniger beunruhigend ist. Gleichzeitig verbindet er die Tasche des Arztes mit dem Kommen des Storchs. Er weiß also, daß alles im Leib seiner Mutter vor sich geht. Außerdem begreift er, auch wenn er der Entbindung nicht beigewohnt hat, daß das Kind aus den Genitalien der Mutter herausgekommen ist, denn er assoziiert das Blut mit ihrem „Wiwimacher".

Nichts rechtfertigt die Tatsache, daß Freud den ganzen Text hindurch dem „Wiwimacher" eine ausschließlich männliche Bedeutung gibt. Wenn Hans seine Mutter fragt, ob auch sie einen Wiwimacher habe, und sie antwortet: „Selbstverständlich. Weshalb?", muß man nicht meinen, sie habe ihn belogen, denn auch sie besitzt ja genitale Harnorgane. Und Hans' Frage läßt sich als Ausdruck seiner Neugierde bezüglich des Geschlechtsunterschieds verstehen, den er auf einer bestimmten Ebene sehr wohl kennt. Hier einige Fakten als Beweis.

Kurz vor Ausbruch seiner Phobie kam er zu seiner Mutter ins Bett und versuchte, sie zu verführen, indem er zu ihr sagte: „Weißt du, was Tante M. gesagt hat: ‚er hat ein liebes

Pischl.'" (S. 159) Ja, ein liebes Pischl, aber eben nur ein kleines. Kein großes wie die Pferde, vor denen er sich besonders fürchtet. Das ist der Beginn einer konstanten Thematik: der Vergleich seines *kleinen* Penis mit dem großen Penis der Tiere, den er begehrt, was in ihm die Furcht weckt, die Pferde könnten ihn in die Finger beißen, sowie eine diffusere Angst vor Tieren, die offenkundige phallische Merkmale besitzen: die Giraffe (wegen ihres Halses), der Elefant (wegen seines Rüssels), der Pelikan (wegen seines Schnabels). Freud zufolge läßt Hans' Bemerkung: „Mein Wiwimacher wächst mit mir, wenn ich größer werde", den Schluß zu, daß Hans im Laufe seiner Beobachtungen unaufhörlich Vergleiche angestellt hat und mit den Ausmaßen seines eigenen Geschlechtsorgans nicht zufrieden ist (und in der Tat darf man vermuten, daß ein Teil seiner Phobie mit seinem Wunsch zusammenhängt, den großen „Wiwimacher" der Pferde und der anderen phallischen Tiere auszureißen, die ihn deswegen bedrohen. Die umgefallenen Pferde, die Hans Schrecken einflößen, lassen sich auf einer bestimmten Ebene auch als kastriert betrachten, denn umgefallen ist das Gegenteil von erigiert[2]). Lange wird von seinem Wunsch nach einem großen Penis die Rede sein. Hans' Vater und Freud selbst kommen zu dem Schluß: Hans hat Angst, „daß ihn die Mama nicht mag, weil sich sein Wiwimacher mit dem des Vaters nicht messen kann". Und dieser Wunsch geht mit der Phantasie von dem Schlosser, der gekommen ist, um ihm einen großen „Wiwimacher" zu geben, in Erfüllung. Weshalb aber der Wunsch nach einem Penis, der so groß ist wie der des Vaters, um seiner Mutter zu gefallen, wenn Hans gar nicht weiß, daß die Mutter ein Organ hat, das sein „liebes Pischl" nicht zu (er)füllen vermag? Dieses

---

[2] Freuds Interpretation der Phobie vor den umgefallenen Pferden führt ihn zu der Szene, in der Fritzl sich den Fuß verletzt und blutet. Freud identifiziert die umgefallenen Pferde mit Fritzl und mit Hans' Vater. So gelangt er eher zum Todeswunsch als zum Kastrationswunsch.

Wissen um die mütterliche Vagina kommt klar in zwei anderen Phantasien zum Vorschein, die er seinem Vater erzählt: 1. „Ich bin mit dir in Schönbrunn gewesen bei den Schafen, und dann sind wir unter den Stricken durchgekrochen, und das haben wir dann dem Wachmanne beim Eingang des Gartens gesagt, und der hat uns zusammengepackt." (S. 275) 2. „Ich bin mit dir in der Eisenbahn gefahren und wir haben ein Fenster zerschlagen und der Wachmann hat uns mitgenommen." (S. 276) Die Idee, daß sein Penis für die Vagina der Mutter zu klein ist, kommt meines Erachtens erneut in seiner Angst zum Vorschein, seine Mutter könnte ihn in die große Badewanne fallen lassen. Daß diese Furcht von seinem Wunsch herrührt, die Mutter möge seine kleine Schwester Hanna loslassen, entkräftet diese Hypothese nicht: wie das Kind, das Freud zufolge (1908, S. 174) von dem kleinen Neuankömmling sagte, daß „der Storch ihn wieder mitnehmen möge", konnte Hans sie durchaus dorthin zurückschicken, woher sie gekommen war (in die Vagina der Mutter). Später spricht Hans von der großen Kiste (dem Bauch seiner Mutter): „Wirklich, Vati. Glaub mir. Wir haben eine große Kiste gekriegt und da sind lauter Kinder drin, in der Badewanne sitzen sie drin." (1909, S. 304)

Man kann also nicht umhin, in den Phantasien und in der Phobie des kleinen Hans einen *ödipalen Wunsch* zu erkennen, *der den genitalen Besitz der Mutter mit Hilfe eines dem Vater geraubten Penis impliziert.*

Es fällt nun aber auf, daß Freud ihn ebenfalls sieht – das Material läßt in dieser Hinsicht kaum eine andere Deutung zu – und trotzdem an der Theorie des sexuellen phallischen Monismus und der entsprechenden Unkenntnis der Vagina festhält. Er sagt nämlich:

> In dem Kinde ringt es wie eine Ahnung von etwas, was er mit der Mutter machen könnte, womit die Besitzergreifung vollzogen wäre, und er findet für das Unfaßbare gewisse bildliche Vertretungen, denen das Gewalttätige, Verbotene gemeinsam ist, deren Inhalt uns so merkwürdig zur verborgenen Wirklichkeit zu

stimmen scheint. Wir können nur sagen, es sind symbolische Koitusphantasien (...). (S. 355)

Und einige Seiten weiter:

Der Vater [der ihm ein „Vorbild" war] wußte aber nicht nur, woher die Kinder kommen, er übte es auch wirklich aus, das, was Hans nur dunkel ahnen konnte. Der Wiwimacher mußte etwas damit zu tun haben, dessen Erregung all diese Gedanken begleitete, und zwar ein großer, größer als Hans seinen fand. Folgte man den Empfindungsandeutungen, die sich da ergaben, so mußte es sich um eine Gewalttätigkeit handeln, die man an der Mama verübte, um ein Zerschlagen, ein Öffnungschaffen, ein Eindringen in einen abgeschlossenen Raum, den Impuls dazu konnte das Kind in sich verspüren. (S. 366)

An diesem Punkt, wo Freud ganz nahe daran zu sein scheint, in Hans' Psyche die Existenz der Vagina – zumindest auf vorbewußter Ebene – anzuerkennen, überrascht er uns mit der seltsamen Schlußfolgerung:

(...) aber obwohl es auf dem Wege war, von seinen Penissensationen aus, die Vagina zu postulieren, so konnte es doch das Rätsel nicht lösen, denn so etwas, wie der Wiwimacher es brauchte, bestand ja in seiner Kenntnis nicht; vielmehr stand der Lösung die Überzeugung im Wege, daß die Mama einen Wiwimacher wie er besitze. (S. 366)

Freud äußert hier also eine Reihe widersprüchlicher Vermutungen: zuerst meint er, im Gegensatz zu dem, was er in den „Drei Abhandlungen" gesagt hat und in seinen späteren Arbeiten weiterhin behauptet, daß der Wunsch des Knaben nach Eindringen lange vor der Pubertät existiert, ebenso die „dunkle Ahnung" der Vagina. In keinem Augenblick sieht es so aus, als sei der „Wiwimacher", den Hans bei der Mutter vermutet, wirklich ein Penis, und selbst wenn er ihn mit einem Organ vergleichbar dem seinen imaginieren sollte, müßte diese Vorstellung die der Vagina überlagern. Man könnte sich also fragen, ob sie, sollte sie der Lösung tatsächlich „im Wege stehen" wie Freud sagt, nicht vielleicht eine Schutzfunktion hat, und wenn ja, welche? Man kann sich Freuds Antwort denken: die Kastrationsangst würde den kleinen Knaben dazu drängen, dort einen Penis zu sehen, wo keiner ist. Und die Kastrationsangst beim Anblick der penislosen weiblichen Geschlechtsorgane wäre um so stärker, als das Kind von der Existenz der Vagina ja nichts weiß. Was es sich nun vorstelle, sei nicht etwa ein von dem seinen verschiedenes Geschlecht, sondern – wie grauenvoll! – das Fehlen eines Geschlechts.

Tatsächlich würde es diese Schwierigkeiten nicht geben, wenn man davon ausginge, daß Knaben und Mädchen – wie das Kind in dem „Midrasch" – alles über die Sexualität wissen, daß dieses Wissen jedoch durch eine Reihe von Verdrängungen defensiver Art verfälscht wird, zunächst unter dem Druck unerträglicher Erregungen, sodann nach bestimmten Konfliktsituationen. (Die Idee eines „instinktiven Wissens" und sogar eines „instinktiven Erbes", das den Kern des Unbewußten bildet, war Freud 1918 nicht fremd, aber er weigerte sich meiner Meinung nach, die sich notwendig daraus ergebenden Konsequenzen zu ziehen. Vielleicht fürchtete er, daß eine solche Auffassung für die Jungsche Theorie mißbraucht werden könnte.) Das erklärt, warum sich das Kind die der jeweiligen Etappe seiner Entwicklung angemessene Sexualtheorie erfindet. Das Kind lebt also immer auf zwei Ebenen: auf der des tiefen, instinktiven Wissens um die Sexualität sowie auf derjenigen, die ihm seine Entwicklung, seine Wünsche und seine Abwehrmöglichkeiten erlauben, angepaßt an die Informationen, die es erhält. Die Sexualerziehung sieht sich daher mit zwei Dimensionen konfrontiert: einerseits mit dem Unbewußten des Kindes, dem sie nichts beibringt, was es nicht schon wüßte, andererseits mit den Sexualtheorien, die es zu seinem eigenen Gebrauch erfindet und die im Prinzip das beantworten, was es in einem bestimmten Augenblick seiner Entwicklung zu ertragen vermag. Wenn man Kindern sexuelle Informationen gibt, besteht immer die Gefahr, daß man sich in der Lage des Vaters des kleinen Hans befindet, der, nachdem er zu diesem gesagt hat: „Aber du weißt doch schon, daß ein Bub keine Kinder haben kann", zur Antwort bekommt: „No ja, ich glaub's aber doch. "

Meine Hypothese lautet, daß die Theorie des sexuellen phallischen Monismus nicht einer realen Unkenntnis der Vagina entspricht, sondern einer Ichspaltung („No ja, ich glaub's aber doch") *oder der Verdrängung eines früheren Wissens.* Diese Idee haben vor mir schon Josine Muller, Karen Horney, Melanie Klein und Ernest Jones formuliert. Allerdings sehe ich die Dinge ein wenig anders.

Bevor ich fortfahre, möchte ich kurz bei einem anderen berühmten klinischen Text von Freud verweilen, der Analyse des „Wolfsmannes" (1918). Wenn die Phobie des kleinen Hans um den positiven Ödipuskomplex kreist, so kreist die „infantile Neurose" des Wolfsmannes um den negativen Ödipuskomplex, um den Wunsch, *beim Koitus des Vaters mitzuwirken*, in der Urszene den Platz der Mutter einzunehmen. Wie wir wissen, beobachtete das Kind im Alter von eineinhalb Jahren die berühmte Szene des coitus a tergo zwischen seinen Eltern und hatte den Traum mit den Wölfen im Alter von vier Jahren. Freud zufolge „führte ihn die Aktivierung der Urszene im Traum zur genitalen Organisation zurück. Er entdeckte die Vagina" (S. 74). Dies steht nun aber in Widerspruch zur Theorie von der Entdeckung der Vagina zum Zeitpunkt der Pubertät. Seltsamerweise behauptet Freud, die Beobachtung des coitus a tergo habe dem Wolfsmann „die Überzeugung von der Wirklichkeit der Kastration" gebracht (S. 72). Nicht nur ist in dieser Stellung der vordere Teil des weiblichen Körpers völlig verborgen, wir stoßen auch erneut auf die zweideutige Rolle, die die Vagina im männlichen Kastrationskomplex spielt, denn hier soll sie hauptsächlich für die Kastrationsängste des Wolfsmannes verantwortlich sein: die Vagina ist die Wunde, die der Vater nach der Kastration hinterläßt. Dennoch behauptet Freud, das Kind verdränge sein Wissen um das weibliche Organ und bilde stattdessen seine erste Theorie des analen Geschlechtsverkehrs:

Aber nun kam das, was sich mit vier Jahren neu ereignete. Seine seitherigen Erfahrungen, die vernommenen Andeutungen der Kastration, wachten auf und warfen einen Zweifel auf die „Kloakentheorie", legten ihm die Erkenntnis des Geschlechtsunterschiedes und der sexuellen Rolle des Weibes nahe. Er benahm sich dabei, wie sich überhaupt Kinder benehmen, denen man eine unerwünschte Aufklärung – eine sexuelle oder andersartige – gibt. Er verwarf das Neue – in unserem Fall aus Motiven der Kastrationsangst – und hielt am Alten fest. Er entschied sich für den Darm gegen die Vagina. (...) Die neue Aufklärung wurde abgewiesen (...). (S. 110f.)

Abermals lesen wir hier einen Satz, der den anderen in Freuds Werk enthaltenen Formulierungen widerspricht. In „Die endliche und die unendliche Analyse" (1937) zeigt Freud, daß eine passive Einstellung, in welcher Form sie auch auftritt, vom Mann als Kastration erlebt werden kann und daß ein tatsächliches Eindringen demnach gar nicht notwendig ist, um Ängste vor einem Penisverlust zu wecken. Das anale Eindringen kann a fortiori den Mann nicht vor der Furcht bewahren, kastriert zu werden. Die Angst vor der Passivität ist bekanntlich der „gewachsene Felsen" der Psychoanalyse des Mannes:

> Zu keiner Zeit der analytischen Arbeit leidet man mehr unter dem bedrückenden Gefühl erfolglos wiederholter Anstrengung, unter dem Verdacht, daß man „Fischpredigten" hält, als wenn man (...) Männer überzeugen möchte, daß eine passive Einstellung zum Mann nicht immer die Bedeutung einer Kastration hat und in vielen Lebensbeziehungen unerläßlich ist. (S. 98)

Es überrascht jedoch, daß der Wunsch, vom Penis des Vaters durchdrungen zu werden, beim Wolfsmann vorhanden ist, als er im Alter von eineinhalb Jahren den elterlichen Koitus beobachtet und dieser in seinem Traum im Alter von vier Jahren aktiviert wird, wohingegen der Wunsch des Mädchens, vom Penis durchdrungen zu werden, erst in der Pubertät auftauchen soll! Zudem wünscht der Wolfsmann – wie Schreber (Freud 1911 b) – vom Vater ein Kind zu bekommen, ein instinktiver Wunsch, der mit seiner weiblichen

Identifizierung zusammenhängt, während dieser Wunsch beim Mädchen nur als Ersatz des Penisneids in Erscheinung tritt (Freud 1925 a). Die weiblichen Wünsche des Mannes, vom Vater penetriert zu werden und ein Kind von ihm zu bekommen, sind daher direkter als bei der Frau. Erinnern wir noch daran, daß diese Wünsche beim Mann den Kern von Wahnvorstellungen bilden.

Außerdem wissen wir, daß Freud in seinem Aufsatz „Über die weibliche Sexualität" (1931) behauptet: „Die schicksalhafte Beziehung von gleichzeitiger Liebe zu dem einen und Rivalitätshaß gegen den anderen Elternteil stellt sich nur für das männliche Kind her." (S. 511) Ihm zufolge ist die präödipale Phase bei der Frau sehr viel wichtiger als beim Mann. Manchmal gelange das Mädchen nie zur positiven Ödipussituation, und während seines negativen Komplexes sei „der Vater für das Mädchen nicht viel anderes als ein lästiger Rivale" (S. 519). Und wenn das Mädchen die positive Ödipussituation erreiche, löse die Beziehung zum Vater nur die frühere Mutterbindung ab: „Die zweite Phase hatte bis auf den Wechsel des Objekts dem Liebesleben kaum einen neuen Zug hinzugefügt." (S. 518)

Wenn man diese Thesen bis zur letzten Konsequenz weitertreibt, kann man dann nicht sagen, daß in Freuds Theorie der Vater mehr das Objekt des Knaben als des Mädchens ist?

Der sexuelle phallische Monismus wird beim Mädchen zum *Penisneid.* Denn die Freudsche Auffassung impliziert, daß das Mädchen in der Zeitspanne zwischen dem Augenblick, da es den Penis entdeckt – eine Entdeckung, die dem Ödipuskomplex vorausgeht –, und der Pubertät, dem Augenblick, da es die Vagina entdeckt, in seinen eigenen Augen ein kastriertes Wesen ist, im Besitz eines verstümmelten Penis: der Klitoris. Diese Tatsache entfernt es von der Mutter, die ihm keinen Penis gegeben hat, und treibt es in den Ödipuskomplex, um vom Vater das begehrte Organ zu erhalten, ein Verlangen, das sich bestenfalls in den Wunsch nach einem – vorzugsweise männlichen – Kind verwandelt. Das

sexuelle Verlangen der Frau nach dem Penis ist ihrem narzißtischen Wunsch absolut untergeordnet. *Der Penisneid
ist primär, die erotischen Wünsche der Frau sind sekundär.*
Doch wie man weiß, hören die psychosexuellen Widrig-
keiten der Frau hier nicht auf. Die Sexualität des kleinen
Mädchens hat durchaus männlichen Charakter und ist ausschließlich auf die Klitoris zentriert – die „äußeren Genita-
les" der Frau, wie Freud sie bezeichnenderweise nennt,
kommen nicht ins Spiel, nicht einmal unter dem Einfluß
der Verführung. Sobald das Mädchen die Pubertät erreicht, muß es die Besetzung ihres „männlichen" Organs
(der Klitoris) zugunsten ihrer inneren weiblichen Organe
aufgeben. „Es ist ein Stück männlichen Sexuallebens, was
dabei der Verdrängung verfällt." (1905, S. 122) Die Klitoris, die weiterhin im Mittelpunkt bleiben will (sie kann
nur noch wie ein „Span Kienholz" benützt werden, um
die Erregung weiterzuleiten), ist verantwortlich für die
weibliche Frigidität und prädisponiert die Frau zur Neurose, insbesondere zur Hysterie. Gillespie (1975) wirft
hier folgende Frage auf: „Impliziert Freuds Theorie der
pseudomännlichen Klitoris, auf die sie verzichten muß,
nicht ein Beharren auf der Tatsache, daß die Frau kastriert
sein *muß* (...)?"
Man weiß, daß die Klitoris während der gesamten Dau-
er des Geschlechtsakts eine Rolle spielt, und zwar das
ganze Leben einer normalen Frau hindurch, was Jones
(1933) stillschweigend implizierte, als er sagte, daß „alles
in allem die Klitoris Teil der weiblichen Geschlechtsorgane
ist".
Man kann nun versuchen, die wichtigsten Punkte, die
ich in Freuds Theorie der weiblichen Sexualität ausgehend
vom sexuellen phallischen Monismus angeschnitten habe,
zusammenzustellen:
– Unkenntnis der mütterlichen Vagina beim Knaben;
– Unkenntnis der eigenen Vagina beim Mädchen;

14

– ausschließliche Besetzung der Klitoris beim Mädchen, Äquivalent eines verstümmelten Penis;
– Notwendigkeit, beim Eintritt in die Pubertät diese Besetzung aufzugeben;
– Beherrschung der Psychosexualität des Mädchens vom (unerfüllbaren) Wunsch nach dem männlichen Organ;
– der Wunsch des Knaben, vom Penis des Vaters durchdrungen zu werden und ein Kind von ihm zu bekommen, ist direkter als der des Mädchens;
– der positive Ödipuskomplex wird von einigen Frauen nie erreicht;
– der positive Ödipuskomplex des Mädchens ist nur die Verschiebung der Mutterbindung auf den Vater;
– die Mutterschaft ist der Ersatz für eine unerreichbare Männlichkeit.

Damit steht die weibliche Sexualität ganz und gar unter dem Zeichen des Mangels: Mangel einer Vagina, Mangel eines Penis, Mangel einer spezifischen Sexualität, Mangel eines angemessenen Liebesobjekts und schließlich der Mangel, der daraus resultiert, daß das Mädchen keine eigenen Fähigkeiten besitzt, die es direkt besetzen kann, und gezwungen ist, die Klitoris aufzugeben. Hinzu kommt noch der relative Mangel eines Überichs sowie an Fähigkeiten der Sublimierung. Die Sexualität des Knaben dagegen ist „voller": er besitzt ein angemessenes Geschlechtsorgan, eine von vornherein spezifische Sexualität sowie zwei Liebesobjekte in beiden Formen des Ödipuskomplexes.

Nun ist aber die Frau nach der Freudschen Theorie das genaue Gegenteil der ursprünglichen Mutterimago, so wie sie im klinischen Material beider Geschlechter zutagetritt. Es könnte sich um einen bloßen Zufall handeln, aber die Widersprüche, die wir in Freuds Werk in bezug auf den sexuellen phallischen Monismus und seine Folgen aufzeigen konnten, zwingen uns dazu, uns etwas näher mit *diesem Gegensatz zwischen der Frau, wie Freud sie sieht, und der Mutter, wie das Unbewußte sie sieht,* zu befassen.

15

Das Erstaunliche ist natürlich nicht, daß Freuds Erkenntnis in einigen Aspekten seines Werks Grenzen gesetzt waren, sondern – und das verwundert uns immer wieder – daß er seine Forschungen so weit und erfolgreich hat ausdehnen können. Die Streitfrage ist vielmehr der Ruf, den diese Theorie noch immer genießt, eine Theorie, die letztlich allen klinischen und theoretischen Argumenten, die man ihr entgegenhielt, sowie ihren eigenen Widersprüchen standzuhalten vermochte.

Die Theorie des sexuellen phallischen Monismus (und ihre Abkömmlinge) ist meines Erachtens dazu angetan, die allen Menschen gemeinsame narzißtische Wunde zu beseitigen, Resultat der Frühreife des Menschen, die ihn völlig von seiner Mutter abhängig macht.

Schon im „Entwurf zu einer Psychologie" (1985) betont Freud die Unfertigkeit des Menschen und die damit verbundene Abhängigkeit. In „Triebe und Triebschicksale" (1915 a) rechnet er die Trennung von Ich und Nicht-Ich der Hilflosigkeit des Säuglings an: „Der narzißtische Urzustand könnte nicht jene Entwicklung nehmen, wenn nicht jedes Einzelwesen eine Periode von *Hilflosigkeit* und *Pflege* durchmachte, währenddessen seine drängenden Bedürfnisse durch Dazutun von Außen befriedigt und somit von der Entwicklung abgehalten würden." (S. 227, Fn.)

In „Hemmung, Symptom und Angst" (1926) spricht er erneut von der Frühreife des Menschen:

> Die Intrauterinexistenz des Menschen erscheint gegen die der meisten Tiere relativ verkürzt; es wird unfertiger als diese in die Welt geschickt. Dadurch wird der Einfluß der realen Außenwelt verstärkt, die Differenzierung des Ichs vom Es frühzeitig gefördert, die Gefahren der Außenwelt in ihrer Bedeutung erhöht und der Wert des Objekts, das allein gegen diese Gefahren schützen und das verlorene Intrauterinleben ersetzen kann, enorm gesteigert. Dieser biologische Moment stellt also die ersten Gefahrsituationen her und schafft das Bedürfnis, geliebt zu werden, das den Menschen nicht mehr verlassen wird. (S. 186f.)

Eben diese Abhängigkeit des Kleinkindes von der Mutter, die

für sein Überleben unerläßlich ist, führt bekanntlich zur
Herausbildung einer allmächtigen Mutterimago. In dem
Maße, in dem das Kind sich entwickelt, erwirbt es durch
seine psycho-physiologische Reifung und seine Identifizierungen immer größere Autonomie. Dennoch bleibt seine
Psyche für immer von der primären Hilflosigkeit geprägt,
zumal diese einem Zustand totaler Sättigung folgte, in dem
die Bedürfnisse automatisch befriedigt wurden (ich spiele
auf den fötalen Zustand und die kurze Zeitspanne an, in
der Ich und Nicht-Ich vermutlich noch nicht unterschieden
sind). Seine Inzestwünsche kann es nur als Drama erleben –
ein Resultat des chronologischen Abstands zwischen ihrem
Auftauchen und der Fähigkeit, sie zu befriedigen. Auch
hier ist die Frühreife der Kern des Problems.

Rufen wir uns das düstere Bild in Erinnerung, das Freud
selbst in „Jenseits des Lustprinzips" (1920) vom ödipalen
Kind zeichnet:

Die Frühblüte des infantilen Sexuallebens war infolge der Un-
verträglichkeit ihrer Wünsche mit der Realität und der Unzulänglichkeit der kindlichen Entwicklungsstufe zum Untergang
bestimmt. Sie ging bei den peinlichsten Anlässen unter tief
schmerzlichen Empfindungen zugrunde. Der Liebesverlust
und das Mißlingen hinterließen eine dauernde Beeinträchti-
gung des Selbstgefühls als narzißtische Narbe, nach meinen
Erfahrungen wie nach den Ausführungen Marcinowskis den
stärksten Beitrag zu dem häufigen „Minderwertigkeitsgefühl"
der Neurotiker. Die Sexualforschung, der durch die körperli-
che Entwicklung des Kindes Schranken gesetzt werden, brachte es zu keinem befriedigenden Abschluß; daher die spätere
Klage: Ich kann nichts fertig bringen, mir kann nichts gelin-
gen. Die zärtliche Bindung, meist an den gegengeschlechtli-
chen Elternteil, erlag der Enttäuschung, dem vergeblichen
Warten auf Befriedigung, der Eifersucht bei der Geburt eines
neuen Kindes, die unzweideutig die Untreue des oder der Geliebten erwies; der eigene mit tragischem Ernst unternommene
Verzicht, selbst ein solches Kind zu schaffen, mißlang in be-
schämender Weise; die Abnahme der dem Kleinen gespende-
ten Zärtlichkeit, der gesteigerte Anspruch der Erziehung, ern-
ste Worte und gelegentliche Bestrafung hatten endlich den

ganzen Umfang der ihm zugefallenen Verschmähung enthüllt.
(S. 19)

Der Verzicht auf das ödipale Objekt scheint in diesem Zusammenhang mit der schmerzlichen Erkenntnis des Kindes verbunden zu sein, daß es klein und unzulänglich ist. Es ist die Tragödie der verlorenen Illusionen. Die Theorie des sexuellen phallischen Monismus geht nun aber dahin, diese Illusionen zu bewahren. Joyce McDougall (1972) hat darauf hingewiesen, daß der Anblick der penislosen weiblichen Geschlechtsorgane für das Kind nicht nur deshalb furchterregend ist, weil er die Möglichkeit der Kastration bestätigt, sondern auch deshalb, weil er es zwingt, die Rolle des väterlichen Penis anzuerkennen und die Urszene nicht länger zu verleugnen.

Meiner Meinung nach ruht der Felsen der Wirklichkeit nicht nur auf dem Geschlechtsunterschied, sondern auch auf dem Generationsunterschied: Realität ist nicht, daß die Mutter kastriert wurde, sondern daß sie eine Vagina besitzt und der kleine Knabe außerstande ist, sie zu (er)füllen. Realität ist, daß der Vater einen Penis besitzt und der kleine Knabe keinen (den vom kleinen Hans beneideten großen „Wiwimacher") sowie genitale Fähigkeiten, die er nicht hat. Wenn das Kind gezwungen ist, den Unterschied der Geschlechter in ihrer genitalen Komplementarität anzuerkennen, sieht es sich gleichzeitig genötigt, den Unterschied der Generationen anzuerkennen. *Dies reißt eine schmerzhafte narzißtische Wunde, die die Theorie des sexuellen phallischen Monismus zu beseitigen versucht:* hätte das männliche Kind während des Ödipuskomplexes nicht den Wunsch, in seine Mutter einzudringen, weil es von der Existenz ihrer Vagina absolut nicht weiß, dann hätte es keinen Grund, den Vater zu beneiden, denn dessen Fähigkeiten würden sich von den seinen nur wenig unterscheiden; auch das Kind könnte an der Mutter solche vagen „Betätigungen" vornehmen, falls seine Mutter einverstanden wäre und sein Vater nichts dagegen einzuwenden hätte. Somit bewahrt der Ödipuskomplex des kleinen Knaben einen Teil seines Narzißmus. Er entspricht nämlich der perversen Verlockung, die (dem kleinen Knaben zugänglichen) prägenitalen Wünsche und Befriedigungen als ebenso gültig und sogar noch gültiger anzusehen als die (einzig dem Vater zugänglichen) genitalen Wünsche und Befriedigungen. Diese Verlockung zeichnet sich deutlich in der Analyse des kleinen Hans ab, wenn dieser den Wunsch äußert, die Pferde zu schlagen, und schließlich gesteht, daß er gern seine Mutter schlagen würde: für einen kleinen Knaben ist das in der Tat leichter, als mit einer erwachsenen Frau den genitalen Koitus zu vollziehen.

Aber die Theorie des sexuellen phallischen Monismus hat noch weitere narzißtische Vorteile. Wenn die Mutter keine Vagina besitzt, dann ist der kleine Knabe – auf der Ebene des umgekehrten Ödipuskomplexes – ebensogut wie sie in der Lage, den Vater zu befriedigen. Diese Phantasie haben viele Homosexuelle, für die der After, den sie genitalisieren, und die Vagina gleichwertig sind. Die angebliche Unkenntnis der Vagina verschafft dem männlichen Kind einen narzißtischen Gewinn auf beiden Ebenen des Ödipuskomplexes.

Das Bedürfnis nach dem sexuellen phallischen Monismus entspringt demnach den beiden Momenten der Beziehung zur Mutter – zur allmächtigen archaischen Mutter einerseits und zur ödipalen Mutter andererseits –, während derer das Kind die schmerzliche Erfahrung seiner Unzulänglichkeit gemacht hat. Der Wunsch, mit der Urmutter zu brechen, drängt die Kinder beiderlei Geschlechts dazu, ihre Macht auf den Vater und seinen Penis zu projizieren und die Besetzung mehr oder weniger von den spezifischen mütterlichen Fähigkeiten und Organen abzuziehen. Wenn die Beziehung zur Mutter (aus inneren wie äußeren Gründen) hinlänglich gut war, kann sich der Knabe den Vater zum Vorbild nehmen (wie der kleine Hans), um zu werden wie er und eines Tages die Mutter zu besitzen. Er wird dann seinen eigenen Penis mit einem vorhandenen, und vor allem einem künftigen, sexuellen und narzißtischen Wert besetzen. Einen Teil seiner narzißtischen Besetzung wird er jedoch den mütterlichen Fähigkeiten und Organen vorbehalten: den Brüsten, der Vagina und der Fähigkeit, Kinder in die Welt zu setzen. Dieser Prozeß erlaubt es ihm, sich seinem eigenen Geschlecht entsprechend zu entwickeln, ohne deshalb die weiblichen Fähigkeiten abzuwerten, und damit seine Weiblichkeit zu integrieren, was ihn in die Lage versetzt, die Wünsche der Partnerin in seinen Liebesbeziehungen zu verstehen.

War dagegen die Beziehung zur archaischen Mutter sehr schlecht, dann kann er seine gesamte narzißtische Besetzung von den mütterlichen Vorzügen abziehen und sie ganz auf den väterlichen Penis und seinen eigenen Penis übertragen. Da er nun die mütterlichen Züge durch und durch verachtet, wird die Integration seiner Weiblichkeit schwierig, wo nicht unmöglich. Die Resexualisierung seiner passiven homosexuellen Triebe wird, als für das Ich unzumutbar, voll Abscheu verworfen, gerade weil die Gegenbesetzung des Penis die gesamte narzißtische Libido absorbiert hat, der es nun völlig an Weiblichkeit fehlt. So erklärt sich zum Teil, wie mir scheint, der konflikthafte Charakter, den die passiven homosexuellen Wünsche beim Mann häufig annehmen, da die Erotik, die das Subjekt zum Vater drängt, ja gerade mit der Abwertung der Weiblichkeit, folglich auch seiner eigenen, verbunden ist. In diesem Fall besteht ein heftiger Gegensatz zwischen Homosexualität und Narzißmus. Dies ist einer der Gründe (neben denen, die viele Analytiker bereits genannt haben), warum es bei Patienten, die paranoide Züge aufweisen, notwendig ist, die frühe Mutterbindung zu analysieren.[3]

Freud spricht dem Mann eine „normale Verachtung" der

---

[3] Wie wir wissen, war Schrebers Mutter (Freud 1911b) von ihrem Ehemann, der sich die mütterliche Funktion angeeignet hatte, sozusagen absorbiert worden. In diesem Fall, wie in allen Fällen männlicher Paranoia, ist das Bezeichnende das Fehlen einer narzißtischen Besetzung der Weiblichkeit.

Frau zu; sie sei dem Fehlen des Penis geschuldet. Nach meinen Erfahrungen verbirgt sich hinter der ausgeprägten Verachtung immer eine mächtige, beneidete und schrecken-erregende Mutterimago (vgl. Chasseguet-Smirgel 1964).

Eine vorübergehende Abwertung der Mutter und der Frauen ist „normal" und erlaubt es dem Knaben, seine eigene sexuelle Identität narzißtisch zu besetzen; aber beim Erwachsenen sollte sie nur in Form beschützender Gefühle gegenüber der Frau fortbestehen. Die Verachtung beim Erwachsenen ist niemals „normal" und verrät, daß er sich seines Selbstwerts nicht sicher ist. Sie kann auch der Ausdruck einer phallisch-narzißtischen Regression sein. Was ich oben über den defensiven Charakter der Theorie des phallischen sexuellen Monismus gesagt habe, schließt natürlich Jones' Thesen über die phallische Phase nicht aus, sondern ist, wie ich hoffe, ein Beitrag zum Verständnis des defensiven Charakters dieser Phase; diese Theorie schützt das Subjekt nicht nur vor den Kastrationsängsten auf der ödipalen Ebene, sondern auch vor der mit seiner angeborenen Unzulänglichkeit zusammenhängenden narzißtischen Wunde.

Das Gegenstück des Subjekts, das paranoide Symptome zeigt, ist der Transsexuelle, der sich mit Hilfe der plastischen Chirurgie von seinen männlichen Attributen befreit, um sich eine Vagina zuzulegen. Aufgrund präziser „historischer" Faktoren, die mit seiner Beziehung zu den Eltern zusammenhängen, war er wahrscheinlich unfähig gewesen, sein Ichideal auf den Vater und dessen Penis zu projizieren. Seine narzißtische Besetzung blieb den weiblichen Attributen der archaischen Mutter vorbehalten. Die Weiblichkeit des Mannes, seine homosexuelle Position sind aufgrund der erwähnten komplexen Faktoren von vielfältigen Abwehr- und Triebkräften getragen:
— klassische Regression angesichts des Ödipuskomplexes und der Angst vor einer Kastration durch den Vater;
— „normale" Identifizierung mit der Mutter in der Ursze-

ne auf der Ebene des umgekehrten Ödipuskomplexes und der Integration der Weiblichkeit;

- beim positiven Ödipuskomplex der Wunsch, den großen Penis des Vaters durch Einverleibung zu erwerben, mit dem Ziel der Vateridentifizierung und in der Hoffnung, die Mutter zu besitzen;
- Wunsch, die allmächtige Mutter zu *sein* und ihre Attribute zu besitzen, die weiterhin narzißtisch besetzt werden (dieser Wunsch kann infolgedessen vollkommen ich-synton sein);
- Wunsch, die Mutter zu sein, damit die Verschmelzung möglich wird und die Trennungsangst vermieden werden kann;
- Wunsch, passiv vom analen Phallus der Mutter durchdrungen zu werden (diese Position kann ich hier nur andeuten);
- Wunsch, der allmächtigen Mutter zu entrinnen, indem man die Besetzung von den Fähigkeiten abzieht, die nur sie besitzt, und sich an den Vater und dessen Penis „klammert".

Das Bedürfnis, sich von der omnipotenten Urmutter zu lösen, indem man ihre weiblichen Fähigkeiten, Organe und Werte verleugnet und sich auf den Vater stützt, scheint mir beiden Geschlechtern gemeinsam zu sein. Bachofen (1861) hat den Übergang vom Mutterrecht zum Vaterrecht untersucht, und auch wenn die Existenz mutterrechtlicher Zivilisationen fraglich ist, so enthält sein Werk doch eine tiefe psychologische Wahrheit, denn wir sehen, wie das individuelle Abenteuer der Entwicklung von Männern und Frauen auf die Geschichte der Menschheit projiziert wird. Bachofen, ein Psychoanalytiker vor der Zeit, entgegnete Mommsen, der seine Thesen ablehnte, er müsse wohl persönliche Gründe haben, die Existenz eines Matriarchats zu leugnen. Er meinte, daß die „Eumeniden" des Aischylos den Übergang vom Mutterrecht zum Vaterrecht beschreiben. Wie man weiß, handelt es sich um den Bericht des Prozesses gegen Orest, der seine Mutter Klytaimnestra ermordete, um seinen von dieser getöteten Vater Agamemnon zu rächen. Die Erinnyen, die am Ende des Stücks zu den Eumeniden werden, sind die Töchter der Nacht, unterirdische, chthonische Gottheiten, die schon vor Zeus herrschten (so wie die Mutter vor dem Vater herrschte). Als „schwarz und ekelerregend" beschrieben, vertreten sie die Anklage. Apoll führt die Verteidigung. Orest appelliert an Athene, die ohne mütterliches Zutun geboren wurde, denn sie ist die Tochter des Zeus, dessen Haupt sie in kriegerischer Rüstung entsprang, wodurch sie der primären infantilen Hilflosigkeit entrann. Sie bildet ein Tribunal, den Areopag, genau an dem Ort, an dem die Amazonen sich niedergelassen hatten, bevor sie von Theseus bezwungen wurden, womit sie den Erinnyen ihre Vorrechte als Richterinnen nimmt. Diese verkünden:

Ein neu Gesetz schafft Umsturz, wenn
Des Muttermörders Recht und Verderbnis siegt.

Sie halten Klytaimnestras Verbrechen für geringer als das von Orest, denn: „Sie war dem Mann, den sie erschlug, nicht blutsverwandt." Und Orest erwidert mit dem erstaunlichen Satz: „Doch ich mit meiner Mutter wäre gleichen Bluts?" Apoll unterstützt ihn:

Die Mutter bringt, was uns ihr Kind heißt, nicht hervor.
Sie ist nur frisch gesäten Keimes Nährerin,
Der sie befruchtet, zeugt. Sie, wie der Wirt den Gast,
Beschützt, sofern kein Gott es schädigt, nur das Gut.
Für diese Rede leg ich den Beweis euch vor.
Es gibt auch ohne Mutter Vaterschaft. Hier steht
Als Zeuge da die Tochter des Olympiers Zeus (...).

Athene stimmt zu: „Meines Vaters Kind bin ich." (Diese Idee der Geburt läßt sich mit derjenigen vergleichen, die de Sade mehrfach postuliert hat.) Orest wird freigesprochen, und die Erinnyen klagen:

Höre das Grollen, o Mutter
Nacht! Verliehene Würde raubt
Listige Tücke der Götter mir.

Sie drohen dem Land mit Verderben. Schließlich verspricht

man den Erinnyen, ihnen einen Kult zu weihen. Sie beruhigen sich, werden zu den Eumeniden, und das Stück hat ein glückliches, fröhliches Ende.

Bemerkenswert ist, daß Athene, eine Frau, sich mit Apoll, einem Mann, zusammentut, um die mütterlichen Vorrechte zu verleugnen.

Der Penisneid des Mädchens beruht meiner Ansicht nach nicht auf seiner Unkenntnis der Vagina und dem daraus folgenden Kastrationsgefühl (wenngleich es Gründe hat, sein Wissen zu verdrängen und die Verdrängung vielleicht sogar normal ist, wie Denise Braunschweig und Michel Fain, 1971, behaupten), sondern weit mehr auf seinem Bedürfnis, die Macht der Mutter zu brechen.

Hier der Bericht einer Sitzung, der, wie ich hoffe, deutlich macht, was ich meine:

Meine Patientin ist das dritte Kind einer Familie mit sechs Kindern. Sie hat zwei ältere Brüder, und nach ihr wurde ein weiterer Bruder geboren. Sie beginnt darüber zu klagen, daß sie sich bei einer Analytikerin befindet: da die Frauen den Männern unterlegen sind, wird sie bei mir nichts finden – ein immer wiederkehrendes Thema. Dann erzählt sie einen Traum. Sie ist in einem Theater. Auf der Bühne steht eine Frau mit einer entblößten Brust, die dick, rund und geschwollen ist. Die Patientin sagt, sie habe am Abend vorher einen Artikel über eine Schauspielerin gelesen, die in Paris eine ganz besondere Vorstellung gibt: sie entblößt sich auf obszöne Weise, wobei sie das Publikum beschimpft und demütigt. In ihrem Traum sitzt die Patientin mit einem älteren Bruder und dessen Freund im Saal unter den Zuschauern. Zu Füßen der Frau befindet sich ein kleiner Knabe von achtzehn Monaten. Irgendwann beugt sich die Frau nach hinten, hebt ihren Rock hoch und zeigt ihr Geschlecht. Der Bruder der Patientin und sein Freund erregen sich, mokieren sich über die Frau und imitieren mit den Fingern eine schneidende Schere. Diese Geste soll ihr zu verstehen geben, daß sie kastriert ist. Sie fährt mit einer Phantasie fort: sie könnte am Penis ihres Mannes ziehen, und all sein Blut würde aus ihm herauslaufen, so wie die Luft aus einem Ballon entweicht. Dazu ist zu sagen, daß sie ihren Gatten nie als vollwertigen Mann erlebt hat, sondern nur als Sohn-ihrer-Schwiegermutter. Dieses Beispiel zeigt deutlich, daß sich hinter ihrer Abwertung der Frau (der Analytikerin in der Übertragung) das Bild einer allmächtigen Mutter verbirgt, die ihre Tochter entthront, indem sie nach ihr weitere Kinder in die Welt setzt und stillt (sie war achtzehn Monate alt, wie der kleine Knabe im Traum, als ihr Bruder geboren wurde). Diese Mutter hat sie gedemütigt, so wie die Schauspielerin das Publikum mit ihrer öffentlichen Geste gedemütigt hat. Um ihre narzißtische Wunde zu überwinden, bleibt ihr nur eine Möglichkeit: dieser Mutter den Bruch ihrer Allmacht zu zeigen, das heißt ihren Penismangel; es ist das einzige Mittel, sie zu besiegen. Freilich wäre es dazu besser, selbst einen Penis zu haben wie die beiden jungen Männer im Traum, die imstande sind, die Mutter zu verhöhnen, wie sie es hätte tun können, wenn sie der achtzehnmonatige kleine Knabe ihres Traums gewesen wäre. In der Phantasie, die ihrem Traum folgte, greift sie die Brust der Mutter direkt an, indem sie sie leert, wobei der Körper des Ehemanns die Brust und sein Penis die Brustwarze darstellt. Der Ehemann wirkt nun wie ein „abgeschwollener Luftballon", das heißt wie eine schlaffe Brust. Auf einer andern Ebene ist er auch der kleine Bruder, den sie kastriert und zerstört.

Meine Erfahrung mit weiblichen Patienten hat mir gezeigt, daß der Penisneid kein Ziel an sich ist, sondern der Ausdruck des Wunschs, die allmächtige Urmutter dadurch zu besiegen, daß man das Organ besitzt, das der Mutter fehlt, nämlich den Penis. Im allgemeinen ist der Penisneid desto stärker, je erdrückender die Mutterimago ist.

Es versteht sich von selbst, daß die entsprechende Abziehung der narzißtischen Besetzung von den mütterlichen Fähigkeiten und Organen die Identifizierung mit der Mutter sowie das Akzeptieren der Weiblichkeit erschwert. Die passive weibliche Homosexualität ist sehr konflikthaft, daher wird ihre Integration problematisch. Die Idealisierung des Vaters und seines Penis trägt mit dazu bei, das psychosexuelle Leben dieser Frauen zu stören. Athene, die Tochter des Zeus, sagt: „Weiß ich von keiner Mutter doch, die mich gebar. Dem Männlichen gehört mein ganzes Leben an."

Wir könnten unser aller Bedürfnis, unsere primäre Abhängigkeit von der Mutter zu überwinden, auf dem Gebiet der soziokulturellen Tätigkeiten weiterverfolgen, wozu hier leider kein Raum ist.

Trotz seiner Ansichten über die weibliche Sexualität, die unseren grundlegenden, mit unserer Frühreife zusammenhängenden Mutterkonflikt widerspiegeln, weist Freud, da er die prägende Kraft des Kindes im Menschen erkennt, der Mutter implizit ihre vorrangige Rolle zu. Bachofen spürte, daß der Übergang vom Mutterrecht zum Vaterrecht gleichbedeutend war mit der Unterordnung des materiellen Prinzips unter das geistige Prinzip, der Unterordnung des chthonischen Rechts der souveränen mütterlichen Kräfte unter das himmlische Recht des Olymps. Auch der psychoanalytischen Theorie bleibt dieser Kampf zwischen Mutterrecht und Vaterrecht nicht erspart: wenn wir die Bedeutung unserer frühen Beziehungen und unserer Besetzung der Mutterimago unterschätzen, dann heißt das, daß wir dem Vaterrecht Geltung verschaffen und vor unserer kindlichen Abhängigkeit fliehen; und wenn wir die strukturierenden Wirkungen des Ödipuskomplexes vernachlässigen, der die Erfahrung der Ganzheit von Objekten, des väterlichen Überichs und des Penis einschließt, setzen wir die ursprüngliche Macht der Mutter wieder ein, die, auch wenn sie uns einschüchtert, eine unleugbare Faszination ausübt. Unsere persönlichen Konflikte dürfen uns nicht vergessen lassen, daß wir Kinder vom Mann *und* von der Frau sind.

Die Weiblichkeit des Psychoanalytikers bei der Ausübung seines Berufes

Die Arbeiten von Psychoanalytikern wie z. B. Judith Kestenberg (1956), die eine Reihe klassischer Arbeiten ergänzten und bestätigten, haben meines Erachtens den Anspruch der Theorie des sexuellen phallischen Monismus, noch länger für bare Münze genommen zu werden, hinfällig werden lassen. Tatsächlich geht es nicht nur darum, diese infantile Sexualtheorie einfach zu verwerfen, sondern aus dieser Verwerfung die Konsequenzen zu ziehen, die sich für die psychoanalytische Theorie insgesamt daraus ergeben. Wenn das kleine Mädchen zuerst nicht für *Mangel* steht, sondern ursprünglich für *Behältnis,* dann müssen unsere Auffassungen von der psychosexuellen Entwicklung eine andere, ja sogar umgekehrte Richtung nehmen, und der Ort dessen, was im Menschen am triebhaftesten, animalistischsten ist, muß erst wieder gefunden werden.

Ich will dieses umfangreiche Thema hier nur streifen, wobei ich von der Idee ausgehe, daß unsere Sicht der menschlichen Tätigkeiten modifiziert werden muß. Ich meine, daß beide Geschlechter auf psychischer Ebene von der Integration ihrer Identifizierungen mit beiden Elternteilen geprägt sind (vgl. David 1975) und daß die Identifizierung mit einer Mutter, die von Anfang an als im Besitz einer Vagina und einer fruchtbaren Gebärmutter erlebt wurde, eine grundlegende Rolle in der Psychosexualität der Männer wie der Frauen spielen muß.

Mir schien, daß es im Rahmen dieses Kongresses interessant sein könnte, zu untersuchen, in welcher Weise die Weiblichkeit des Psychoanalytikers, ob Mann oder Frau, seine berufliche Tätigkeit beeinflußt.

Die Ideen von „Innenleben" und „Tiefenpsychologie" ist
eng mit der der Weiblichkeit verbunden. Davon zeugt unter
anderem das universelle Symbol des Meerwassers, das auf die
Erzeugerin verweist. Fruchtbarkeit ist untrennbar mit Verinnerlichung verbunden, wobei das Modell der Verinnerlichung wahrscheinlich der Penis ist, der aufbewahrt wird, um
ein Kind zu werden, und nicht die Brustwarze im Mund.
Meine Hypothese lautet, daß das Primat des Wunsches nach
einem Kind, verbunden mit der Anwesenheit des weiblichen
Behältnisses, zur oralen Auffassung des Koitus und der
Schwangerschaft führt, und nicht das Primat der Oralität
über die Genitalität. Ich werde darauf zurückkommen. Die
Mutterschaft ist der weiblichen Psychosexualität wesens-
gleich, ob sie nun auf die Geburt eines Kindes hinausläuft
oder nicht.

Ferenczi (1924) vertritt die Hypothese, daß die Rückkehr
zum intrauterinen Leben eine universelle Phantasie des Menschen sei und sich als biologischer Pfeiler des ödipalen
Wunsches herausstelle. Das Studium eines männlichen Falles
hat es mir erlaubt, die Phantasie, den Mutterleib zu leeren –
die im Werk von Melanie Klein eine zentrale Stelle einnimmt –, in den Mittelpunkt des Problems zu rücken. Béla
Grunberger (1983) hält sie für den Ausdruck einer grundlegenden primären Aggressivität. Meiner Meinung nach entspricht diese Phantasie dem Wunsch, eine glatte Welt ohne
Hindernisse, ohne Unebenheiten, ohne Unterschiede wiederzuentdecken, identifiziert mit einem Mutterleib, zu dem
man freien Zugang hat und der auf der Ebene des Denkens ein
ungehindertes psychisches Geschehen mit frei fließender
psychischer Energie repräsentiert. Der Vater, sein Penis und
die Realität selbst müssen zerstört werden, damit die paradie-
sische Welt des Lustprinzips wiedergefunden werden kann.
Eben diese Phantasie von der *Zerstörung der Realität* verleiht
dem Wunsch, den Mutterleib zu leeren, seine vorrangige
Rolle. Meines Erachtens geht es um die *archaische Matrix des
Ödipuskomplexes,* die sich im entwickelten Ödipuskomplex

sowie im Ödipus-Mythos selbst erkennen läßt: in der Er-
mordung des Laios an der Wegkreuzung (vgl. van der Sterren 1948), die die Zerstörung des Hindernisses auf dem Weg
zum Körper und Geschlecht der Mutter symbolisiert. Beim
Mann kann dieser Wunsch im Zusammenhang mit dem eigentlichen Ödipuskomplex eine ausgeprägtere Bedeutung
annehmen. Freilich ist dieser Wunsch für sich allein, von
seinen fortgeschrittenen Komponenten losgelöst (Liebe zur
Mutter und Bewunderung für den Vater, die zum Prozeß
der Identifizierung führen), auch wenn er auf den Ödipuskomplex hindeutet, zugleich dessen Antithese. Denn der
Ödipuskomplex ist eng mit der Anerkennung der Unterschiede (zwischen den Geschlechtern und den Generationen) und der Anerkennung der Realität verbunden. Er besteht darin, mit ihr in Konflikt zu treten, sich mit ihr auseinanderzusetzen, und nicht darin, sie zu verleugnen oder als
solche zu zerstören.

Was die Frau betrifft, so kann der Wunsch, den Mutterleib
von seinen Inhalten zu befreien, denselben Sinn haben wie für
den Mann, nämlich alle Hindernisse auf dem Weg der Rückkehr zum Mutterleib zu zerstören. Denn in genetischer Hinsicht ist das wahre inzestuöse Objekt bei beiden Geschlechtern die Mutter, da der Mutterleib unser gemeinsamer Ursprungsort ist. Aber man weiß auch, daß der Angriff des
Mädchens auf den Mutterleib der fortgeschrittene Ausdruck
ihrer Rivalität mit der Mutter sein kann, des Wunsches, ihr
den begehrten väterlichen Penis sowie die Babys zu rauben,
die ihr Leib enthält. Mir scheint nun aber, daß die *Fähigkeit
zur Mutterschaft* es der Frau ermöglicht, ihren doppelten
Inzestwunsch in der Phantasie zu verwirklichen, nämlich
dank der bestehenden Einheit mit dem Fötus während der
Schwangerschaft die primäre Verschmelzung mit der Mutter
wiederzufinden und zugleich das Liebesobjekt, den Vater
oder seinen Penis, in sich aufzubewahren. Dank der Verschmelzung mit dem Fötus, den sie in sich trägt, hat die Frau
die Möglichkeit, wieder Zugang zum Körper der Mutter zu

finden, und zwar auf vollständigere, tiefere und dauerhaftere Weise als der Mann. (Ich kehre hier Ferenczis Idee um, der meint, der Mann habe durch den genitalen Koitus die Möglichkeit, in den Mutterleib zurückzukehren, während dies der Frau nur indirekt – durch Identifizierung mit dem Mann und seinem Penis – möglich wäre, im wesentlichen also mittels ihrer männlichen Komponente.)

Ich möchte betonen, daß diese Beziehung zum Fötus eine weibliche Art der Objektbeziehung ist, unter anderem charakterisiert durch die Neigung zu dauerhafteren Objektbindungen und häufigerer Monogamie (ungeachtet der gegenwärtigen Tendenzen): der Fötus ist in der Tat einzigartig. Und diese Möglichkeit, in der Phantasie – über die Fähigkeit zur Mutterschaft – den Zugang zum Mutterleib wiederzufinden, erklärt zum Teil die niedrigere Kriminalitätsrate bei Frauen, da die Hindernisse, die der Erfüllung des Wunschs nach Rückkehr zur primären Verschmelzung im Wege stehen, aufgrund dieser Möglichkeit eine weniger absolute Form annehmen und sich infolgedessen das Bedürfnis, sie durch Zerstörung zu beseitigen, weniger gebieterisch aufdrängt.

Disposition zur Mutterschaft: Analytische Situation und Kommunikation

Was ich die „Disposition zur Mutterschaft" beim Analytiker nennen möchte, spielt bei der Einführung des Analysanden in die analytische Situation sicherlich eine entscheidende Rolle. Ferenczi (1913) hat gezeigt, daß die Umgebung des Kindes dazu neigt, es nach seiner Geburt in eine Lage zu bringen, die der Situation im Mutterleib möglichst ähnlich ist: Wiege, weiche Decken, Polster, Schutz vor zu starken Licht- und Schallreizen, Schaukelbewegungen, sanfte Worte und Wiegenlieder reproduzieren einige Merkmale des pränatalen Lebens und verwandeln die Umgebung des Kindes in eine Projektion des Mutterleibs. Nun zeigt sich aber, daß zentrale

Punkte der analytischen Situation es ermöglichen, für den Analysanden Bedingungen zu schaffen, die in vieler Hinsicht denen ähneln, die dem Säugling nach der Geburt geboten werden, um den Übergang von der pränatalen Dimension des Lebens zu seiner postnatalen Dimension zu erleichtern.

Überlegungen dieser Art sowie die Untersuchung der analytischen Regression haben einige Analytiker (z. B. Phyllis Greenacre, René Spitz, Hans Loewald, Leo Stone, Maxwell Gitelson, Donald Winnicott) dazu geführt, den Akzent auf jene Aspekte der analytischen Situation zu setzen, die die frühesten Merkmale der Mutter/Kind-Beziehung wiederholen, als den Hintergrund, vor dem sich die entwickelteren Konflikte und der Reifungsprozeß abspielen. Für Béla Grunberger (1971) liegt der Entwicklung des analytischen Prozesses gerade diese Rückkehr zur intrauterinen Situation, zum primären Narzißmus zugrunde. Von unserem Thema her gesehen wäre also die *Disposition zur Mutterschaft* des Analytikers (ob Mann oder Frau) die Basis der analytischen Situation, innerhalb des analytischen Rahmens, der sozusagen den Umriß des Mutterleibs definiert. Doch läßt sich hinter den formalen Aspekten der Couch- oder Sesselsituation die analytische Beziehung selbst nicht als eine Wiederholung der Mutter/Kind-Beziehung in ihrer ursprünglichsten, unmittelbarsten Form betrachten, so wie sie nach der Geburt (wenngleich in verschiedenen Graden) nach dem Modell der Einheit von Mutter und Fötus hergestellt wird? Hier stoßen wir auf einen Konflikt zwischen zwei Auffassungen der Analyse: derjenigen, für die sie vor allem eine emotionale Erfahrung ist, und derjenigen, für die sie in erster Linie verbale Kommunikation ist.

Die Verfechter der letzteren Auffassung verwerfen, und zwar häufig sehr radikal, den Begriff einer „Beziehung von Unbewußtem zu Unbewußtem", die – zumindest teilweise – den analytischen Austausch kennzeichnet. Freud, der doch wenig dazu neigte, seine Entdeckungen ins Mystische abgleiten zu lassen, hat es nicht versäumt, mehrfach die Existenz dieser Art einer völlig außerhalb der Worte stattfindenden Kommunikation zu erwähnen. So schreibt er in „Die Disposition zur Zwangsneurose" (1913 a): „Aber ich habe nicht ohne gute Gründe behauptet, daß jeder Mensch in seinem eigenen Unbewußten ein Instrument besitzt, mit dem er die Äußerungen des Unbewußten beim anderen zu deuten vermag (...)." (S. 445) Es geht hier um eine Patientin, bei der sich ein Übergang von einer Angsthysterie zu einer Zwangsneurose vollzieht. Die erste Erkrankung bricht aus, als sie erfährt, daß sie von ihrem (unfruchtbaren) Mann keine Kinder haben kann. Die Patientin tut alles, um ihren Mann die Ursache ihrer Erkrankung nicht erraten zu lassen; aber „der Mann verstand ohne Geständnis oder Erklärung, was die Angst seiner Frau bedeute, kränkte sich darüber, ohne es zu zeigen, und reagierte nun seinerseits neurotisch, indem er – zum erstenmal – beim Eheverkehr versagte." Erst da veränderte sich die Art ihrer Erkrankung. Ich werde auf den meines Erachtens interessanten Punkt zurückkommen, daß sich dieser von Freud erwähnte Austausch von Unbewußtem zu Unbewußtem im Zusammenhang mit einem Kindeswunsch vollzog.

In „Das Unbewußte" (1913 b) schreibt Freud: „Es ist sehr bemerkenswert, daß das *Ubw* eines Menschen mit Umgehung des *Bw* auf das *Ubw* eines anderen reagieren kann. Die Tatsache verdient eingehendere Untersuchung, besonders nach der Richtung, ob sich vorbewußte Tätigkeit dabei ausschließen läßt, ist aber als Beschreibung unbestreitbar." (S. 293) In „‚Psychoanalyse' und ‚Libidotheorie'" (1923 a, S. 125) schreibt Freud erneut: „Die Erfahrung zeigte bald, daß der analysierende Arzt sich dabei am zweckmäßigsten verhalte, wenn er sich selbst *bei gleichschwebender Aufmerksamkeit* seiner eigenen unbewußten Geistestätigkeit überlasse, Nachdenken und Bildung bewußter Erwartungen möglichst vermeide, nichts von dem Gehörten sich besonders im Gedächtnis fixieren wolle, und solcher Art das Unbewußte des Patienten mit seinem eigenen Unbewußten auffange." Freud erklärt also, daß die Regel der gleichschwebenden

Aufmerksamkeit, Gegenstück zur Grundregel, darauf ab-
zielt, die Kommunikation von Unbewußtem zu Unbewußtem zu erleichtern. Ist der verborgene Faden dieser geheim-
nisvollen Kommunikation nicht die Nabelschnur, Prototyp
jeder unmittelbaren und absoluten Beziehung? Und verleiht
nicht auch hier die „Disposition zur Mutterschaft" bei beiden
Geschlechtern jene Fähigkeit zu präverbalem oder infraver-
balem Austausch? Zwischen dem seelischen Apparat des
Analytikers und dem des Analysanden stellt sich innerhalb
der durch die analytische Situation bedingten Regression, die
der Analytiker zwar in geringerem Maße, aber dennoch
erlebt, jene ursprüngliche Beziehung her, die bewirkt, daß
eine Mutter auf den ersten Blick, durch Hinweise, die nur sie
allein wahrnimmt und die sie im übrigen nicht zu benennen
vermag, den Zustand ihres Säuglings erkennt. Ich bin sogar
der Meinung, daß diejenigen, die die Existenz einer Kommunikation zwischen Unbewußtem und Unbewußtem leugnen,
Konflikte mit ihrer „Disposition zur Mutterschaft" haben,
selbst wenn eine glückliche Spaltung es ihnen gestattet, sie
willentlich zu benutzen.

Oben habe ich angemerkt, daß Freud die Kommunikation
von Unbewußtem zu Unbewußtem im Zusammenhang mit
einem Kindeswunsch erwähnte. Als ich an persönliche Beispiele dachte, fielen mir als erstes zwei Fälle ein, die dieses
Thema betreffen. Ein Patient, dessen Frau schwanger war,
begann seine Sitzung damit, daß er mir folgenden Traum
erzählte: „Ein Stier verfolgt mich, ich werfe ihm meinen roten
Pullover zu." Noch bevor er mir seine Assoziationen mitteilt,
denke ich: „Er will, daß seine Frau abtreibt." Dann sagt der
Patient, daß seine Frau unter dem Sternzeichen des Stiers
geboren ist und daß sie ihm einen roten Pullover geschenkt
hat. Er hat diesen Traum in der Nacht zuvor geträumt und
ihn seiner Frau erzählt (im allgemeinen erzählt er seiner Frau
seine Träume nicht). Kurz danach begann seine Frau zu
bluten. Sie wurde mit dem Krankenwagen ins Hospital gebracht. „Gott sei Dank konnte man eine Fehlgeburt verhin-

dern", sagte er. Tatsächlich sprach der Patient seit einiger Zeit davon, die Analyse zu beenden: es war der analytische Prozeß, den er abtreiben wollte.

Das zweite Beispiel ist das einer jungen Kollegin, deren schizophrener Patient ihre Schwangerschaft erriet, noch bevor sie selbst wußte, daß sie schwanger war.

Die Fälle von Kommunikation zwischen *Ubw* und *Ubw* betreffen natürlich alle möglichen Situationen. Doch mir scheint, daß das Thema des Kindeswunsches, der Schwangerschaft, der Geburt und der Abtreibung einen beherrschenden Platz einnehmen. Man fragt sich, warum das so ist. Wenn die Theorie des sexuellen phallischen Monismus aufgegeben werden muß, wenn bei beiden Geschlechtern die Repräsentation der Vagina sowie die aktiven und passiven Wünsche, die sie weckt, einfach verdrängt werden und wenn der Gegensatz männlich/weiblich von Anfang an besteht, lange vor dem Erwerb der Fortpflanzungsfunktion, dann existiert auch der Wunsch, ein Kind zu zeugen und zu haben, lange bevor der Mensch die Fähigkeit besitzt, ihn zu erfüllen. Es würde sich hier um einen angeborenen, grundlegenden Wunsch handeln, der, weil er vor der Pubertät physiologisch nicht verwirklicht werden kann, wegen der narzißtischen Wunde, mit der er unweigerlich assoziiert wird, zur Verdrängung bestimmt ist. Die Bedeutung der Prägenitalität beim Menschen würde verstärkt durch ihre Rolle als Ersatz für die genitale Funktion, während diese Rolle gleichzeitig ihre Ambivalenz erhöht. Die Brustwarze im Mund, die Fäzes im Rektum sowie der Zahn in der Brust und die den Exkrementen zugeschriebene Bedeutung als aggressive Waffen wären ebenfalls ein Ersatz für den unmöglichen genitalen Koitus. Daß sich die Sexualtriebe auf die Selbsterhaltungstriebe stützen, daß sich Sexualität und Lebensfunktion später trennen, wobei dann die sexuelle Befriedigung auf autoerotischem Wege erfolgt – das alles würde seine volle Kraft und Bedeutung nur aufgrund der fundamentalen Unreife des Menschen erhalten, die es ihm verwehrt, von Anfang an „genital" zu sein.

Es muß darauf hingewiesen werden, daß hier eine gewisse Ungenauigkeit in Freuds Denken besteht. Denn obwohl er in den „Drei Abhandlungen" (1905) den zufälligen und veränderbaren Charakter des Objekts der Sexualtriebe behauptet – eine Behauptung, die er in „Triebe und Triebschicksale" (1915a) mit Nachdruck wiederholt – und obwohl er in seiner Vorlesung „Die Weiblichkeit" (1933, S. 127) versichert, daß es keine instinktive Anziehung zwischen den Geschlechtern gebe – „(...) wir wissen kaum, ob wir an jene geheimnisvolle, analytisch nicht weiter zersetzbare Macht, von der die Dichter soviel schwärmen, im Ernst glauben dürfen" –, gründet er nichtsdestoweniger seinen letzten Triebdualismus auf eben diese Macht. Denn Eros, Sexual- und Lebenstriebe, funktionieren nach dem Modell der Vereinigung der Keimzellen: was die Sexualtriebe betrifft, so ist „ihr mit allen Mitteln angestrebtes Ziel (...) die Verschmelzung zweier in bestimmter Weise differenzierter Keimzellen" (1920, S. 46). Es ist schwer zu verstehen, warum Freud bei seinem Versuch, das letzte Ziel des Triebes zu ergründen, annimmt, Eros werde vom Fortpflanzungstrieb getragen, für den es ganz offensichtlich ein vorgeformtes Objekt gibt, und warum er die Idee einer „natürlichen" Anziehung zwischen den Geschlechtern zum Zweck der Zeugung ablehnt, einer meines Erachtens angeborenen Anziehung, die durch die Frühreife des Menschen in den Zustand der Latenz versetzt wird, nach Ersatz für sie sucht und Befriedigung findet, wo immer sie sich erreichen läßt, das heißt über die orale und anale Ausübung der Lebensfunktion. Aus dieser Sicht könnte man, wie mir scheint, besser verstehen, warum der hysterische Kern sowie sein Vorherrschen bei der Frau universell ist.

Wenn es nämlich einen fundamentalen Zeugungswunsch gibt, der zur symbolischen Verwirklichung dieses Wunsches führt, darf man annehmen, daß es dementsprechend eine Genitalisierung der Prägenitalität gibt, wie sie sich in der Hysterie zeigt, die, wie wir wissen, hauptsächlich orale Darstellungen verwendet, um genitale Phantasien auszudrücken (zum Beispiel den „globus hystericus").

Die Einverleibung des väterlichen Penis, um ein Kind zu zeugen, scheint mir immer in den hysterischen Symptomen erkennbar zu sein, die auf dem Modell „Behälter/Inhalt" beruhen, dem Bild des Fötus im Mutterleib. Wenn der Hysteriker ein Körperorgan erotisiert oder seinen ganzen Körper erigiert, dann liegt dem Symptom die Einverleibung des Penis-Baby zugrunde. Der weibliche Körper, Behältnis des Fötus, ist bekanntlich weit diffuser und globaler erotisiert als der männliche Körper, denn die Frau ist ganz und gar von der Mutterschaft „besessen", was bei ihr wahrscheinlich den Sprung vom Psychischen zum Somatischen sowie die Fähigkeit begünstigt, die libidinöse Energie in Teile ihres Körpers zu „konvertieren", die *a priori* keine erogenen Zonen sind. Die „somatische Anfälligkeit" der Frau könnte ihren Ursprung in ihrer Empfänglichkeit und ihrer Disposition zur Mutterschaft finden, die keine festgelegten Grenzen hat, anders als die zentrifugale männliche Sexualität mit ihrem Ziel der Penetration.

Zudem läßt sich eine gewissermaßen asymptotische Weiblichkeit konzipieren, die durch die primäre Identifizierung repräsentiert wäre, während alle anderen Verfahren der Einverleibung, Verinnerlichung und Identifizierung die Verwendung von Elementen erheischen, die man als männlich betrachten könnte. Wie dem auch sei, weibliche Analysanden liefern uns meiner Ansicht nach häufiger als Männer Material, in dem sich die Einverleibung *unmittelbar* zeigt. Dies wird sehr gut durch den Traum einer Patientin dargestellt, die sich in einem „Funerium" befindet. Sie fragt sich, ob es ein solches Wort gibt. Ich sage: „Fune*r*arium". – „Ach ja!" antwortet sie. „Als mein Vater starb, habe ich mich verrückt, *ekelhaft* benommen. Ich habe seinen Körper angefaßt. Ich habe ihn befühlt. Ich konnte mich nicht von ihm lösen..." – „Und was ist aus dem *ra* geworden?" – „Gestern habe ich Ihnen erzählt: als ich drei, vier Jahre alt war, führte mich mein Vater auf eine türkische Toilette. Es gab Ratten[1] dort. Ich war *angeekelt,* ich hatte Angst, meine Unterhose auszuziehen ..." Die Patientin fährt fort und spricht von ihrer Enttäuschung, daß sie ihrem Vater keine Enkelin hat schenken können (ihre Tochter wurde ein Jahr nach dessen Tod geboren). Dann erwähnt sie ihren Wunsch, Analytikerin zu werden. Man sieht, daß die Silbe *ra* in „Funerarium" buchstäblich *verschluckt* wurde, was uns den Schlüssel zu dem im Traum ausgedrückten Wunsch liefert: die Einverleibung des väterlichen Penis (Ratte = Penis = Baby) und ihrer in der Übertragung erlebten Gefühle.

Wegen des fundamentalen Charakters des Zeugungswunsches – es macht nichts, wenn wir hier den guten alten Fortpflanzungstrieb wiederfinden – wird alles, was sich auf den Kinderwunsch, die Schwangerschaft, die Geburt bezieht, bevorzugtes Objekt dieses intuitiven, globalen, unmittelbaren Wissens sein, das die intrauterine Beziehung zwischen Mutter und Kind mittels der Nabelschnur ersetzt. Der Kinderwunsch ist das, was im Menschen wahrscheinlich *am wenigsten menschlich* ist. Erinnern wir daran, daß Freud die Idee einer animalischen Kenntnis beim Menschen keineswegs verworfen hat: im „Wolfsmann" (1918, S. 156) schreibt er, man könne „die Auffassung schwer von sich weisen, daß eine Art von schwer bestimmbarem Wissen, etwas wie eine Vorbereitung zum Verständnis, beim Kinde dabei mitwirkt. Worin dies bestehen mag, entzieht sich jeder Vorstellung; wir haben nur die eine ausgezeichnete Analogie mit dem weitgehenden instinktiven Wissen der Tiere zur Verfügung." Freud hält das instinktive Wissen für den *Kern des Unbewußten,* der „höhere seelische Vorgänge" zu sich herabzieht.

Es sieht so aus, als sei die Frau aufgrund ihrer Fähigkeit zur Mutterschaft diesem „instinktiven Wissen" näher und als

---

[1] Das französische Wort „rats" wird wie „ra" ausgesprochen. (Anm. d. Übers.)

akzeptiere sie die Existenz dieses Wissens in sich bereitwilliger als der Mann. Doch die Identifizierung mit der Mutter ist, wie gesagt, beiden Geschlechtern gemeinsam.

Disposition zur Mutterschaft und Gegenübertragung

Häufig kommt es zu Widersprüchen, wenn Analytiker die Bedeutung des Geschlechts des Therapeuten erörtern: einerseits behaupten sie, das reale Geschlecht spiele keine Rolle, andererseits empfehlen sie den Analysanden, die eine zweite Analyse beginnen, eine Frau oder einen Mann zu wählen (oft wird ausdrücklich eine Frau empfohlen, wenn der erste Analytiker ein Mann war).

Daß Analysanden eine mütterliche Übertragung auf einen Mann oder eine väterliche Übertragung auf eine Frau leisten können, ist eine so allgemeine Erfahrung, daß ich auf diesen Punkt nicht näher eingehen werde. Dieser Rat läßt sich nur verstehen, wenn man die *Gegenübertragung* des Analytikers berücksichtigt und davon ausgeht, daß sie bei beiden Geschlechtern verschieden ist.

Ich kann hier nur einige der Punkte erwähnen, die sich auf die Gegenübertragung und ihre Beziehung zur „Disposition zur Mutterschaft" des Analytikers beziehen. Der erste betrifft die Fähigkeit, *abzuwarten* und zu sehen, wie sich eine Beziehung entwickelt, die von Tag zu Tag interpretiert werden muß. Einige Analytiker beiderlei Geschlechts haben ein brillantes und rasches Verständnis für das Material, scheitern jedoch in der langsamen und geduldigen täglichen Arbeit, die unsere Aufgabe ist. Mir scheint, daß auch hier wieder ihre Weiblichkeit fehlt. Tatsächlich ist die Weiblichkeit meines Erachtens in einigen Aspekten dem Realitätsprinzip enger verbunden als die Männlichkeit. Denn die Austragung eines Kindes erfordert eine bestimmte Zeit, die auch die Fortschritte der Wissenschaft nicht abzukürzen vermochten. Vor allem aber scheint mir das Wesen der Entwicklung des kleinen Mädchens *vom Warten* beherrscht zu sein.

Wie Melanie Klein sagt (1945): „Auch wenn das kleine Mädchen unbewußt weiß, daß es potentielle Babys enthält, so zweifelt es doch zutiefst an seiner künftigen Fähigkeit, Kinder auszutragen. In vieler Hinsicht fühlt es sich seiner Mutter unterlegen. (...) Im Unterschied zum Knaben, dessen Hoffnung auf sexuelle Potenz durch den Besitz eines dem des Vaters vergleichbaren Penis gestärkt wird, besitzt das kleine Mädchen keine Möglichkeit, sich seiner künftigen Fruchtbarkeit zu versichern." Ich möchte hinzufügen, daß sich das Mädchen höchstens im Wahn in der Illusion wiegen kann, sofort schwanger werden zu können, wohingegen der Knabe, dessen erstes Objekt die Mutter ist, sich mit Hilfe seiner Erzeugerin täuschen und glauben kann, er sei, so wie er ist, mit seinem unreifen und unfruchtbaren kleinen Penis, ein adäquater Sexualpartner für sie – dank der Ichspaltung sowie der Verleugnung der genitalen Welt des Vaters und all dessen, was damit verbunden ist (genitale Urszene, Vagina usw.). Anders gesagt, der Knabe kann eine *Komprimierung der Zeit* bewerkstelligen – und in diesem Fall wird er ein Perverser. Die Psychosexualität des kleinen Mädchens dagegen ist vom *Aufschub* geprägt. Dieser Faktor scheint mir, zumindest zum Teil, die geringere Häufigkeit von Perversionen bei der Frau zu erklären. Die Frau versucht, die Prägenitalität zu genitalisieren (Hysterie); der Mann dagegen projiziert seinen *Narzißmus* auf die Prägenitalität – genauer auf die Analität (Chasseguet-Smirgel 1974 b, 1978) – und versucht, durch die Verleugnung der genitalen Werte der väterlichen Welt zu entkommen, die ihm seine Kleinheit und Unangemessenheit vor Augen führt, denn die sexuelle Wahrheit ist, daß allein der Vater (ein erwachsener Mann) die Mutter genital erfüllen und mit ihr ein Kind zeugen kann.

Wie ich schon einmal (1978) zu beschreiben Gelegenheit hatte, ist die Perversion eng mit Sadismus und Zerstörung verbunden. Die „Disposition zur Mutterschaft" der Frau erklärt zumindest teilweise, warum sie im Bereich des Verbrechens wie der Perversion weniger in Erscheinung tritt. Überdies ist sie ganz allgemein und aus denselben Gründen weniger geneigt, „Abkürzungen" ihrer Entwicklung zu versuchen und Täuschungen zu benutzen, die zu einer ganzen Reihe von psychopathischen, toxikomanischen und perversen Störungen führen. Seine Weiblichkeit würde es also dem Analytiker gestatten, jene lange Schwangerschaft, die die analytische Kur auf einer gewissen Ebene darstellt, zu akzeptieren.

Ich möchte auf einen Aspekt der Gegenübertragung besonders hinweisen, der beim Mann häufiger auftritt als bei der Frau und seine „Disposition zur Mutterschaft" hemmt. Ich habe an anderer Stelle und andeutungsweise auch hier die Tatsache betont, daß die Theorie des sexuellen phallischen Monismus – die Freud zufolge auf einer realen Unkenntnis der mütterlichen Vagina beruht – eine Abwehrfunktion in bezug auf die narzißtische Wunde hat, die aus der sexuellen Unangemessenheit des männlichen Kindes während der Zeit des Ödipuskomplexes resultiert. Dennoch scheint mir die Verleugnung der Vagina nicht ausschließlich mit dem Gefühl der Unzulänglichkeit verbunden zu sein (einem Gefühl übrigens, das Karen Horney, 1932, erhellt hat, obwohl sie es nicht auf die Verleugnung der genitalen Kräfte des Vaters und die Perversion bezog). Denn ein weiteres Motiv für die Verleugnung der Vagina ergibt sich aus der Tatsache, daß das Innere des Mutterleibs der Ort unserer Herkunft ist. Zuzugeben, daß die Frau ein Organ besitzt, das den Zugang zu ihm erlaubt, heißt auch die Furcht wiederzufinden, sich darin aufzulösen, vernichtet zu werden, wenn man dorthin zurückkehrt, oder von einer gierigen Gebärmutter aufgesogen zu werden, der Trägerin der prägenitalen, vom Subjekt selbst projizierten Triebe. Ein Lapsus, den man im Französischen sehr oft hört, ist das Wort *mort* (Tod) für das Wort *mère* (Mutter). Freuds Ängste vor der Verschmelzung mit der Mutter im Nichts sind wahrscheinlich beim Ausbruch seines

Krebses aktiviert worden. Häufig verbindet man den letzten Triebdualismus mit Freuds Krankheit. Aber seine großen Schriften über die Weiblichkeit fallen zeitlich mit der Einführung des Todestriebs zusammen und tragen unstreitig den Stempel des Todes. Man braucht zum Beispiel nur „Einige psychische Folgen des anatomischen Geschlechtsunterschieds" (1925 a) noch einmal zu lesen, um festzustellen, daß Freud die Todesdrohung, die auf ihm lag, mit seinen Ideen über die Weiblichkeit in Verbindung bringt: „Die Zeit vor mir ist begrenzt" (S. 20). In diesem Stadium seines Werkes sind die Frau und das weibliche Geschlechtsorgan, „der Eingang zur alten Heimat des Menschenkindes", Gegenstand des „Unheimlichen" (1919) und tragen ebenfalls das Siegel des Verhängnisses. Es kann gar nicht anders sein, als daß die Gegenübertragung durch ein solches Entsetzen beeinflußt wird.

Die Arbeiten von Stoller (1968) haben verständlich gemacht, daß die Angst des Mannes vor der Weiblichkeit noch eine weitere Quelle hat und mit der Furcht des Mannes verbunden ist, seine sexuelle Identität zu verlieren. Das männliche Kind ist ursprünglich in der „Weibchenhaftigkeit" der Mutter versunken. Diese primäre Symbiose muß sich auflösen, damit sich die männliche Identität durch die Trennung von der mütterlichen Identität entwickeln kann. Diese Symbiose, diese Bindung ist genau das, was nicht aufzulösen die „Disposition zur Mutterschaft" des Analytikers Gefahr läuft. Ich meine, daß die Übertragungsdeutungen, wenn sie zu nachdrücklich gegeben werden, die Wirkung haben können, dem Analysanden eine unbewußte Botschaft zu übermitteln: nämlich ihm zu verbieten, andere Objekte zu besetzen als den Analytiker und so seinen Schoß zu verlassen. Denn es versteht sich von selbst, daß die „Disposition zur Mutterschaft" des Analytikers sowie seine Weiblichkeit auch ihre Grenzen haben müssen. Sind diese nicht in der Männlichkeit des Analytikers zu finden, in dessen oder deren Identifizierung mit dem Vater, die es dem Kind ermöglicht, die Bindungen zur Mutter abzuschneiden und sich der Realität zuzuwenden?

Aber mein Ziel ist hier nicht, die jeweilige Rolle von Männlichkeit und Weiblichkeit in der analytischen Arbeit zu vergleichen.

In Wahrheit erscheinen Weiblichkeit und Männlichkeit niemals in Reinform, beide Komponenten bedürfen einander, um sich äußern zu können. Bringt zum Beispiel die Neugier, die wahrscheinlich eine der wichtigsten Qualitäten des Analytikers ist (Sharpe 1930), wenn sie sich auf den Voyeurismus und den Bemächtigungstrieb mit ihren *eindringenden,* wesentlich männlichen Qualitäten stützt, nicht die Verinnerlichung des Objekts mit sich, wie es das folgende Material der Patientin zeigt, die von dem „Funerium" geträumt hat? Ich hatte ihr ein Kärtchen mit den Tagen meiner Abwesenheit in den kommenden Monaten gegeben. Darunter war auch ein Freitag und ein Samstag. Die Patientin sagte am nächsten Tag, sie habe es „wirklich nett" von mir gefunden, daß ich ihr meine Abwesenheit an einem Samstag und einem Sonntag mitgeteilt hätte. Dann sei ihr klar geworden, daß ich diese Auskunft wohl allen meinen Analysanden gegeben hatte, worüber sie enttäuscht gewesen sei. Ich wies sie darauf hin, daß es sich um den Freitag und den Samstag handelte und sie sich also gewünscht hatte, daß ich sie über meine Abwesenheit informiere, wenn ich mit meinem Mann zusammen sei, das heißt sonntags. Dabei ging ich nicht auf den depressiven Affekt ein, der ihrer Phantasie gefolgt war. In der folgenden Sitzung erzählt sie einen „scheußlichen" Traum. Sie ist mit einem Baby im Konzentrationslager. Das Baby hat alle seine Zähne verloren. Man kann sie mit einer Zahl wiederfinden, der Nr. 1516. Sie sagt es der Lagerwärterin, einer Nazifrau, die ihr antwortet, das Kind könne sehr gut ohne Zähne auskommen. Dann sieht sich die Patientin wieder, wie sie aus kleinen Löffeln Brillen für Kinder herstellt, die nicht gut sehen können. Man erkennt also deutlich, daß ihre Neugier sie dazu drängt, mit ihren Augen und ihren

Zähnen in die Urszene einzudringen, aber auch das, was sie sieht, zu absorbieren, sich einzuverleiben, wofür die Wärterin sie bestraft. Die Zahl 1516 stellt in der Phantasie Samstag den 15. und Sonntag den 16. dar, da ich ihr als Daten meiner Abwesenheit einen Freitag den 14. und einen Samstag den 15. mitgeteilt hatte.[2]

Letztlich scheint mir, daß die Bisexualität des Analytikers gut integriert sein muß, damit das Baby sich entwickeln kann, das Analytiker und Analysand in ihrer gemeinsamen Arbeit schaffen und das den von neuem erschaffenen Analysanden selbst repräsentiert. Natürlich mache ich mir hier nur den Standpunkt des Analytikers zu eigen.

Wenn ich die Bedeutung der weiblichen Komponente und die „Disposition zur Mutterschaft" des Analytikers betont habe, so deshalb, weil sie den Hintergrund unserer Arbeit bildet, gleichgültig ob wir ein Mann oder eine Frau sind. Sie ist deren notwendige, aber nicht hinreichende Voraussetzung. Insbesondere ist der analytische Rahmen, den ich zu Beginn dieses Exposés als Repräsentant des Mutterschoßes erwähnte, *gleichzeitig* die Garantie dafür, daß dieser Schoß das Kind (den Analysanden) nicht für immer verschlingt. Wie einige Patienten sagen: das analytische Boot hat Ränder, die man packen kann, um wieder herauszukommen, und das Kinderbett der Analyse hat Stäbe, an denen man sich festhalten kann, um sich darin nicht in einem endlosen Schlaf zu verlieren ... Als Schranke ist der Rahmen Gesetz, Abgrenzung, Repräsentant des Vaters. Es besteht eine dialektische Beziehung zwischen dem Rahmen als *Definition* eines Raums und der *Regression,* die er bedingt und erlaubt, wobei beide sowohl einander entgegensetzt als auch eng miteinander ver-

---

[2] *Quinze cent seize* (fünfzehnhundertsechzehn) hört sich an wie *quinze sans seize* (15 ohne 16), womit der Sonntag, Objekt der Neugier der Patientin, von ihr ausgeschlossen wurde, so daß sie der Wärterin – dem sadistischen Überich – schmeicheln kann, die jedoch unbeugsam bleibt.

bunden sind, so wie die Komponenten der menschlichen Bisexualität. So kann man den Patienten in der analytischen Situation als Element einer Dreiecksbeziehung betrachten, entsprechend dem Schema des Ödipuskomplexes.

Zum Schluß möchte ich noch einen Traum vorstellen, den ich für einen typischen Analytikerinnentraum halte. Außerdem kann es sich um einen Wiederholungstraum handeln, der im allgemeinen zu Beginn der analytischen Praxis auftaucht. Hier das Schema des Traums:

Es ist Morgen, die Analytikerin räumt ihr Sprechzimmer auf, um einen Patienten zu empfangen. Aber ihre Mutter – oder ein Ersatz – kommt dazwischen und verhindert durch ihre Aktionen das Aufräumen des Zimmers: die Couch ist ein Bett, das gemacht werden müßte, aber die Mutter bleibt da und behindert aus verschiedenen Gründen die Arbeit der Tochter; oder die Mutter hat ihre Unterwäsche oder ihr Nachthemd auf einem Möbelstück herumliegen lassen; oder aber sie hält sich im Sprechzimmer auf und weigert sich, es zu verlassen, usw. ... Im allgemeinen wird dieser Traum von einer heftigen Wut auf die Mutter begleitet, die buchstäblich „ein Bordell schafft", das heißt eine große Unordnung, wo es doch gilt, jede Spur der nächtlichen Intimität zu verwischen, um einen analytischen Rahmen zu schaffen.

Die Bedeutung dieses Traums ist zweifellos überdeterminiert. Die Träumerin sprengt den analytischen Rahmen und lastet diese Handlung ihrer Mutter an. Dieses Sprengen des Rahmens läßt sich mit einer inzestuösen Beziehung zur Mutter identifizieren.

Die innere Mutter, „fest an ihrer Beute haltend", drängt sich ihrer Tochter in persekutorischer Weise als Sexualobjekt auf. Sie ist Anstifterin von Erregungen, verhindert jede Entsexualisierung und hemmt damit die Denkvorgänge der Analytikerin. Gleichzeitig jedoch vereitelt sie die Errichtung des analytischen Rahmens und bringt damit die Tochter um ihre väterliche Identifizierung. Man weiß, daß sich Frauen häufig und zu Recht darüber beklagen, daß die Gesellschaft sie an der freien Entfaltung der männlichen Komponente ihrer Bisexualität gehindert hat und die Männer dafür verantwortlich machen. Ich habe oft festgestellt, daß sich hinter der erbitterten Revolte gegen die Männer ein heftiger Konflikt mit der Mutter abzeichnete. Meines Erachtens empfindet das Mädchen Schuldgefühle nicht nur aus Gründen, die ihre idealisierte Beziehung zum Vater betreffen, wie ich sie vor langer Zeit (1964) einmal beschrieb, sondern auch deswegen, weil sie der Umklammerung der Mutter und der primären Symbiose entkommen und die männliche Komponente ihrer Sexualität auf sich nehmen will, wobei der Penis das Organ ist, das der realen Mutter fehlt und es der Tochter, wenn sie es besäße, erlauben würde, sich von ihr zu unterscheiden. Ich glaube, daß der Traum diesen Konflikt ausdrückt und uns mit dem konfrontiert, was durch die Ausübung des Analytikerberufs mobilisiert wird: die fundamentale Bisexualität des Menschen in ihren allmächtigsten Aspekten – die Mutterschaft einerseits und der gesetzgebende Charakter des väterlichen Phallus andererseits. Vielleicht ist es gerade diese Allmacht, die manche zum Beruf des Analytikers lockt. Sie ist es auch, die Schuld und Hemmung mit sich bringen kann. Überdies sind die beiden Pole der Bisexualität anfällig für wechselseitige Konflikte. Könnte man daher nicht auch vermuten, daß der typische Traum, den ich soeben beschrieb, auf bestimmter Ebene eine wilde, verrückte, ungezähmte, grenzenlose Weiblichkeit zum Ausdruck bringt, die sich dagegen empört, im strengen Raum des mit dem väterlichen Gesetz identifizierten analytischen Rahmens eingesperrt zu sein?

Ich möchte jedoch nicht den Eindruck erwecken, als identifizierte ich die Weiblichkeit einfach mit dem Unbegrenzten oder gar mit dem Unvorstellbaren, dem nicht Symbolisierbaren. In diesem Exposé habe ich vielmehr die Hypothese aufgestellt, daß die Weiblichkeit stärker mit dem Realitätsprinzip verbunden ist als die Männlichkeit. Denn es gibt ein „Paradoxon des Weiblichen": gerade die Fähigkeit der Frau, über die Mutterschaft zur primären Verschmelzung zurückzufinden, kann sie vor Störungen schützen, die darauf abzielen, diese Entwicklung kurzzuschließen. Der Mann dagegen versucht häufiger, den Ödipuskomplex zu umgehen und ihm auszuweichen. Hier erkennen wir das „Paradoxon des Männlichen": da der Vater die Inzestschranke repräsentiert, das Hindernis, das der erneuten Verschmelzung mit dem primären Objekt im Wege steht, die Realität selbst (ich sagte ja, daß die Realität vor allem mit dem Unvermögen des kleinen Knaben zusammenhängt, die Mutter zu befriedigen und ihr ein Kind zu machen: das sind die Vorrechte des Vaters), fällt es dem Mann schwerer als der Frau, den Vater und seinen gesetzgebenden Penis zu verinnerlichen, denn er kann die glückselige Zeit, da er mit der Mutter eins war, nicht so leicht wiederfinden wie die Frau.

Wenn also die beiden Seiten der Bisexualität miteinander in Konflikt geraten, ist keine von beiden ein einfaches Element, sondern im Gegenteil jeweils aus einander widerstreitenden Komponenten zusammengesetzt. Die Verwendung dieser Komponenten, ohne eine von ihnen auszuschließen, ist für unsere analytische Arbeit notwendig, ob wir nun Mann oder Frau sind.

Kapitel 3

Gefügige Töchter.

Einige Hypothesen über die primäre Passivität und ihre Auswirkungen auf die Mechanismen des Denkens

„Deine Hände haben mich bereitet und gemacht alles, was ich um und um bin; und du wolltest mich verderben? Gedenke doch, daß du mich aus Lehm gemacht hast; und wirst mich wieder zu Erde machen? Hast du mich nicht wie Milch hingegossen und wie Käse lassen gerinnen? Du hast mir Haut und Fleisch angezogen; mit Gebeinen und Adern hast du mich zusammengefügt. Leben und Wohltat hast du an mir getan, und dein Aufsehen bewahrt meinen Odem."
(Hiob 10,8–12)

Der Zufall wollte es, daß mich zwei Fälle, die ich zur gleichen Zeit in Supervision hatte, zu einer seltsamen Hypothese führten. Beide Patientinnen wiesen Merkmale auf, die sie zu Opfern von Sexualmorden zu prädestinieren schienen. Natürlich habe ich keinen Beweis für meine Behauptung, denn die eine Patientin lebt glücklicherweise noch, und die andere ist während ihrer Analyse auf tragische Weise gestorben – jedoch an einer Krankheit, zu der sie eine sehr ungewöhnliche Beziehung hatte. Und lange Zeit hatte ich – und habe noch immer – eine sehr anziehende junge Frau auf meiner Couch, deren klinisches Material teilweise um eine gefährliche Neigung zu kreisen scheint: der Neigung, einer tödlichen Umarmung zu erliegen.

47

Man sieht bereits, daß es sich um ganz unterschiedliche Fälle handelt: der eine ist ein persönlicher Fall, die beiden anderen wurden mir von Kolleginnen in der Ausbildung berichtet, so daß ich eine nur indirekte Kenntnis von ihnen habe, außerhalb der einzigartigen und privilegierten Beziehung zwischen Analytiker und Analysand.

Ich möchte mit der Darstellung des Materials beginnen, das mir diesen drei Fällen gemeinsam zu sein scheint und sich um ein „acting-out" dreht, das dazu angetan ist, jede dieser Patientinnen zum Opfer eines sadistischen Mordes zu machen.

Charlotte ist eine junge Frau von dreißig Jahren, die bereits eine erste Analyse hinter sich hat, deren Ausgang wenig befriedigend war. Sie klagt über häufige Stimmungswechsel (Begeisterung, gefolgt von Depression) sowie über ihre Unfähigkeit, begonnene Arbeiten zu Ende zu führen. Im Centre de traitement de Psychanalyse meinte man, daß bei ihr eine analytische Kur durchaus angezeigt sei und sie einen hervorragenden „Kontrollfall" darstelle, wobei Diagnose und Prognose sich bald als zweifelhaft herausstellten, da die Patientin sehr ausgeprägte Verleugnungsmechanismen zeigte. Doch als die Analytikerin mir von ihr zu erzählen begann, hatte die Behandlung bereits seit einigen Wochen begonnen, und es war nicht mehr möglich, sie rückgängig zu machen. (Ich möchte vorausschicken, daß die Organisation dieser drei Patientinnen nicht identisch ist.) Die Gefährdung durch einen Sexualmord zeigt sich bei Charlotte wie folgt. Sie hat eine achtjährige Tochter aus erster Ehe. Sie hat sich unter unklaren Umständen scheiden lassen. Sie lebt mit einem Mann, von dem sie ein zweieinhalbjähriges Mädchen hat. Dieser Mann, der eine ziemlich bedeutende Stellung hat, ist ein perverser Psychotiker, der schon einmal in einer psychiatrischen Klinik war. Während Charlottes Analyse wird er ein zweites Mal hospitalisiert. Seit langem hat er keine sexuellen Beziehungen mehr mit ihr. Er schließt sich in sein Zimmer ein, um zu masturbieren. Eines Tages betritt Charlotte in seiner Abwesenheit sein Zimmer und findet, an die Wand geheftet, Fotos von *Teilen* nackter Frauen, die aus pornographischen Zeitschriften ausgeschnitten worden waren. Kein einziges Foto einer vollständigen Frau. Einer ihrer Büstenhalter und eine Puppe ihrer jüngsten Tochter (derjenigen, die sie von diesem Mann hat) liegen auf dem Bett. Charlottes Gefährte droht mehrfach, sie und ihre beiden Töchter zu töten. Diese Drohungen alarmieren die Analytikerin und auch mich, als sie mir davon berichtet. Die Patientin selbst scheint jedoch nicht beunruhigt zu sein und äußert zum gleichen Zeitpunkt den Wunsch, von diesem Mann ein drittes Kind zu haben.

Caroline, der zweite Fall, ist eine etwa vierzigjährige, unverheiratete Frau. Sie hat recht verschwommene Erwartungen an das Leben, hinter denen sich ein (unbewußter) Kindeswunsch abzeichnet, aktiviert durch die Abreise ihres schwarzen Geliebten, mit dem sie viele Jahre zusammengelebt hatte und der nach Afrika zurückgekehrt war, um dort zu heiraten. Sie hat soeben erfahren, daß er Vater geworden ist. Ich habe Caroline zu einer meiner Praktikantinnen geschickt. Während ihrer Analyse erfahren wir, daß Caroline ohne weiteres Männer auf der Straße „aufliest" und sie mit nach Hause nimmt, um mit ihnen die Nacht zu verbringen. Eine dieser Begegnungen endete in einer Schlägerei mit der Freundin des Mannes, eines Arabers. Irgendwie hatte diese Freundin ihren Liebhaber in Carolines Wohnung aufgespürt. Wir waren erstaunt darüber, wie wenig Vorsichtsmaßnahmen Caroline bei der Wahl ihrer Partner ergriff, und hatten die Idee geäußert – auf die ich zurückkommen werde –, daß sie die vor der Kastrationsgefahr schützende Mutter nicht verinnerlicht hatte – die Mutter, die sowohl die Tochter als auch den Sohn warnt: „Sei vorsichtig. Geh nicht mit Männern, die dir Bonbons schenken. Lauf nicht zu schnell, du wirst dich erkälten", usw. Genau in die Zeit der Analyse fällt eine Episode, in der die fehlende Verinnerlichung einer schützenden Person offenkundig wurde. Sie ereignete sich nach einem Traum, den man für einen Warntraum hätte halten können, wenn man nicht die teuflische Intelligenz unbewußter Objektwahlen kennen würde. Der Traum trat auf, nachdem die Analytikerin bei zwei aufeinanderfolgenden Sitzungen abwesend war. Hier sein Inhalt: Die Kranke wird von ihrer Mutter angerufen, die sie um 200 Francs bittet. Die Patientin lehnt ab. Die Mutter antwortet: „Krepier doch, du Aas." Dieser gewalttätige und rätselhafte Traum wurde in der Übertragung leider nicht gedeutet. Tatsächlich bezahlte die Patientin 100 Francs pro Sitzung, und der Traum mußte etwas mit der Abwesenheit der Analytikerin zu tun haben. Am Abend des zweiten Tags der Sitzungsunterbrechung ging Caroline in ein Nachtlokal und ließ sich von einem Mann nach Hause begleiten, der sie, als er sich auszog, durch eine riesige Narbe überraschte, die von oben bis unten über seinen Bauch lief. Er behauptete, operiert worden zu sein. Am Morgen (es war ein Sonntag) schlug der Mann vor, in die Stadt zu gehen, um etwas zu essen einzukaufen. Er zog sich an, nahm ein Einkaufsnetz und kam nie wieder. Caroline sah in ihre Handtasche: es fehlten 200 Francs. Das Tischfeuerzeug, das gewöhnlich auf dem Büffet lag, war verschwunden. An seiner Stelle befand sich eine große Streichholzschachtel, auf der das Bild eines Geiers klebte.

Carla, der dritte Fall, ist meine Patientin. Sie ist vierzig Jahre alt, verheiratet und Mutter von vier Kindern. Carla ist Rechtsanwältin und auf Fälle spezialisiert, in denen es um Jugendliche geht. Ich bin ihre zweite Analytikerin. Sie hat Eheprobleme, die einen latenten depressiven Zustand wiederbelebt haben. Die Episode, die auch hier an einen Sexualmord denken läßt, findet während ihrer Analyse statt. Carla befindet sich um 10 Uhr abends an der Porte de la Chapelle in Paris, allein im Auto, dem das Benzin ausgegangen ist. Es ist ein düsteres und berüchtigtes Viertel. Sie steigt aus dem Auto und sucht eine Tankstelle. Ein Mann nähert sich, fragt sie, was sie mache, und bietet an, ihr zu helfen. Rasch zieht er sie in eine dunkle Straße, als plötzlich ein Polizist auftaucht und dem Mann befiehlt, abzuhauen. Carla beginnt zu protestie-

ren und sagt, daß er „nichts Böses" wolle; erst da begreift sie,
daß sie einer Gefahr entronnen ist und daß der Mann entwe-
der bei der Polizei bekannt ist oder auf jedermann außer auf
sie einen finsteren Eindruck macht.

Als sich diese drei Fälle in meinem Kopf zusammenfügten,
fragte ich mich, was ihnen gemeinsam war, abgesehen von
diesen Episoden, die, wie man sich denken kann, das Leben
dieser Frauen hätten in Gefahr bringen können. Gewiß wäre
es interessant, die psychische Organisation von Frauen zu
kennen, die Opfer von Sexualverbrechen werden. Ich erinnere mich in diesem Zusammenhang an eine lebhafte und
fröhliche junge Frau, eine Psychoanalytikerin, die mit einem
Psychotiker verheiratet war, sich dann jedoch von ihm trennte und ein unabhängiges Leben führte: eines Tages fand man
sie mit ihrer Strumpfhose erwürgt auf. Die Zeitungen schrieben damals von einem Verlobten, den sie in ihrer Jugend
verlassen hatte und der daraufhin mit einem Revolver auf sie
geschossen und sie schwer verletzt hatte – eine frühe Episode,
in der sich bereits ihr gewalttätiges Ende ankündigte.

Wir wissen, daß Sexualverbrechen auch – homosexuelle –
Männer zum Opfer fallen. Und wenn diese Verbrechen mit
der Weiblichkeit verbunden sind, dann sowohl mit der des
Mannes wie der Frau. Daher fordern uns solche Fälle –
abgesehen von der Untersuchung der Psychologie der Opfer
von Sexualverbrechen – zur allgemeinen Untersuchung der
Passivität auf. Und gibt es im psychoanalytischen Material
eine bessere Beschreibung der Passivität als die von Schreber,
einem Mann, der sie freilich nur vermittels eines transsexuel-
len Wahns erleben konnte? Ich möchte mich kurz seinen
Memoiren (1903) zuwenden, um ein wohlbekanntes Thema
anzusprechen, das Thema der Identifizierung des eigenen
Körpers mit einer Leiche, die Phantasie absoluter Passivität.
Wir erinnern uns, daß „ein Komplott" dahin ging, „mich
einem Menschen in der Weise auszuliefern, daß meine Seele
demselben überlassen, mein Körper aber (...) in einen weiblichen Körper verwandelt, als solcher dem betreffenden Men-

schen zum geschlechtlichen Mißbrauch überlassen und dann einfach ‚liegen gelassen', also wohl der Verwesung anheimgegeben werden sollte." (S. 43 f.) Er schreibt auch: „Ich bin wie die erste Lepraleiche und führe eine Lepraleiche." (S. 67) Das Wunder der „Unterleibsfäule", die von W.s Seelenteilen ausging, „warf mit vollendeter Rücksichtslosigkeit die Unterleibsfäule erzeugenden Fäulnißstoffe in meinen Bauch hinein, sodaß ich mehr als einmal bei lebendigem Leibe verfaulen zu müssen glaubte und der Modergeruch in ekelerregendster Weise meinem Mund entströmte" (S. 108). Diese analen Vorstellungen sind wahrscheinlich überdeterminiert, aber von der Phantasie beherrscht, „genau wie eine Leiche" vollständig manipuliert zu werden.

„Krepier doch, du Aas", sagte die Mutter von Caroline, die sich von einem Geier-Mann ausrauben ließ in Carolines Traum. Dieselbe Patientin hatte sich in derselben Sitzung darüber beklagt, daß die Analytikerin beim letzten Mal die Tür schlecht geschlossen hatte. Man hätte sie sehen können. Einmal hatte sie im Krankenhaus die gynäkologische Abteilung aufgesucht. Dort war sie wie Metzgerfleisch ausgestellt gewesen, unter all den Ärzten, die ein- und ausgingen, als ob nichts wäre.

Was Carla betrifft, so hatte sie Schwierigkeiten mich zu benutzen, um in der Analyse niederzulegen, was sie leiden machte, was schmerzhaft oder peinlich war, als müßte sie mich um jeden Preis schonen, um akzeptiert und geliebt zu werden (und zwar in Verbindung mit einem Gefühl, daß sie leicht wie eine Feder in den Sitzungen war, denen es an „Gewicht" fehlte – das andere Patienten zuweilen sehr heftig auszudrücken wissen). Es handelte sich um ein Versagen der Projektionsmechanismen und der projektiven Identifizierung, das ich im Rahmen dieses Exposés nur beiläufig erwähnen kann. Nachdem ich sie auf diese Schwierigkeiten hingewiesen hatte, träumte sie:

„Ich gehe zu Irina Ionesco, um einen Teppich zu holen, der mir gehört. Ich hebe ihn auf und rolle ihn zusammen. Es wird eine Rolle, die ich aufrecht halte." Irina Ionesco, so assoziiert Carla, ist eine Frau, die Kunstfotos – in Wirklichkeit eher pornographische Fotos – von ihrer kleinen Tochter macht, die sie in ziemlich obszönen Posen zeigen, mit Federn, Boas, Spitzen und Stöckelschuhen. „Sie benutzt ihre Tochter dafür. Ich frage mich, was aus diesem Kind einmal wird." (Bekanntlich hält Freud den Exhibitionismus für einen Partialtrieb mit passivem Ziel, vgl. „Triebe und Triebschicksale", 1915.) Außerdem wird Carla häufig von ihrem Mann fotografiert. „Ich hole meinen Teppich ab . . . Man geht auf einem Teppich. Vielleicht will ich kein Bettvorleger sein, den man mit Füßen tritt. Ein stehender Teppich ist phallisch, das ist besser, als auf sich herumtrampeln zu lassen. Bestimmt sind Sie Irina Ionesco. In Ihrem Spechzimmer liegt ein großer Teppich, den man zusammenrollen kann. In meinem Traum verlange ich meinen Teppich zurück." Kurz zuvor hatte Carla, zum erstenmal beunruhigt, einen Traum gehabt, in dem ihre Passivität im Vordergrund stand. Ein Auto verletzte sie an der Hüfte. Sie empfand dabei ein merkwürdig sanftes, nicht unangenehmes Gefühl.

Wenn ich versuche, abgesehen von diesen ersten Hinweisen, die den drei Frauen gemeinsamen Elemente zusammenzufassen, muß ich feststellen, daß allen der Vater fehlt. Charlottes Vater starb in der Résistance, als sie ein Jahr alt war; und schon zum Zeitpunkt ihrer Geburt lebten die Eltern in Scheidung. Ihre Mutter hat nie wieder geheiratet.

Carolines Vater war ein fahrender Händler. Jude aus Nordafrika, hatte er eine Bretonin geheiratet, die ein Kind von ihm erwartete. Es war Caroline, mit der sie schwanger war. Die bretonische Mutter machte aus ihrer Verachtung für den Vater keinen Hehl. Um dem Leser eine Vorstellung von der Tiefe und dem besonderen Charakter dieser Verachtung zu geben, will ich einen der Klagepunkte berichten, die die Mutter, Caroline zufolge, gegen ihn anzuführen hatte: Während des Kriegs hatte er sich taufen lassen, da er glaubte, damit den Rassenverfolgungen zu entgehen. Die Mutter machte sich deswegen über ihn lustig und schimpfte ihn einen Feigling. Außerdem behauptete sie, der Vater habe Carolines Schwester vergewaltigt, die damals 12 Monate alt war! Den Beweis dafür erhielt sie, wie sie sagte, als sie ihre nun sechzehnjährige Tochter zum Arzt gebracht und dieser bei ihr weißen Ausfluß diagnostiziert hatte. Was Caroline selbst betrifft, so will die Mutter sie im Alter von 18 Monaten dabei ertappt haben, wie sie obszöne Gesten an die Adresse ihres Vaters (sic) machte, der pornographische Zeitschriften las. Anzumerken ist, daß die Patientin die Worte der Mutter nicht kritisierte. Als ihre Töchter heranwuchsen, verbot ihnen die Mutter, sich zu schminken und zu flirten, wobei sie die Männer verächtlich machte, die es auf ihre Tugend abgesehen hätten.

Was Charlottes Mutter betrifft, so sagte sie ihr, sie solle die älteste ihrer Töchter – sie war acht Jahre alt – genau im Auge behalten, denn ihr zufolge wecke sie die Lüsternheit des Hausmeisters, der sie zu vergewaltigen drohe.

Man darf vermuten, daß diese beiden Mütter starke homosexuelle Neigungen, vielleicht mit paranoischem Einschlag, aufweisen und daß sich ihre sexuelle Libido eher auf ihre Töchter als auf ihren Ehemann richtet.

Carlas Fall scheint auf den ersten Blick ein wenig anders zu liegen. Die Mutter wird als eine starke Frau dargestellt. Als illegitimes Kind einer Mutter, deren Arbeitgeber, ein Großbürger aus der Provinz, sie geschwängert hatte, zwang sie ihren Vater, sie anzuerkennen, als sie 18 Jahre alt geworden war. Schön, intelligent und hochmütig, hatte sie ein kleines Gewerbe, das sie jedoch mit Leuten höheren Standes in Verbindung brachte. Sie heiratete bescheiden. Während des Krieges spielte sie eine Rolle in der Résistance. Hinter dieser als faszinierend beschriebenen Frau verschwindet der Vater fast völlig. Er trinkt gern, ohne wirklich Alkoholiker zu sein. Als Carla 9 Monate alt war, wurde ihr dreijähriger Bruder schwer krank und mußte mehrere Monate ins Krankenhaus. Carlas Mutter besuchte ihn jeden Tag und sagte danach zu ihrer kleinen Tochter, sie sei ihr ganzer Trost gewesen, ein so braves Baby, das nie etwas verlangte und nie weinte.

Bevor ich in Urlaub fuhr, hatte Carla folgenden Traum: Sie befand sich im Speisesaal von Baffreval, dem Internat, in dem einer der Jugendlichen lebte, um den sie sich beruflich kümmerte. Sie hatte einen dicken Haarknoten, der mit rosa Wolle zusammengebunden war. Sie assoziierte zu meiner Abreise und meinte, der Haarknoten könnte eine Brust darstellen. Ich deutete ihren Traum, indem ich ihn mit der Episode ihrer Kindheit verknüpfte, in der ihre Mutter sich tatsächlich (als sie ihren Bruder im Krankenhaus besuchte) und auch in Gedanken von ihr trennte (da sie damals – wie man vermuten darf – von ihrem Sohn in Anspruch genommen war). Indem Carla ihren Haarknoten mit einer Brust verwechselte, befriedigte sie ihren Wunsch, daß ich sie nicht mehr verlassen möge und daß das Baby (die rosa Wolle) und die Brust eins seien. Überdies repräsentierte die solcherart untrennbar mit ihr verbundene Brust die Gedanken der Mutter, deren sie sich bemächtigte (die Brust, die ein Teil ihres Kopfes wird). Ihr intensiver Wunsch, mich zu behalten, äußerte sich nicht nur auf der Ebene der Partialobjekte, sondern wiederholte sich auf der Ebene vollständiger Personen: sie spielte meine Rolle bei dem Heranwachsenden, um den sie sich im Speisesaal von Baffreval kümmerte.

An diesem Traum wird unter anderem deutlich, wie wichtig diese ersten Trennungen von der Mutter in Carlas Depression sind und daß der Vater auf dieser Ebene nicht existiert.

Hier ist eine Anmerkung angebracht: Die drei jungen Frauen, von denen ich spreche, sind in ihrem Alltagsleben alles andere als passiv. Alle üben einen Beruf aus, gelten in aller Augen als energische Menschen und verhalten sich Männern gegenüber aktiv. Charlotte phantasiert, daß sie einen Mann „abschleppt" und in ein elegantes Hotel führt. Wir haben gesehen, daß auch Caroline unternehmungslustig ist. Beide sind eher feministisch eingestellt. Caroline hat eine Beziehung abgebrochen, die auf eine Ehe hinauszulaufen schien, als ihr Partner sie bat, seine Wäsche zu waschen. (Man sieht, wie bedenklich es wäre, diese Frauen vorschnell als „phallische" Frauen zu bezeichnen. Das würde ihre spezifische psychische Organisation verfehlen.) Carla ist etwas diskreter. Eine Zeitlang kam sie mit Opernarien im Kopf in die Sitzung, wie sie Männer ihrer Liebsten vorsingen.

Es gibt also bei diesen Frauen eine aktive, ja überaktive Position, eine starke homosexuelle Komponente, die sich auf den ersten Blick als Versuch darstellt, bei der Mutter die Rolle des (abwesenden oder schwachen) Vaters zu spielen oder den Platz des Sohnes der Mutter einzunehmen. Dieser aktive Wunsch kommt in der Übertragung deutlich zum Ausdruck. Und dennoch ist diese Aktivität nur eine Nebelwand, hinter der sich eine extreme, ja tödliche Passivität verbirgt. Als ich über Carla nachdachte, wagte ich die Hypothese, daß diese leichenartige Passivität nichts anderes sei als die des von der Mutter manipulierten Säuglings. Carla war nun aber, zweifellos aufgrund der unbewußten Kommunikation zwischen Säugling und Mutter, gezwungen, nichts von ihrer Bedrängnis angesichts der körperlichen und seelischen Abwesenheit der Mutter während der Krankheit des älteren Bruders zu zeigen. Sie *mußte* das brave und lächelnde Kind sein, der „Sonnenstrahl ihrer Mama", wie die Mutter sie nannte.

Auch die beiden anderen Patientinnen, Charlotte und Caroline, waren brave und frühreife Babys. Man kann sagen, daß diese beiden unerwünschten Mädchen (Caroline stammte aus einer unglücklichen und unpassenden Verbindung ihrer Eltern, Charlotte war das zufällige Produkt einer vorübergehenden Aussöhnung ihrer Eltern) keine Wahl gehabt hatten. Um eine Liebe zu erhalten, die sich entzog, um also psychisch zu überleben, mußte man immer auf der Hut und brav wie ein Engel sein, durfte man weder Furcht noch Angst noch Schmerz erkennen lassen. Carolines Sauberkeitserziehung soll schon im Alter von sechs Monaten gelungen sein. Auch wenn dieses Faktum eher Legende als

Geschichte sein mag, so spiegelt es dennoch eine Phantasie absoluter Willfährigkeit und Folgsamkeit wider.

Meine Hypothese lautet nun, daß das Fehlen einer Äußerung schmerzhafter Gefühle, wie sie für das Fortbestehen der Mutterbindung notwendig ist – einer Bindung, die als zart und gebrechlich, aber für das seelische Überleben als umso unerläßlicher erfahren wird –, mit einer entsprechend verzerrten Entwicklung der *psychischen Mechanismen* und des *Realitätssinns* einhergeht. Insbesondere wird der schlechte Charakter des Objekts *verleugnet* und das Objekt selbst *idealisiert*. Das seelische Leid kann nur um den Preis einer Umwandlung der Objektwahrnehmung selbst unterdrückt werden. Da sich in diesen Fällen auch der Vater entzieht, ist die Spaltung in ein gutes und ein böses Objekt (von denen das eine auf den Vater projiziert werden kann) wenig gesichert. Die Unterscheidung zwischen Gut und Böse fehlt.

Paradoxerweise wäre also die Neigung, es Jack the Ripper gegenüber an Mißtrauen fehlen zu lassen und sich von ihm töten zu lassen, mit einer frühen Überlebensnotwendigkeit verbunden, um den Preis einer Störung der psychischen Mechanismen und einer für das Überleben im Erwachsenenalter bedrohlichen Verzerrung der Realität.

Der Protest gegen die Mutter kann in späterem Alter stattgefunden haben. (So war es bei Caroline und bei Charlotte, als die tödliche Krankheit sie befiel, und nach langem Durcharbeiten während ihrer Analyse auch bei Carla.) Auf jeden Fall aber ist das Unterscheidungsvermögen beeinträchtigt.

Das betrifft sowohl innere wie äußere Objekte. So sind diese jungen Frauen erstaunlich frei von *hypochondrischen* Ängsten und sogar von Sorgen um ihre Gesundheit im allgemeinen. Ich erwähnte bereits Charlottes Krankheit. Eines Tages sagte sie ihrer Analytikerin, daß sie seit der Geburt ihrer jüngsten Tochter (also schon vor der Analyse) einen Knoten in der Brust habe und ihre Gynäkologin ihr geraten habe, ihn entfernen zu lassen. Aber da sie es nicht für dringlich hielt, hatte sie es nicht getan. Außerdem hatte sie Krampfadern und fragte sich, ob sie sich zuerst um die Krampfadern oder um den Knoten kümmern sollte. Wahrscheinlich ist es bezeichnend, daß ich (der Supervisor) mir um diesen „Knoten" Sorgen machte. Vielleicht war Charlottes Verleugnung so stark, daß sie die der Analytikerin nach sich zog. Man wird bereits vermutet haben, daß Charlotte Krebs hatte.[1] Niemand wird je wissen, ob die Gynäkologin den Ernst der Krankheit verkannt hatte oder ob Charlotte gehört hatte, was sie hören wollte: es war nur ein kleiner Knoten, um den man sich irgendwann einmal kümmern müßte ... Wie dem auch sei, ich riet der Analytikerin zu versuchen, das geringe Aufheben zu deuten, das Carla von ihrer Krankheit machte und, falls diese Deutung unzureichend wäre, ihr zu einer neuerlichen Untersuchung zu raten. Charlotte ließ sich von einem Chirurgen operieren, der in keiner Weise auf Brustchirurgie spezialisiert war. Sein Eingriff, so behauptete ein später aufgesuchter Arzt, hätte die Krankheit „entfacht". Was folgte, war ein langer Leidensweg für die Patientin, aber auch für die Analytikerin und, nebenbei, für den Supervisor. Charlotte wandte sich nacheinander an einen Chronobiologen und einen Homöopathen, den Arzt ihrer Mutter. Alle Versuche der Analytikerin, die Verleugnung ihrer Krankheit zu deuten, schlugen fehl. Innerhalb weniger Monate wurde sie dahingerafft, nachdem sie mit einer Lebermetastase in den Club Méditeranée gereist und im Krankenwagen zurückgekommen war, um zu sterben. Lange glaubte ich, daß ein heftiger und tiefer Todeswunsch zu einem unausweichlichen

---

[1] Im Rahmen dieses Vortrages kann ich nicht auf die Gründe eingehen, die mich auf den Gedanken brachten, Charlotte könnte eine psychische Organisation haben, die zu einer schweren Krankheit führen würde. Ich kann nur versuchen, das herauszuarbeiten, was mir bei diesem Fall zu dem Problem zu gehören scheint, auf das ich meine These konzentriert habe: die primäre Passivität und ihre Auswirkungen auf das Denken.

Ende gedrängt habe. Das ist möglich. Trotzdem frage ich mich heute, ob man hier nicht eine Notwendigkeit noch mehr berücksichtigen muß, die vitaler ist als das Leben selbst, nämlich die, die Existenz des bösen Objekts zu leugnen – eine Notwendigkeit, die mit sehr frühen Erfahrungen zusammenhängt und zu völlig unangepaßten, weil anachronistischen Aktionen führt.

Gegen Ende ihres Lebens hatte Charlotte einen Traum, der, wie mir scheint, eine späte Bewußtwerdung nicht nur der unrealistischen Art zeigt, in der sie ihren Krebs betrachtete, sondern auch der Täuschung, auf die sie ihr Seelenleben aufgebaut hatte. Es war aufgebaut auf der Notwendigkeit, dem zu gehorchen, was als ein mütterliches Gebot verstanden wurde, seinen Schmerz nicht zu zeigen, nicht zu protestieren und die Dinge leicht zu nehmen: „Meine Mutter gibt mir Apfelmus. Und ich denke: Also wirklich, Apfelmus gegen Krebs . . ." (Natürlich ist die Bedeutung dieses Traums überdeterminiert.)

Carla zeigte eine Zeitlang somatische Symptome, die sie trotz ihres recht alarmierenden Charakters auf die leichte Schulter nahm. Zwar war sie tatsächlich nur leicht krank, aber die meisten Frauen an ihrer Stelle hätten sich Sorgen gemacht.

Diese Verleugnungen sind von einer *Fixierung* an böse Objekte begleitet, die nicht als solche erkannt werden. So hatte Charlotte, wie wir gehört haben, mit einem perversen Psychotiker gelebt, der sie und ihre Töchter umzubringen drohte. Doch nicht genug damit, daß sie ihn nicht verließ, sie äußerte auch wiederholt den Wunsch, ein weiteres Kind von ihm zu bekommen, ein Mittel, sich nie von ihm trennen zu können. Wenn sie vom Verhalten ihres Freundes sprach, waren ihre Analytikerin und ich entsetzt. Sie nicht. Während ihrer Krankheit hatte er sich nie um sie gekümmert, hatte sie nie zum Arzt begleitet und ihr nie bei der Arbeit geholfen, die bald über ihre Kräfte ging. Sie beklagte sich nicht. Sie war wirklich nicht anspruchsvoll.

Caroline hatte ihren schwarzen Geliebten nach Afrika, in

seine Heimat begleitet. Da dort die Frau im allgemeinen und die weiße Frau noch mehr verachtet wird, war sie gezwungen, einige Meter hinter ihm zu gehen. Trotz ihres erklärten Feminismus hielt sie das für normal. Dieser Mann, der mehrere Jahre mit ihr zusammengelebt hatte, dem sie bei seiner Doktorarbeit geholfen hatte, hatte ihr zu ihrem Geburtstag ein Päckchen Erdnüsse geschickt. Sie hielt dieses Geschenk für völlig angemessen, denn sie mochte die afrikanische Art, Erdnüsse zu rösten.

Carla ist sicher die am wenigsten kranke dieser Patientinnen, und ihre Analyse hat es ihr ermöglicht, sich der Art der Beziehung bewußt zu werden, die sie zu einem brillanten, aber psychisch kranken Ehemann unterhielt, von dem sie jetzt getrennt lebt. Aber erst während ihrer Analyse wurde ihr der pathologische Charakter ihres Mannes klar. Sie litt unter seinen Launen, ohne sich deswegen Fragen zu stellen, und hielt sich selbst für wenig geduldig, ja sogar für schuldig. Hier einer der Träume, den sie vor der Trennung von ihrem Mann hatte. Sie muß zu André Green gehen (sie hat eines seiner Bücher gelesen, und er wurde in anderen Träumen bereits als mein Mann identifiziert, Béla Grunberger: Green = Grün). Green hat ein Haus in der Nähe von Giverny (das sie mit meinem Haus an der Oise assoziiert, mit dem ihrer Eltern unweit von Giverny und mit den Seerosen von Monet). Sie ist mit ihrem Mann in einem Auto. Sie fährt. Sie könnte den Wagen im Gras parken. Aber nun wird sie zum Wasser gezogen. Sie fühlt gleichsam einen Drang, sich ins Wasser gleiten zu lassen. (Ich assoziiere dazu Seerosen und Ophelia, sie stimmt zu: sie findet hier die „merkwürdige Sanftheit" der Wunde wieder, die ihr in dem oben erwähnten Traum von dem Auto zugefügt wurde.) Sie bemüht sich, den Wagen auf einem betonierten Parkplatz zu halten, wo man nicht abrutschen kann, und es gelingt ihr schließlich.

Meines Erachtens müssen an diesem Punkt meiner Ausführungen einige Fragen gestellt werden. Die erste betrifft den Ödipuskomplex dieser jungen Frauen. Es bestehen schwache

Reste eines positiven Ödipuskonflikts, auf die zu bauen mir jedoch wichtig erscheint, um diese Frauen vor ihrer Neigung zu bewahren, sich in die Arme von Jack the Ripper „gleiten zu lassen", um Carlas Ausdruck zu verwenden (sie selbst hatte mir von Alban Bergs Oper „Lulu" und von Wedekinds Libretto erzählt). In der Tat scheint die Introjektion des genitalen Penis des Vaters bei beiden Geschlechtern ein Schutz vor dem Verschlungenwerden durch die Mutterfigur zu sein. Daher bedauere ich, daß ich Carla anläßlich des Traums von Irina Ionescos Teppich nicht an Eugène Ionesco erinnert habe, auch wenn dieses solcherart gebildete Paar etwas bizarr ist, an jenen Eugène Ionesco, der trinkt wie Carlas Vater. Bei diesen jungen Frauen ist der Vater ein bloßes Anhängsel der Mutter, den es so weit wie möglich wieder in seine Funktion als getrenntes und vollständiges Objekt einzusetzen gilt, als Träger eines begehrenswerten Penis.

Die aktive Homosexualität, von der ich sagte, daß sie im Vordergrund stehe, darf nicht als Abwehr der zugrundeliegenden Passivität interpretiert werden. Sie repräsentiert einen entwickelteren Aspekt der Beziehung zur Mutter und Zeichen eines (heilsamen) Versuchs der Identifizierung mit dem Vater. Sie stimmt auch, wie man sich denken kann, mit einem Aspekt des von der Tochter übernommenen mütterlichen Ichideals überein. Auf einer regressiveren Ebene schließlich ist sie Identifizierung mit dem mütterlichen Phallus. So deutete Carla, als sie in ihrer Analyse später den Traum von Irina Ionesco wiederaufnahm, ihn als eine Identifizierung mit dem Penis (dem eingerollten Teppich) dieser „perversen Frau" und zwar in Verbindung mit einer Fehlhandlung, die ihr in der Metro unterlief. Sie fuhr auf der Strecke „Mairie d'Issy – Porte de la Chapelle". Sie glaubte, in Richtung Porte de la Chapelle zu fahren, als ihr das Rauchverbot auffiel, das in ihrem Abteil über dem Streckenplan hing und die Form einer von zwei roten, „blutigen", Balken durchgestrichenen Zigarette hatte. Das erinnerte sie blitzartig an den nächtlichen

Zwischenfall an der Porte de la Chapelle. Nun merkte sie, daß sie die entgegengesetzte Richtung, Mairie d'Issy, genommen hatte, was sie mir näherbrachte (die meiner Wohnung am nächsten liegende Metro-Station befindet sich auf dieser Strecke) und sie gleichzeitig von dem Ort entfernte, wo sich der gefährliche Zwischenfall ereignet hatte. Sie assoziierte nun die Zigarette mit dem Teppich: beide werden gerollt. Ich machte sie darauf aufmerksam, daß die Identifizierung mit dem Phallus der Mutter eine entwickeltere Position ist als die Identifizierung mit einem nicht begrenzten, zweidimensionalen Objekt, einem im Wasser schwimmenden Teppich oder Körper.[2]

Hervorzuheben ist auch der *latente* Charakter dieser Homosexualität sowie der Gegensatz zwischen meiner Beschreibung dieser Frauen, die sich mit Jack the Ripper einlassen, und Joyce McDougalls Beschreibung (1964) der Phantasien manifest homosexueller Frauen, die fürchten, von ihrem Vater oder von den Männern im allgemeinen getötet zu werden, die sie als sadistisch und gefährlich erleben. Vielleicht erinnert man sich an eine ihrer Patientinnen: „Wenn sie ausging, versteckte sie ein langes Messer in ihrer Tasche, um sich vor Angriffen von Männern, denen sie begegnen könnte,

---

[2] Die primäre Passivität hat einen Körper zum Objekt, dessen Bild verschwommen ist. Wir befinden uns noch in der autoerotischen Phase – nach Freuds Terminologie von 1914 („Zur Einführung des Narzißmus"). Wenn die narzißtische Phase erreicht und der Körper – Träger des Ichs – deutlicher vom Objekt getrennt ist, kommt es zur Identifizierung des eigenen Körpers mit einer Kotstange in Form des Rektums (daher die Identifizierung mit der Leiche und ihren analen Merkmalen, vgl. Schrebers Memoiren). Die Identifizierung des Körpers mit einem Phallus erfolgt später. Sie impliziert das Vorhandensein von Fixierungen in der ödipal-genitalen Phase. In der autoerotischen Phase können Phantasien des (passiven) Wunsches auftreten, verschlungen zu werden (vgl. die orale Triade von K. Levin (1951): „schlafen, essen, gefressen werden"). Was den Teppich betrifft, muß man auch an die klebende Identifizierung von Esther Bick (1968) denken.

zu schützen" (S. 253 f.). Eine andere ihrer Patientinnen war davon überzeugt, daß ein Mann sie ermorden würde. Sie hatte die Phantasie, daß ihr Vater sich „von hinten an sie heranschlich, um ihr den Kopf abzuschneiden" (S. 255). Merken wir auch an, daß Joyce McDougall auf die Häufigkeit hypochondrischer Ängste bei diesen manifest homosexuellen Frauen hinwies. Der Autorin zufolge wird „der aktive Wunsch, vom Vater irgend etwas aufzunehmen oder zu empfangen" durch das Gefühl ersetzt, „sich gegen anale und sadistische Angriffe *wehren* zu müssen", und „diente als feste Abwehr gegen jeden sexuellen Wunsch" (S. 256). Wie wir wissen, ist Joyce McDougall zufolge der verworfene Vater einverleibt und auf eine quasi melancholische Weise nie wieder losgelassen worden. Zudem stellt die homosexuelle Objektwahl einen *Sieg* über die Mutter dar, einen Versuch, sich – anders als durch den normalen Identifizierungsvorgang – von ihr unabhängig zu machen und ihren Platz einzunehmen.

Den Frauen, von denen ich spreche, fehlt dagegen, wie wir sahen, die Angst vor Männern. Die Gefahr, die von ihnen ausgeht, wird nicht nur verleugnet (ich habe die fehlende Unterscheidung zwischen Gut und Böse hervorgehoben, die meines Erachtens ihre Psyche beherrscht), sondern auch unbewußt gesucht. Die Mutter aber bleibt *aktuell* das Objekt einer extremen Abhängigkeitsbeziehung. Es ist schwierig, Spuren einer Einverleibung des Vaters zu erkennen, dessen Charakter in keiner Weise als gefährlich, ja eher als unbedeutend erlebt wird. Ich sagte, daß er als Anhängsel der Mutter oder als von ihr verschlungen erscheint. (In Charlottes Fall soll der Vater von den Deutschen in dem Zug erschossen worden sein, der ihn deportierte. Hinweise in ihrem Material schienen zu zeigen, daß die Mutter der Waggon war, der den toten Vater enthielt.)

Meine Hypothese lautet, daß Frauen mit einem „acting-out", das sie der Gefahr aussetzt, Opfer eines Sexualmords zu werden, *die manifest homosexuelle Position verfehlt haben*, die auf der Möglichkeit, der symbiotischen Mutterbeziehung zu entrinnen, sowie auf der Bewahrung einer Identifizierung mit dem Vater beruht. Das Bedürfnis dagegen, eine liebevolle Bindung zur Mutter zu bewahren, eine Bindung, die frühzeitig bedroht wird, drängt sie dazu, mit ihr eine Beziehung der Passivität aufrechtzuerhalten, deren Vorbild der Zustand des von der Mutter manipulierten Säuglings ist. Das Fehlen einer dauerhaften Introjektion des Vaters und des väterlichen Penis verstärkt (anders als bei Homosexuellen) die Zuflucht zur passiven symbiotischen Beziehung. Diese läßt sich nicht als wirklich masochistisch bezeichnen. In ihrem Sexualleben sind diese Frauen nicht masochistisch, das Leiden wird nicht besonders erotisiert, nicht einmal die Passivität an sich. Erst nach einer gewissen Durcharbeitung ihrer Mutterbindung in der Übertragung träumte Carla von der „merkwürdigen Sanftheit" der Wunde, dann von Ophelia, die im Wasser treibt. Man kann darauf hinweisen, daß in diesem letzten Traum, in dem sie der Verlockung der tödlichen Passivität entgeht, der Dritte auftaucht (Green = Grün = mein Mann). Man wird bemerken, daß dieser Passivitätswunsch erneut nach Trennungen in Erscheinung tritt. Nachdem ich ihr die Tage meiner Abwesenheit mitgeteilt hatte, meinte Carla, daß ich zu einem Kongreß nach Lissabon führe, von dem sie gehört hatte. In der Sitzung assoziiert sie eine Waschküche, Wäsche und Wäscherinnen. Sie imaginiert sich als *Wäsche* in den Händen einer Wäscherin, die sie reibt, schlägt und auswringt. Sie denkt an das Lied „April in Portugal". Ich erinnere sie daran, daß es ein Lied über die „Wäscherinnen aus Portugal" gibt. Es wird deutlich, daß Wäsche in meinen Händen zu sein eine Art und Weise ist, mir ausgeliefert zu sein, um mich zu behalten und vielleicht in den Mutterleib zurückzukehren (ich denke an jene Bilder, in denen so häufig Wasser vorkommt; vgl. Paulette Letarte 1973).

Die Thematik des Jack the Ripper enthält jedoch noch mehr als diese extreme Passivität: sie impliziert eine tödliche Penetration. Ich habe oben auf den sehr unvollständigen

Charakter der positiven Ödipussituation dieser Frauen hingewiesen sowie auf ihren Versuch, eine negative Ödipussituation herzustellen, in der sie eine aktive Rolle spielen würden, die Rolle des Vaters, des Bruders oder des Phallus. Doch wie ich schon sagte, haben diese Frauen den Penis des Vaters nicht introjiziert, er wird als Teil der Mutter erlebt. Gleichzeitig besteht ein intensiver intrapsychischer Kampf gegen die dem positiven Ödipuskomplex eigenen Bestrebungen, die darauf abzielen, der Mutter den väterlichen Penis zu rauben, den sie innehat. Die idealisierte Mutter ist die *Mutter als Trägerin des väterlichen Penis*, und die Unterwerfung unter die Mutter ist letztlich die Unterwerfung unter eine phallische, idealisierte Mutter. Die fehlende Introjektion des väterlichen Penis reißt nun aber eine Lücke im Ich *in beiden Formen des Ödipuskomplexes*, und man könnte meinen, daß das aktive Auftreten dieser Frauen in erster Linie von einer Reaktionsbildung gegen die unterschwellige Verlockung extremer Passivität herrührt (auch wenn es technisch unangebracht ist, sie den Patienten so zu deuten). Die passive Unterwerfung unter die Mutter verbietet die Aneignung des Penis, den sie besitzt. Ist die tödliche Umarmung dann nicht die einzige „Lösung" für jemanden, der die Aporie, sich liebevoll der Mutter zu unterwerfen *und* den begehrten Penis von ihr zu erhalten, lösen will?

Meine Hypothese bringt mich dazu, das Problem der extremen Passivität nicht mehr nur mit ihrem beiden Geschlechtern gemeinsamen Vorbild, dem Säugling in den Händen seiner Mutter, zu verknüpfen, sondern auch mit der Weiblichkeit in ihrem rezeptiven Aspekt. Die fehlende Introjektion des väterlichen Penis ist die Wurzel der männlichen Homosexualität. Bekanntlich kommt es vor, daß (männliche) Homosexuelle Verbrechen zum Opfer fallen, bei denen aller Anlaß zu der Vermutung besteht, daß sie sie herbeigeführt haben. Zweifellos haben nur wenige Analytiker Homosexuelle auf ihrer Couch gehabt, die in diese Kategorie fallen. Ich weiß, daß es sich hier nicht um eine einfache Symmetrie handelt, da die Frauen, von denen ich spreche, nicht manifest homosexuell waren. Dennoch könnte man sich fragen, ob sich hinter dem Bild des obszönen Mords nicht – sowohl beim Mann wie bei der Frau – das idealisierte Bild der Mutter abzeichnet.

Erinnern wir hier an das Schicksal von Pier Paolo Pasolini. Dominique Fernandez schreibt in seinem ihm gewidmeten Buch (1982, S. 34 f.) über seine Mutter (er läßt Pasolini sprechen): „Und da sie von ihrer katholischen Erziehung nur bewahrte, was ihren mütterlichen Instinkt nährte und den Jahwe des Mose als unnützes, in den Wolken verschwindendes Beiwerk vergaß, beschränkte sie ihren Kult auf das wehrlose Neugeborene von Bethlehem, auf den Flüchtling in Ägypten, den Einsamen in der Wüste, den Verlassenen von Gethsemane, auf den Gefangenen der Juden, den Gekreuzigten von Golgatha, auf denjenigen, der in seinem Todeskampf Angst und Durst litt. Bis zu dem Tag, der bald kam, an dem sie selbst einen Sohn gebar und die Schätze ihrer Fürsorge auf ein schutzloses Geschöpf ausschütten konnte: wie alle italienischen Mütter, das ist wahr, in ihrem Fall jedoch zusätzlich mit all dem Eifer, den die Gabe der Prophetie ihr verliehen hat. Ich war dieser Sohn, den sie unbewußt mit Christus identifizierte, wobei sie sich selbst die Rolle der Jungfrau Maria vorbehielt.[3]

---

[3] Wir erinnern uns, daß Pasolini im letzten Teil seines Films „Das erste Evangelium-Matthäus" die Rolle der Maria von seiner Mutter spielen ließ. Die Phantasie, verschlungen zu werden, verbindet Dominique Fernandez mit einer Postkarte, die der damals in Afrika lebende Vater geschickt hatte und die einen von einem Tiger zerfleischten Mann darstellt. Das Thema des Kannibalismus taucht in mehreren seiner Filme auf. P. P. P. hatte sexuelle Beziehungen in der Nähe der römischen Schlachthöfe mit Knaben, die dort arbeiteten. Kann man diesen Wunsch, verschlungen zu werden, nicht auch als Identifizierung mit Christus und mit dem Opfer der Messe betrachten: „Das ist mein Leib, das ist mein Blut"?

Welchen Einfluß hat das Vorbild des Evangeliums wohl auf mein weltliches Schicksal gehabt? Ich brauchte nicht auf die großen Prozesse Roms zu warten, weder auf die Schändlichkeiten, mit denen die Pharisäer mich überhäuften, noch auf meinen unwürdigen Tod an einem Ort noch trostloser als der Kalvarienberg, um als erster in meinem Jahrhundert diese Rolle eines heiligen Opfers zu spielen. Mama hatte sie mir seit meiner zartesten Kindheit zugedacht."

Kann man klarer zeigen, daß Pasolinis tragisches Ende *in der Beziehung des wehrlosen Säuglings zur Mutter* vorgezeichnet ist und daß der ausgeschlossene Dritte – Jahwe, der Vater – in die Realität zurückkehren wird, um ihn mit seinem Stachel tödlich zu durchbohren? Pier Paolo Pasolini starb, die Arme zum Kreuz ausgebreitet, niedergestreckt vom Schlag eines Pfahles, den ihm ein Straßenjunge bei einer zufälligen Begegnung versetzt hatte.

Kapitel 4

Ein „besonderer" Fall.

Zur Übertragungsliebe beim Mann

Meine klinische Erfahrung (vielleicht sollte ich besser sagen: mein Eindruck) läßt mich vermuten, daß es bedeutende Unterschiede zwischen der Übertragungsliebe beim Mann und der Übertragungsliebe bei der Frau gibt. Ich denke hier nicht nur an die Folgen, die sich für den Analytiker und den Analysanden daraus ergeben, daß er ein Mann oder eine Frau ist. Ich möchte im Gegenteil meine These verallgemeinern und behaupten, daß – unabhängig vom Geschlecht des Analytikers, soweit ich es anhand der Beobachtungen meiner jungen Kollegen beobachten kann – sich die Übertragungsliebe beim Mann in ihrer Natur und ihren Erscheinungsformen von der der Frau unterscheidet.

Wir wissen, daß Freud, wenn er die Übertragungsliebe erörtert (1915), nur den Fall der Frau ins Auge faßt. In seinen *Vorlesungen zur Einführung in die Psychoanalyse* (1917, XXVII, „Die Übertragung") erwähnt er jene Fälle, bei denen sich „eine solche zärtliche Bindung des Patienten an den Arzt (...) bei geradezu grotesken Mißverhältnissen" wiederholt, „auch bei der gealterten *Frau*[1], auch gegen den graubärtigen Mann". Er bezieht sich also auch hier auf die Frauen.

Wir wissen auch, daß die Entdeckung der Psychoanalyse zumindest teilweise den Liebesgefühlen der Anna O. zu verdanken ist, die Breuer in die Flucht schlugen und Freud die Existenz der Übertragung erkennen ließen. Muß man demnach Frau und hysterisch sein, um eine Übertragungslie-

---

[1] Von mir hervorgehoben.

68

be hervorzubringen? Dieser Gedanke liegt mir fern, und ich würde mich im übrigen hüten, ihn Freud zu unterstellen – auch wenn einiges dafür spricht. Wie dem auch sei, man könnte die Hinweise in Freuds Werk auf eine intensivere und häufigere Übertragungsliebe bei der Frau freilich auch mit seiner Auffassung des weiblichen Ödipuskomplexes im Vergleich zum männlichen in Beziehung setzen. Freud zufolge läuft das kleine Mädchen „in der Ödipussituation wie in einen Hafen ein" (1933, „Die Weiblichkeit", S. 138). Da es die Kastrationsangst nicht kennt, fühlt es sich in seiner Unversehrtheit nicht von der Mutter bedroht; im Gegenteil, da es unvollständig geboren ist, wirft es sich dem Vater in die Arme, um von ihm den fehlenden Penis zu erhalten usw. (1925a). Wie viele andere Analytiker habe auch ich diese elegante Asymmetrie nie ohne Vorbehalt anerkannt. Und ich würde die Unterschiede, die ich zwischen der Übertragungsliebe bei Frauen und der bei Männern feststelle, nicht der klassischen Freudschen Theorie anlasten, die ich soeben erwähnte.

Die Züge, die die Übertragungsliebe des Mannes im allgemeinen kennzeichnen, scheinen mir die folgenden zu sein:

1. Sie ist sehr viel getarnter als bei der Frau; und wenn Freud den *Widerstands*charakter hervorhob, den die Übertragungsliebe bei der Frau annehmen kann (lieber leben und fühlen als verstehen, wobei die Ziele der Analyse aus dem Blickfeld geraten), würde beim Mann weniger häufig Widerstand *mittels* der Übertragungsliebe vorliegen als Widerstand *gegen* sie.

2. In den Fällen dagegen, in denen die Übertragungsliebe völlig „offen" ist, ist sie stark sexualisiert und entbehrt aller zärtlichen Elemente, wobei die Inzestphantasien zuweilen bewußt sind, ein Bild, das in der Perversion kulminiert. Für mich handelt es sich dann nicht um eine Übertragungsliebe im eigentlichen Sinn, sondern um eine sexuelle Übertragung.

3. *Der Widerstand gegen die Übertragungsliebe* führt den

Analysanden dazu, auf die oralen und vor allem analen prägenitalen Komponenten sowie auf die damit verbundene Aggressivität zurückzugreifen.

4. Die *Idealisierung* des Analytikers in der positiven Ödipussituation (gegenüber der Mutter) ist seltener als bei der Frau (gegenüber dem Vater). Wenn sie existiert, sind die erotischen Elemente stark verdrängt und gegenbesetzt. Die zärtliche Strömung ist von der sinnlichen getrennt (vgl. Freud 1912), was zu Besetzungen erniedrigter Objekte führt, während bei der Frau im allgemeinen die Frigidität vorherrscht, ohne daß sie zur Objektwahl gelangt.

Anders gesagt, das vollständige Bild der Übertragungsliebe, die mit der Verliebtheit zusammenfällt, wie sie von Freud (1921, Kap. VIII, „Verliebtheit und Hypnose") beschrieben wurde – Projektion des Ichideals auf das Objekt, die erotische Empfindungen nicht verhindert und von zärtlichen Gefühlen begleitet ist –, scheint mir bei Übertragungserscheinungen männlicher Patienten jedenfalls seltener zu sein als bei Frauen.

Das Vorhandensein einer solchen Übertragung bei einem Patienten, den ich Norbert nennen werde (N für Neurotiker und in Anspielung auf Norbert Hanold, dessen Leidenschaft für Gradiva ein typisches Beispiel für Übertragungsliebe ist, obwohl sie nicht in der analytischen Situation erlebt wurde), hat es mir ermöglicht – so scheint es mir wenigstens –, die Gründe für diesen Unterschied zwischen den Geschlechtern besser zu verstehen.

Norbert suchte mich auf, als er im Alter von 27 Jahren an paranoischen Ängsten litt, im allgemeinen verbunden mit Furcht vor Krankheiten, die seine Genitalien befallen könnten. Seine analytischen Kenntnisse reichten aus, um ihn seine Symptome als „krankhafte Karikaturen des Kastrationskomplexes" beurteilen zu lassen. Aus Platzmangel werde ich aus seinem Material nur die Elemente anführen, die in enger Beziehung zu meinem Thema stehen, was zwar artifiziell, aber unvermeidlich ist.

Beim Vorgespräch erwähnte Norbert die kurz zurücklie-
gende Pensionierung seines Vaters, eines französischen Beamten in sehr hoher Position, die mit einer eindrucksvollen
Zeremonie einhergegangen war. Er selbst hatte gerade, zu
seiner großen Überraschung, bei einem schwierigen Wettbewerb auf seinem wissenschaftlichen Gebiet Erfolg gehabt. (Er
erwies sich tatsächlich als ein außerordentlich brillanter und
kreativer Mann, fähig zu Forschungsarbeiten und Entdek-
kungen von hohem Niveau, Möglichkeiten, die sich in der
Analyse entfalteten.) Es sind also ödipale Schuldgefühle, die
Norbert genau in dem Augenblick in die Analyse führen, in
dem er die Erfolgsleiter erklimmt, die sein Vater gerade
hinabsteigt.

Sehr schnell liefert Norbert die Elemente einer (mütterlichen) Übertragungsliebe. Er träumt, daß wir im Auto nach
Italien fahren. Er assoziiert zu einer Hochzeitsreise. Er
träumt auch, daß ich ihn zum Tee einlade; ich serviere ihm
den Tee auf einem Tablett, das tatsächlich dem seiner Mutter
gleicht und aus dem Orient kommt, wo ihre Familie her-
stammt. Bald nach Beginn der Analyse muß ich eine seiner
Sitzungen verschieben. Er träumt, daß die Couch auf wackligen Beinen steht, und in derselben Nacht träumt er, daß er
mich in meinem Landhaus besucht. Dort soll die Sitzung
stattfinden. Es ist Abend, und es fährt kein Zug mehr zurück.
Weiter weiß er nichts mehr, der Traum hört hier auf. Oder
vielleicht doch nicht. Es ist der nächste Tag. Die Sonne
scheint, es sind Bäume da, die Landschaft ist schön.

Ich merke hier an, daß jedesmal, wenn ich gezwungen war,
eine Sitzung zu verschieben, Träume von einer wackligen
Couch auftraten; oder er träumte von „zerfließenden Uhren", wie Dali sie malt. In einem anderen Traum ist seine
Mutter verärgert, und jemand rät ihr, eine Uhr in der Schweiz
zu kaufen. Oft hatte er zur selben Zeit, manchmal aber auch
außerhalb solcher Episoden einen immer wiederkehrenden
Traum: Er besucht ein Museum mit griechischen Altertü-
mern, geführt von einer „übergeschnappten" Frau. Er reist

nach Amerika, und das Flugzeug, in dem er fliegt, wird von einem Piloten gesteuert, der einmal betrunken, ein andermal verrückt ist, usw. In diesen Träumen stellt sich natürlich seine Sicht der Analyse und der Analytikerin dar, und zwar so, als ob sie ihn in Gefahr brächten, meiner Meinung nach jedoch auf eine *spezifische* Weise, auf die ich zurückkommen werde. Seine Mutter wird als zärtliche, aber ruhelose und schrecklich verführerische Frau dargestellt, die sich von ihren Söhnen (Norbert ist der älteste von drei Jungen) den Reißverschluß zumachen läßt, leicht bekleidet vor ihnen herumläuft, usw. Der Vater ist ein strenger und beeindruckender Mann, stolz und ehrwürdig. Norbert zufolge hat er ihm gegenüber stets eine abwertende, harte und ungerechte Haltung eingenommen; Norbert verspürt Aggressionen gegen ihn, bewundert ihn aber offensichtlich. Sehr bald werden seine Angriffe kühner und in der Übertragung deutlich kastrierend. Beispielsweise sieht er im Traum einen hohen französischen Beamten (er hat denselben Rang wie sein Vater) im Rollstuhl. Seine Symptome (Furcht vor verschiedenen Krankheiten) scheinen offenkundig mit seinem ödipalen Konflikt zusammenzuhängen. So träumt er, als er mit seiner Arbeit vorankommt und bei einem neuen Wettbewerb zu reüssieren hofft, daß er in einem stattlichen öffentlichen Gebäude, einer Universität, empfangen wird. In einem Büro, dessen Tür offensteht, tagt ein erlauchter Kreis von Männern von erhabenem und strengem Aussehen, bereit, ihn in ihrer Mitte aufzunehmen. Er will die „hohen Sphären" betreten, ein Ausdruck, den er verwendet hatte, um das Milieu zu bezeichnen, in dem sein Vater sich bewegte. Doch auf der Schwelle des Büros bleibt er eingeschüchtert stehen; er hat Angst, weiterzugehen. Am nächsten Tag kommt er außer Atem in die Sitzung. Er hatte Mühe gehabt, die Treppe hochzusteigen. Vielleicht hat er eine Muskelerkrankung? Etwas mit den Beinen ... Er hatte einen Traum gehabt. Eine herrliche Wohnung. Eine Flucht *(enfilade)* von Zimmern, eines prunkvoller als das andere. Staunend durchquert er sie. Es gibt einen Empfang, eine Fülle erlesener Speisen, Blumen, die Atmosphäre ist luxuriös. Etwas erinnert ihn an meine Wohnung und an das Haus von Gwendoline (einer ehemaligen Geliebten). Plötzlich hält er inne: „Wovon habe ich gestern gesprochen? Von einem Traum? Was war es doch?" Die Analytikerin: „Sie fürchteten sich, weiterzugehen." Ich brauche wohl nicht zu präzisieren, daß er Angst hatte, in die hohen Sphären des Vaters einzutreten, und daß diese den Körper der Mutter – in der Übertragung den der Analytikerin – repräsentierten. Das Wort *enfilade* hat im Französischen eine sexuelle Nebenbedeutung. Wenn er in den Körper der Mutter eindringt, der voller Wunder ist, werden seine Beine (= Penis) gelähmt. Die Übertragung wird deutlich und nimmt eine einem Liebestaumel ähnliche Form an, was ich anhand zweier seiner Träume hoffe vermitteln zu können.

„Wir sind im Gebirge, in einer Seilbahn über verschneiten Gipfeln. Die Seilbahn löst sich aus der Halterung, und wir fassen uns an den Händen. Es ist ein Sturz ohne Ende und ein großes Glück."

In der folgenden Sitzung sagt Norbert, beim Abschiednehmen habe ihn mein Händedruck an die Hand der Statue des Komturs erinnert – eine sofortige Bestrafung durch das väterliche Überich für die Erregung, die er im Traum bei der Berührung meiner Hände empfunden hatte, und ein Beweis für die Leichtigkeit, mit der Norbert im Verlauf ein und derselben Sitzung von der Mutterübertragung zur Vaterübertragung wechselt. Diese Mobilität halte ich für einen Hinweis auf eine feste Verankerung des Subjekts in seiner Identität. Wie mir scheint, sind es die tief regredierten, ihrer sexuellen Identität wenig sicheren Kranken[2], die am stärksten dazu

---

[2] Die vorliegende Arbeit ist in bezug auf die Bedeutung, die der Hervorbringung der männlichen Identität beigemessen wird, Stoller verpflichtet, übernimmt jedoch nicht die „ethologische" Theorie von der Prägung des Kindes durch die mütterliche „Weibchenhaftigkeit".

neigen, sich verzweifelt an die *Realität des Geschlechts des Analytikers* zu klammern, sich am stärksten dagegen wehren, den Analytiker als Übertragungsobjekt zu benutzen, und vor allem Schwierigkeiten haben, die Deutungen zu akzeptieren, die ihnen zu dieser männlichen Projektion auf eine weibliche Person gegeben werden (zweifellos ist es aus Gründen, die mit unserem Thema zu tun haben, relativ leicht, die Projektion einer Mutterimago auf einen männlichen Analytiker zu akzeptieren).

Ein anderer Traum macht den romantischen, zärtlichen und zugleich sinnlichen Charakter der Übertragung noch deutlicher:

„Ich komme in Ihr Sprechzimmer. Anstelle der Gardinenstangen *(tringles)* befinden sich Weißdornzweige *(branches d'aubépine)* von köstlichem Duft.[3] Wir gehen auf die Couch zu. Es herrscht eine Atmosphäre von Glück und Fülle."

---

[3] *Tringler* bedeutet in der französischen Vulgärsprache „ficken". Das Wort *aubépine* (Weißdorn) ist sehr hübsch. Es läßt an Dämmerung *(aube)* denken, an die Farbe Weiß (vom Lateinischen *albus, alba*) und an Dornen (épines); *pine* ist aber auch ein Vulgärausdruck für Penis. Man sieht das ganze Ausmaß der seelischen Arbeit, die geleistet wird, um den sexuellen Akt in einen poetischen Akt zu verwandeln, ohne ihm seine Sinnlichkeit zu nehmen, wie in bestimmten französischen Volksliedern – ich denke hier an *„Aux marches du palais"*, in dem der kleine Schuster seiner Geliebten den Geschlechtsakt anhand erlesener Metaphern beschreibt:

Aux quatre coins du lit (bis)	An den vier Ecken des Betts
Un bouquet de violettes (lon-la)	Ein Strauß Veilchen
Un bouquet de violettes	Ein Strauß Veilchen
Dans le mitan du lit (bis)	In der Mitte des Betts
La rivière est profonde (lon-la)	Ist der Fluß tief
La rivière est profonde.	Ist der Fluß tief.
Tous les chevaux du roi (bis)	Alle Pferde des Königs
Viennent y boire ensemble (lon-la)	Trinken hier gemeinsam
Viennent y boire ensemble	Trinken hier gemeinsam
Et nous y dormirons (bis)	Und hier werden wir schlafen
Jusqu'à la fin du monde (lon-la)	Bis ans Ende der Welt
Jusqu'à la fin du monde.	Bis ans Ende der Welt.

Dann taucht eine Erinnerung an „Vergewaltigung und Gewalt" in Zusammenhang mit dem Vater auf. Als Norbert klein war, verabscheute er gekochten Chicorée. Eines Tages – er muß vier Jahre alt gewesen sein – hatte seine Mutter jedoch Chicorée gekocht, und Norbert hatte sich geweigert, ihn anzurühren. Sein Vater brachte ihn auf die Toilette und zwang ihn, den Chicorée über der Kloschüssel hinunterzuschlucken.

Diese Erinnerung erschien mir in jenem Augenblick nicht als in der Vaterübertragung erlebt, sondern vielmehr als ein Appell an die Mutter, ihn vor dem Vater zu schützen.

Nach dem Auftauchen dieser Erinnerung gewannen lange Zeit andere Aspekte der Mutterimago die Oberhand. Die Mutter war nicht nur grausam untreu gewesen, indem sie Norbert nacheinander zwei kleine Brüder bescherte (die Beziehung zu seinen Brüdern war Gegenstand einer bedeutsamen Durcharbeitung in der Analyse), sondern auch unerträglich verführerisch. Sich an den Vater zu wenden, um dieser Verführung zu entgehen, war ebenfalls gefährlich: dieser Vater vergewaltigte ihn, indem er ihm den verabscheuten Chicorée in den Rachen stieß. Gab er der Verführung nach, so setzte ihn das der Kastrationsdrohung aus, von der seine Symptome und sein Material zeugten, aber auch einer *anderen Gefahr,* wie sich in der Übertragung zeigte.

Norbert nannte seine Ängste „la chienne" (die Hündin); im übrigen waren sie nach einem Jahr Analyse praktisch verschwunden. Eines Tages erzählt er mir einen Traum: „Zwei rivalisierende Banden schießen aufeinander. Es kommt zu einem Austausch von Bällen.[4] Schließlich wird jemand getroffen." Ich sage zu ihm: „Das Spiel zwischen Pecci und Borg" (zu jener Zeit fanden gerade die Spiele um den Davis-Cup statt). Norbert schweigt einen Augenblick, dann fährt er

---

[4] Das französische Wort *balles* bedeutet sowohl „Gewehrkugeln" wie „Tennisbälle". (Anm. d. Übers.)

wie frappiert fort: „Ja, das ist es ... Der kleine braunhaarige
Südamerikaner (Norbert hat braunes Haar) gegen den Titel-
verteidiger. Mein Vater ist Däne, skandinavischer Abstam-
mung, wie Borg ... Woher wußten Sie, daß es das einzige
Spiel war, das ich mir im Fernsehen angeschaut habe? Das
macht mir angst ... *Die Hündin kommt zurück.* Wenn Sie so
in meinen Gedanken lesen können, dann sind wir beide eins.
Es ist eine vollkommene Verschmelzung. Ich habe Angst.
Sehen Sie, die Hündin, die ist wie dieses Bild, das Sie da
haben. Eine Art beunruhigendes Wesen, ein Mann oder eine
Frau, eine Schimäre, Haare oder Bart. Man weiß es nicht
genau. Die Hündin kommt zurück." (Bei dem Bild handelt es
sich um eine Art Neptun, zusammengesetzt aus getrockneten
Pflanzen und Flechten.) Ich mache Norbert darauf aufmerksam, daß man von einer „läufigen Hündin" spricht. War es
nicht das, was er mir mitteilen wollte, als er die verführerische
Art seiner Mutter beschrieb, ihre Rastlosigkeit, ihre Zungen-
fertigkeit? Norbert bejaht. War diese Verführung nicht umso
beunruhigender, als sie in seiner Phantasie eine Drohung des
Verlusts seiner Individualität als Mann und als eigenständiges
Wesen darstellte? Und wenn ich seine Gedanken errate, ohne
daß er sie aussprechen muß, bedeutet das dann nicht, daß ich
ihn bereits verschlungen habe? Bilden wir dann nicht eine
Schimäre, wie ein Paar, das den Liebesakt vollzieht und bei
dem man nicht mehr erkennen kann, was zur Frau gehört und
was zum Mann? Dieser Bezug auf die in der Urszene vereinigten Eltern schien mir technisch wichtig zu sein. Ich hielt es
für nötig, die Vaterfigur in diese verschwommene Mischung
einzuführen. Freilich bin ich mir nicht sicher, was den Vor-
rang der Imago der vereinigten Eltern vor der Repräsentation
der Mutter betrifft, die sich ihr Produkt, das Kind, wieder
einverleibt, des ursprünglichen Mutterleibs der Inzestphantasien. Sorgt diese Phantasie nicht für die spezifische Färbung
der Imago der vereinigten Eltern, die sich gegenseitiger oraler, analer und genitaler Befriedigung erfreuen und den Sadismus des Kindes erregen, die Angst vor gegenseitiger Zerstö-

rung, besonders der des während des Koitus von der Mutter verschlungenen Vaters – und zwar bei beiden Geschlechtern? Dann projiziert das Kind auf den elterlichen Koitus seine eigenen Wünsche sowie seine Befürchtungen, wieder vom Uterus verschlungen zu werden, wobei sich *die Inzestphantasie des positiven Ödipuskomplexes beim Knaben mit einer Rückkehr zu seinem Ursprungsort vermischt.* Eine solche Rückkehr bedroht ihn sowohl in seiner männlichen Identität wie in seiner Identität im allgemeinen, weit stärker als der Inzest im positiven Ödipuskomplex des Mädchens, das sich nicht im väterlichen Körper verliert. Der Penis repräsentiert in gewisser Weise eine Sperre, die vor der Symbiose bewahrt, vor der Auflösung der Grenzen zwischen Ich und Nicht-Ich und vor dem Tod.[5] Damit ist die *Inzestscheu,* von der Freud spricht, für den Mann nicht nur mit der Kastrationsangst verbunden oder, wie ich nach anderen Autoren (vor allem B. Grunberger 1971) darzulegen versucht habe, mit der Unzulänglichkeit des kleinen Knaben im ödipalen Alter im Vergleich zu seiner Mutter, der erwachsenen Frau, die nur der große befruchtende Penis des Vaters zu beglücken vermag, sondern auch mit der Angst, seine Identität und deren Grundlage, die Männlichkeit zu verlieren, wenn er zu dem Ort zurückkehrt, aus dem wir alle hervorgeggangen sind, zur „alten Heimat des Menschenkindes" (Freud 1919), dem Mutterschoß. Ist die ständige gegenseitige Befriedigung der Eltern in der Imago der vereinigten Eltern nicht auf allen Ebe-

---

[5] Ich glaube, daß Freud seine großen Studien über die Weiblichkeit parallel zu seiner Entdeckung des Todestriebs geschrieben hat. Wenn man seine letzte Triebtheorie mit seinem Krebs in Verbindung bringt, muß man dann nicht auch seine Theorie der Weiblichkeit mit der tödlichen Krankheit in Verbindung bringen, die ihn befallen hatte? Die Spuren seiner Todesangst sind offenkundig, beispielsweise in „Einige psychische Folgen des anatomischen Geschlechtsunterschieds" (1925a): „Die Zeit vor mir ist begrenzt", usw.

nen, einschließlich der genitalen, eine Wiederholung der Phantasie und vielleicht sogar der biologischen und seelischen Spur der ständigen und totalen Befriedigung des Fötus im Innern des mütterlichen Körpers? Verlorenes Paradies und drohender Ich-Verlust, ewige Befriedigung und Tod, Faszination und Schrecken?

Eines Tages, als Norbert zur Sitzung kam, wurde er von der Sprechstundenhilfe ins Wohnzimmer geführt. Aus Gründen, die nicht meinem Willen unterlagen, kam ich zu spät, und nachdem ich mich für diese Verspätung entschuldigt und Norbert vorgeschlagen hatte, die verlorenen Minuten nachzuholen, begann ich mit der Sitzung. Die Hündin war erneut zurückgekehrt. Es zeigte sich, daß dieser Verstoß gegen die etablierte Ordnung (die Zeit der Sitzung) als ein Verführungsversuch meinerseits erlebt wurde. Wurde der Rahmen instabil, dann wurde alles möglich, die Verwirklichung des Inzests stand unmittelbar bevor. Die schwebenden, wackligen, durchgelegenen, kaputten Couches, die bei meinen (seltenen) Stundenverschiebungen auftauchten, habe ich nachträglich als Hinweise darauf verstanden, daß der analytische Rahmen selbst eine gleichsam materialisierte Darstellung der Inzestschranke war. Die „überspannten" Museumsführerinnen, die betrunkenen oder verrückten Piloten repräsentierten gewiß die Analyse und ihre Gefahren im allgemeinen, hauptsächlich aber das, was sie alle zusammenfaßte: das Entsetzen vor der verhängnisvollen Anziehungskraft des Inzests.

Daß der Pilot Norbert immer nach Amerika brachte, zu dem bewunderten Kontinent, in das „gelobte Land", wie er sich ausdrückte (jedesmal, wenn er in der Realität dort landete, erfüllte ihn die Ankunft mit intensiver Freude), ist ein zusätzlicher Hinweis auf den inzestuösen Charakter, den die analytische Reise für ihn hatte.

Parallel dazu traten immer deutlicher homosexuelle Themen auf. Lange Zeit und ohne erkennbares Unbehagen wurde diese Homosexualität in Zusammenhang mit „brüderlichen" Objekten erwähnt, die der gleichen Generation angehörten wie der Analysand. Eines Tages träumte Norbert, er esse einen köstlichen Fisch. Die Analytikerin kam in dem Traum vor. Er assoziierte zu einem biologischen Experiment, das er gerade mit Fischsperma durchführte. Ich brachte diesen Traum mit der Episode des Chicorées in Zusammenhang, den hinunterzuschlucken sein Vater ihn gezwungen hatte, und äußerte den Gedanken, daß das, was er wie eine schreckliche Vergewaltigung beschreibe, auch etwas Genußvolles enthalten könne.

Norbert – der gewöhnlich alles verstand – verschloß sich an diesem Tag meiner Anregung und kam zur nächsten Sitzung mit folgendem Traum: Der Atomkrieg ist ausgebrochen. Die Russen werden kommen. Er und seine Familie verstecken sich, und es ist lebenswichtig, dafür zu sorgen, daß einer seiner Brüder in den Widerstand eintritt! Ich zeigte ihm, daß der Gedanke eines sexuellen Genusses mit seinem Vater ihn ebenso erschrecke wie ein Atomkrieg und eine feindliche Invasion, und daß er meinen Kommentar zu diesem Genuß so erlebt haben müsse, als würde ich selber ihn zwingen, den Chicorée zu schlucken, so daß ein Teil von ihm es lebenswichtig fand, in den Widerstand einzutreten. Tatsächlich erstreckte sich die Durcharbeitung seiner Homosexualität auf etwa zwei Jahre. Die ersten Monate dieser Arbeit waren gekennzeichnet durch eine Rückkehr der heftigen Ängste um seinen Körper, die ihn buchstäblich in Arztpraxen und medizinische Labors jagten. Norbert hatte insbesondere Angst vor der (realen) Radioaktivität, die an seinem Arbeitsplatz bestand – einer Radioaktivität, die es mit den Atomstrahlen des Traums zu verbinden galt, den ich soeben anführte.

Ein anderer Traum zeigte, daß die Ängste vor der Homosexualität ihrerseits von Ängsten vor Vergeltung wegen der mit dem positiven Ödipuskonflikt verknüpften Todeswünsche durchdrungen und genährt wurden: Ein Freund seiner Eltern, ein mächtiger und verehrter Mann, war soeben gestorben. Im Traum stand Norbert an seinem Grab und versuchte, sich mit einem Schirm vor den Strahlen zu schützen, die von der Leiche ausgingen und ihn zu verseuchen drohten. (Dahinter ließ sich eine Schwangerschaftsphantasie entdecken – Tumor: Kind vom Vater.) In der Übertragung wurde klar, daß Norbert für geraume Zeit in den Widerstand eingetreten war. Er versäumte Sitzungen, kam zu spät usw. Von der Magie der Übertragung war man weit entfernt. Skylla oder Charybdis, Verschlungenwerden durch die Mutter oder Atomverseuchung durch den Vater: das war die Alternative, vor der er stand.

Ein Traum, dessen ersten Teil er als schrecklich und dessen zweiten Teil er als erhaben beschrieb, zeigte, daß Norbert an diesem Punkt seiner Analyse in den Armen seiner Mutter vor der tödlichen Umarmung des Vaters Zuflucht suchte: Er ging zu „Franck und Sohn", einem eleganten Konfektionsgeschäft, in dem seine Mutter sich gerne einkleidete, als er klein war. Dort wurde er gezwungen, Gift zu schlucken, also Selbstmord zu begehen. Das war schrecklich beängstigend. Dann veränderte sich die Szene völlig. Es war noch immer bei „Franck und Sohn", gleichzeitig aber war es eine exquisite Konditorei. Es gab Lanvin-Schokolade. Eine schöne, sanfte, warmherzige Frau näherte sich ihm. Es kam zu einer vollkommenen sexuellen Vereinigung zwischen ihnen. Es war das Gegenteil der vorausgegangenen Szene.

Mehrere Sitzungen lang assoziierte Norbert zu diesem Traum. Das Gift erinnerte ihn an den Chicorée. Die Lanvin-Schokolade rief ihm eine Werbung ins Gedächtnis. Salvador Dali sagte im Fernsehen: „Ich bin verrückt nach Lanvin." Ich erinnerte ihn daran, daß er oft über ein Freud-Portrait von Dali gesprochen hatte, das sich in meinem Sprechzimmer befand. Er stimmte zu. Wir konnten nun sehen, wie die Frau-Mutter-Analytikerin ihm ihren Körper und alle ihre Wonnen (die Brust) anbot, um das Bild des Vaters und seines Chicorées (den vergifteten Penis) zu entfernen, daß aber das Problem in diesem Traum dasjenige blieb, das ihn mit seinem Vater verband (Franck und Sohn).

Hier wird die Übertragungsliebe im positiven Ödipuskomplex sichtlich als Schutz und Abwehr gegen den negativen Ödipuskomplex benutzt. Trotzdem sind es bei Norbert tatsächlich vorhandene sinnliche und zärtliche Triebregungen, die diesem Ziel dienen.

Norbert kämpfte entschieden mit seinem negativen Ödipuskonflikt, und es fehlte ihm nicht an einfallsreichen Lösungen. Er hatte einen bewunderten Vorgesetzten, den ich Dupont-Durand nennen werde. Norbert träumte, er fahre mit ihm im Auto. „Wir fuhren über eine ‚Überführung'", sagte er, „wissen Sie, eine dieser Konstruktionen, die den Weg abkürzen, indem sie Kreuzungen, Hindernisse und Sperren umgehen. In diesem Augenblick sagte Dupont-Durand zu mir: ‚Und wenn ich dich jetzt bumsen würde, das wäre komisch, was?' Es ist das erstemal, daß ich einen so derben Traum hatte. Dupont-Durand ist ein Doppelname ... [wie der der Analytikerin]. Ich hatte keine Angst in diesem Traum, es war, als wäre die Homosexualität ohne Bedeutung. Es ist bloß ein Scherz." Die Analytikerin: „Ein Scherz ohne Bedeutung, ein Mittel, dem Gewicht der Dinge auszuweichen, ihrem Ernst, wie die Überführung, die es ermöglicht, über Hindernisse zu fahren und über das hinwegzuspringen, was in der Analyse beängstigend wäre."

Ich möchte noch einen letzten Traum von Norbert erzählen, in dem dieselbe Person vorkommt und den er etwa zwei Monate nach dem soeben berichteten Traum hatte.

„Ich habe einen sagenhaften Traum gehabt. Eine außergewöhnliche Schiffsreise. *Es war die Begegnung mit dem Meer.* Die normalen Dimensionen waren gesprengt. Es war der Pazifik. Dupont-Durand war da mit seinen Kindern. In Wirklichkeit haben sie eine Amerikareise gemacht. Er erklärte ihnen alles. Die Meerestiere, großartig; die Schalentiere, herrlich. Es gab eine Dimension von Freiheit, Riesenhaftigkeit, Abenteuer. Die Anwesenheit von Dupont-Durand ist merkwürdig. Es ist eine Anspielung auf die Homosexualität. Sie wissen, der Traum, in dem er sagte: ‚Es wäre komisch, wenn ich dich bumsen würde ...' Es war eine Atmosphäre von Ausbrechen, das ist das Wort, das ich suchte, ausbrechen aus einem Schraubstock. Die Freiheit, das Meer . . .“

Etwa eineinhalb Monate später erinnerte sich Norbert – er hatte bereits das Ende seiner Analyse ins Auge gefaßt – an seinen Traum und fragte sich, ob der Ozean nicht das Leben ohne Analyse sei. Dann sprach er von einem Traum, den sein Bruder ihm erzählt hatte. Er erinnerte sich nicht mehr genau. Ach ja, es ging um seinen Analytiker. Sein Bruder hatte vor etwa einem Jahr seine Analyse beendet. Norbert fragte ihn, ob er noch immer seine Träume analysiere. Er antwortete: „Ja und nein.“ – „Werde ich Sie vergessen oder nicht? Werden Sie mich vergessen oder nicht?“

Der Ozean-Traum scheint mir die Integration der Homosexualität in der Übertragung zu repräsentieren. Der Penis von Dupont-Durand, der Analytiker-Vater, derjenige, der erklärt, der bumst (enfile[6]), ist verinnerlicht. Diese Verinnerlichung bestätigt Norbert in seiner männlichen Identität. *Nun kann er der Mutter entgegengehen.* Es besteht keine Gefahr mehr, daß sie ihn verschlingt, die Grenzen seines Ichs auflöst. Die Übertragungsliebe im positiven Ödipuskomplex entfaltet sich in ihrem Glanz, ihrer Kraft und ihrer Heftigkeit. Ich vermute jedoch, daß ihre ästhetischen Qualitäten vielleicht noch immer den Relikten eines geheimen Schreckens entsprechen (vgl. H. Segal 1953). Wie dem auch sei, mir scheint klar hervorzutreten, daß Norbert nach der Beständigkeit der Introjektion des väterlichen Penis in der Übertragung fragt, wenn er an das Leben ohne Analyse denkt, allein vor dem Meer, allein vor der Kraft seiner Inzestwünsche, die ihn zur Mutter hinziehen.[7]

Norbert ist also mit einer Übertragungsliebe in die Analyse eingetreten, deren Objekt die Mutter war. Diese Übertra-

---

[6] *Enfiler* bedeutet wörtlich „einfädeln“, vgl. S. 73. (Anm. d. Übers.)
[7] Im Französischen ist die Aussprache von „Meer“ und „Mutter“ gleich *(mer* und *mère).* (Anm. d. Übers.)

gungsliebe zeigte sich von Anfang an mit der Gesamtheit ihrer sinnlichen und zärtlichen Komponenten sowie mit der der Verliebtheit eigenen Idealisierung, ohne daß diese ein Hindernis für den Ausdruck der Sexualität bildete. Das war nur möglich, weil Norbert, ein auf der ödipal-genitalen Ebene neurotischer Patient, in seiner männlichen sexuellen Identität relativ sicher war.

Den ersten Erscheinungsformen von Norberts Übertragungsliebe, so echt sie auch waren, fehlte eine Dimension, die ihnen später durch die Introjektion des väterlichen Penis verliehen wurde. Diese Introjektion gestattet es Norbert, (wirklich) „dem Meer zu begegnen" und sich ihm gegenüber voll in seiner Männlichkeit zu bestätigen. Vermutlich wird sie ihn auch von seiner Mutter ablenken, indem sie der Faszination einer Rückkehr zu den Ursprüngen und der Sehnsucht nach dem verlorenen Paradies ein (wenn auch relatives) Ende setzt. Was ich hier sage, könnte als Beschreibung der Einsetzung des entwickelten Überichs verstanden werden, das Freud zufolge ein Erbe des (männlichen) Ödipuskomplexes ist und den Verzicht auf die inzestuöse Liebe auslöst.

Mir scheint jedoch, daß ich in gewissen Punkten von dieser klassischen Betrachtungsweise abweiche. Norberts Material zeigt meiner Ansicht nach, daß jenseits der Kastrationsangst und der kindlichen Unzulänglichkeit das, was zur Auflösung des Ödipuskomplexes führt, *gleichzeitig* auch das ist, was ihn zu voller Entfaltung gebracht hat. Dieser Höhepunkt ist mit der Introjektion des genitalen Penis des Vaters verbunden. Doch sobald die männliche Identifizierung mit dem Vater hergestellt ist und die Angst vor der Verschmelzung mit der Mutter nicht mehr besteht, hat der Knabe weniger Grund, Sehnsucht danach zu empfinden: Ist er von nun an nicht genügend unterschieden und getrennt von ihr, um sich anderen Objekten zuzuwenden? Auch das ist sicherlich ein machtvolles Motiv für die Auflösung des Ödipuskomplexes. Denn wäre die Kastrationsangst (eine für das Ich verfolgende Angst) die alleinige Ursache für den Verzicht auf die Mutter, könnte man sich dann eine „normale" Lösung des ödipalen Konflikts überhaupt vorstellen?

Auch in der Analyse spielt die Introjektion des analytischen Rahmens = Inzestschranke = väterlicher Penis diese Rolle. Und wie wir wissen, gehört auch die Einstellung des Analytikers zu diesem Rahmen. So sagte Norbert an dem Tag, an dem ich seinem Plan, die Analyse zu beenden, zustimmte: „Wissen Sie, ich habe immer gedacht, einmal würde der Tag kommen, an dem wir einander in die Arme fallen. Ich dachte, die Analyse sei der Ort, wo alle Wünsche in Erfüllung gehen. Es ist verrückt, das zu denken, nicht wahr? Tatsächlich waren Sie immer nett, aber neutral. Meine Leidenschaft war ,forward' (er sagte das Wort auf Englisch) und nicht ,backward'. Ich denke an das Gedicht von Baudelaire ... Die Sphinx ... Nein, Die Schönheit." Er spricht die ersten vier Verse:

> *Je suis belle, ô mortels, comme un rêve de pierre,*
> *Et mon sein, où chacun s'est meurtri tour à tour,*
> *Est fait pour inspirer au Poète un amour*
> *Éternel et muet ainsi que la matière.*[8]

„Der Traum aus Stein ... die Brust aus Stein ... Ich liebe zurückhaltende Frauen. Ich werde diese Leidenschaft aufgeben müssen. Die Homosexualität ist jetzt kein Problem mehr. Ich habe das in die Hand genommen. Aber dieses Feuer, das wird man löschen müssen."

Ich glaube, daß diese Brust den Penis des Vaters enthält. Und wenn die steinerne Hand der Statue des Komturs (des Überichs) wie ein verfolgender Penis erschien, so bildet die steinerne Brust jene schützende Sperre, die es ermöglicht, sich der inzestuösen Leidenschaft zu stellen und endlich die anderen Liebesobjekte zu besetzen, die das Leben bietet.

---

[8] Schön bin ich, o ihr Sterblichen! wie ein Traum aus Stein/ und meine Brust, an der noch jeder, einer um den anderen, sich zerschunden,/ sie ist geschaffen, dem Dichter eine Liebe einhauchen,/ die ewig und stumm ist wie der Stoff.

Es ist möglich, daß die Bedeutung der Introjektion des väterlichen Penis – Grundlage für die Identifizierung mit dem Vater und für den Erwerb der männlichen Identität – der männlichen Sexualität und den männlichen Interessen jene besonders starke Dosis an Homosexualität verleiht, über die Frauen sich so häufig beklagen. Diese schwer zu integrierende Phase bildet einen Fixierungspunkt, der Männer häufiger als Frauen dazu bringt, die zärtliche Strömung und die zielgehemmten Triebe von der sexuellen Strömung zu trennen, indem sie das Liebesobjekt spalten. Das Liebesobjekt wird weniger häufig in „die Mutter" und „die Hure" als vielmehr nach Geschlechtern gespalten, wobei sich die Strömung der zielgehemmten Triebe, die meiner Ansicht nach im allgemeinen nicht sublimiert sind (das heißt einen großen Anteil einfach verdrängter Libido enthalten) auf Männer und die sinnliche Strömung auf Frauen richtet. Daher die Vorwürfe der Frauen, die meinen, die Männer würden sie als bloße Sexualobjekte (die Frau als Sache) betrachten. Es ist auch möglich, daß die Hindernisse, auf die diese Introjektion stößt (Befürchtungen für das Ich und für das Objekt), viele Männer veranlassen, den Besitz eines genitalen Penis mit Hilfe seines Ersatzes oder Vorläufers, des analsadistischen Penis, zu *mimen*.

Wenn nämlich die Frauen aufgrund ihrer häufigen Idealisierung des Vaters, die ich an anderer Stelle aufzuzeigen Gelegenheit hatte (1964), ihre Analität verdrängen und gegenbesetzen, so versuchen die Männer, sich gegen ihre Inzestwünsche zu wehren, indem sie ihre Analität mobilisieren, die sie vor der Verschmelzung mit der Mutter schützt und sie in einer Pseudomännlichkeit verankert.

In einer anderen Arbeit (1983) habe ich hervorgehoben, daß das Subjekt in der Perversion zur analsadistischen Phase regrediert, die eine Imitation oder eine Parodie der genitalen Welt des Vaters darstellt. Ich wiederhole hier einige Zeilen, die meine Ausführungen stützen. Die analsadistische Welt „erscheint in der Geschichte der individuellen Entwicklung

wie ein Rohentwurf oder eine Skizze der Genitalität. Erst
später im Leben wird sie zu deren Imitation. Freuds Aufsatz
‚Über Triebumsetzungen, insbesondere der Analerotik‘
(1916 a) gibt Aufschluß über dieses Thema. Die analsadistische Phase erscheint „nicht nur als eine spezifische Form
prägenitaler Organisation, sondern als eine Art Protogenita-
lität oder Pseudogenitalität, bei der die Objekte, die erogenen
Zonen und die Befriedigungen den Möglichkeiten des unreifen Kindes mit seinem kleinen unfruchtbaren Penis angepaßt
sind, im Gegensatz zu den Objekten, erogenen Zonen und
Befriedigungen genitaler Natur. Nach Freud ist die ‚Kotstange‘ eine Vorbildung des genitalen Penis; die Kotproduktion
wird zum Prototyp der Geburt (die infantile Sexualtheorie
der Geburt durch den After). Die tägliche Trennung von den
Fäzes ist ein Vorläufer der Kastration; das Exkrement im
Rektum nimmt den genitalen Koitus vorweg. Wenn im Verlauf der Entwicklung die analsadistische Phase als eine Art
‚Probelauf‘ des Kindes auf dem Weg zur Genitalität erscheint, so ist der Versuch, die Genitalität durch die Phase zu
ersetzen, die ihr normalerweise vorausgeht, eine Herausfor-
derung der Realität. Es ist ein Versuch, eine ‚als ob‘-Welt für
das Echte und Reale auszugeben. ‚Der Planet der Affen‘ ist an
die Stelle der Welt der Menschen getreten. “

Dieses „Nachäffen“, das meines Erachtens in der Perversion kulminiert, stellt jedoch eine männliche Versuchung dar,
die auch außerhalb der perversen Organisation verbreitet ist
(eine Versuchung, der Norbert zum größten Teil entgeht; er
steht jedoch, wie ich betont habe, auf einer selten erreichten
Entwicklungsstufe). In der Tat ermöglicht es der Besitz eines
analsadistischen Penis, einer gewissen Anzahl von Konflikten
auszuweichen, die mit dem (schmerzlichen) Unterschied
zwischen Kind und Mutter verbunden sind. Daß der kleine,
unreife Penis des Kindes die Mutter nicht beglücken kann,
weckt in ihm den Wunsch, sich des großen befruchtenden
Penis des Vaters zu bemächtigen, um sich mit ihm zu identifizieren, zusammen mit den Problemen, die diese Position mit

sich bringt. Ebenso wird der Knabe versucht sein, die Merkmale und Objekte der analsadistischen Phase zu betonen (vgl. B. Grunberger 1971), wie Verachtung, Gleichgültigkeit gegenüber dem Objekt, Kraft und Grausamkeit, die unserer Zivilisation viele ihrer verabscheuenswürdigsten Züge verleihen, ebenso wie die falschen Embleme der Männlichkeit, anonyme Bürokratie, Gewalt, Folter, Stiefel und Peitsche – pseudomännliche Werte einer Gesellschaft, an der nur der Schein patriarchalisch ist.

Kapitel 5

Die archaische Matrix des Ödipuskomplexes

Meine Arbeit mit perversen Patienten hat mich davon überzeugt, daß es eine archaische Matrix des Ödipuskomplexes gibt, die ich von Melanie Kleins „Frühstadien des Ödipuskonfliktes" unterscheiden möchte. Um meine Auffassung von diesem primitiven Kern des Ödipuskomplexes darzulegen, werde ich hier auf klinisches Material zurückgreifen, das ich zum Teil schon in anderem Zusammenhang vorgestellt habe.

Wir wissen, daß für Melanie Klein (1930a) die „auf den Mutterleib gerichteten sadistischen Phantasien (...) die erste und grundlegende Beziehung zur Außenwelt und zur Realität" herstellen (S. 32). „Das Kind erwartet, im Innern der Mutter den Penis des Vaters, Exkremente und Kinder (...) zu finden. Seine frühesten Phantasien vom Koitus der Eltern (‚Sexualtheorien') gehen dahin, daß der väterliche Penis resp. der ganze Vater der Mutter einverleibt wird, und zwar während des Sexualaktes." (S. 30) Sie weist nach, daß zwischen Außenwelt und Mutterleib eine Äquivalenz besteht („die weitere sadistische Aneignung und Erforschung des Mutterleibes wie auch die der Außenwelt – als eines Mutterleibes im weiteren Sinne", S. 43), ebenso zwischen Realität und Mutterleib („Es ist keine Übertreibung, wenn man davon ausgeht, daß für das Kind Brust und Bauch die erste Realität seiner Welt ausmachen – gefüllt mit gefährlichen Dingen, gefährlich aufgrund des aggressiven Impulses des Kindes", 1930b, S. 251). In „Frühstadien des Ödipuskonfliktes und der Über-Ich-Bildung" (1928) bekräftigt Melanie Klein diese Äquivalenz zwischen Außenwelt, Realität und Mutterleib.

Aber sie vertritt eindeutig die Auffassung, daß es eine noch frühere Phase gibt, in der die Mutterbrust das erste Objekt repräsentiert. „Indem der sich steigernde Sadismus sich des Innern des Mutterleibes bemächtigt, wird dieser zur Repräsentanz des Objektes, zugleich aber auch der Außenwelt und Realität. Auch ursprünglich fällt ja das durch die Brust repräsentierte Objekt mit der Außenwelt zusammen; nun aber stellt der Mutterleib Objekt und Außenwelt in erweitertem Sinne dar, denn er wird zur Stätte, welche die (auf Grund der Ausbreitung der Angst) vervielfältigten Objekte enthält." (S. 158)

Wir stehen also bei Melanie Klein vor einer Theorie, die der Phantasie, die Inhalte des Mutterleibs zu zerstören oder sich anzueignen, eine zentrale Stellung zuweist. In dieser Regung sieht die Autorin Elemente, die mit dem positiven oder negativen Ödipuskomplex zusammenhängen, der unter dem Druck oraler Versagungen verfrüht auftritt. Es handelt sich um eine genau datierte genetische Theorie: ödipale Tendenzen tauchen in der zweiten Hälfte des ersten Lebensjahres auf, und ihr Schauplatz ist das Innere des Mutterleibs, wo diese Triebe zum Ausdruck kommen, und nicht mehr die Brust, das Objekt der oralen Triebe.

Wenn wir uns nun Freud zuwenden, so finden wir paradoxerweise in seiner Arbeit „Hemmung, Symptom und Angst" (1926) die Elemente einer Theorie, die dem Ödipuskomplex einen Kern geben würde, der weniger genetisch und eher strukturell ist. Diese Theorie scheint sich in seinem Begriff der Angst abzuzeichnen. Freuds Angsttheorie von 1926 ist bekannt, daher fasse ich sie hier nur kurz zusammen.

Die Angst taucht zum erstenmal als Reaktion auf eine Gefahrensituation auf. Ihre Grundlage ist eine starke Reizung, die Unlust sowie auf Abfuhr der Spannung zielende Handlungen auslöst. Eine historische Erfahrung und Prototyp der Angst ist das *Geburtstrauma*. Auch wenn Ranks Buch (1924) für Freud hier ein Anlaß für weitere Überlegungen ist, so hatte er doch, wie man sich erinnert, seit der *Traumdeu-*

tung (1900) bereits selbst eine Verbindung zwischen Geburt und Angst hergestellt, eine Hypothese, die er in *Vorlesungen zur Einführung in die Psychoanalyse* (1917) und in „Das Ich und das Es" (1923 b) wiederholte. Das Baby wird bei der Geburt „großen Erregungssummen" ausgesetzt, die „Unlustempfindungen" erzeugen. Der entsprechende Affekt ist eine automatische Angst. Bei Abwesenheit des Objekts (der Mutter oder ihres Ersatzes) tritt die Angst erneut auf, und zwar in dem Maße, wie diese Abwesenheit am Ursprung einer gefährlichen Situation steht, die das Anwachsen der Bedürfnisspannung, also Erregung und Unlust auslöst: die Abwesenheit des Objekts bedeutet Abwesenheit von Befriedigung. Freud zufolge (1926, S. 168 f.) „verschiebt sich nun der Inhalt der Gefahr von der ökonomischen Situation auf seine Bedingung, den Objektverlust". Die Angst ändert ihren Status und wird zum Alarmsignal. „Das psychische Mutterobjekt ersetzt dem Kinde die biologische Fötalsituation", die eine totale und sofortige Bedürfnisbefriedigung ermöglichte. Alle Angstsituationen lassen sich mit der Trennungsangst in Verbindung bringen: „(. . .) die in der phallischen Phase auftretende Kastrationsangst ist eine Trennungsangst (. . .). Die Gefahr ist hier die Trennung von dem Genitale. Ein vollberechtigt scheinender Gedankengang von Ferenczi [1924] läßt uns hier die Linie des Zusammenhangs mit den früheren Inhalten der Gefahrensituation deutlich erkennen. Die hohe narzißtische Einschätzung des Penis kann sich darauf berufen, daß der Besitz dieses Organs die Gewähr für eine Wiedervereinigung mit der Mutter (dem Mutterersatz) im Akt des Koitus enthält. Die Beraubung dieses Gliedes ist soviel wie eine neuerliche Trennung von der Mutter (. . .)." Es besteht also eine Verbindung zwischen der ursprünglichen Geburtsangst und der Kastrationsangst in der ödipalen phallischen Phase, zwischen der Inzestphantasie und dem Wunsch nach Rückkehr in den Mutterleib. Diese zentrale These Ferenczis hat Freud hier übernommen. Zwei Jahre vor der Veröffentlichung von „Hemmung, Symptom und Angst" hatte Freud den Mitgliedern des Komitees seinen berühmten Rundbrief vom 15. Februar 1924 geschickt, in dem er die jüngsten Arbeiten von Ferenczi und Rank bespricht (zitiert nach Jones 1962, Bd. III, S. 81).

> Wir sind seit langem vertraut mit Mutterleibsphantasien und haben ihre Wichtigkeit erkannt; aber in der hervorragenden Stellung, die Rank ihnen verliehen hat, erlangen sie eine viel tiefere Bedeutung und enthüllen schlagartig den biologischen Hintergrund des Ödipuskomplexes (...). Wenn man der Rankschen Auffassung die von Ferenczi beifügt, daß sich der Mann durch sein Genitale vertreten läßt, dann erhalten wir zum erstenmal eine Ableitung des normalen Sexualtriebs, die sich mit unserer Weltanschauung deckt.

Tatsächlich jedoch weicht Freud in diesem Rundbrief von Ranks Auffassung ab, denn diesem zufolge ist die Inzestangst lediglich eine Wiederholung der Geburtsangst. In „Hemmung, Symptom und Angst" dagegen verbindet Freud, wie wir sahen, die Kastrationsangst mit der Angst, nicht in den Mutterleib zurückkehren zu können, und schon im Brief von 1924 verknüpft er den Wunsch nach Rückkehr in den Mutterleib mit dem Inzestwunsch. Gleichzeitig wird der Vater, der diesem doppelten Wunsch im Wege steht, mit der Realität identifiziert: „Der Mutterleibsphantasie stellen sich Hindernisse entgegen, die Angst hervorrufen – die Inzestschranken: Woher kommen die nun? Vertreten werden sie offensichtlich vom Vater, von der Wirklichkeit, von der Autorität, die den Inzest verwehrt." (ebd.)

Die Hypothese, die ich aufstellen möchte, lautet, daß es einen primären Wunsch gibt, eine Welt ohne Hindernisse, ohne Unebenheiten und ohne Unterschiede wiederzuentdekken, eine völlig glatte Welt, die mit einem seines Inhalts entleerten Mutterleib identifiziert wird, einem Innenraum, zu dem man freien Zugang hat. Hinter der Phantasie, den Penis des Vaters, die Kinder und die Exkremente im Mutterleib zu zerstören oder sich anzueignen – einer Phantasie, die Melanie Klein herausgearbeitet hat und die ihr zufolge für die frühen Stadien des Ödipuskonflikts spezifisch ist –, läßt sich ein noch grundlegenderer und archaischerer Wunsch feststellen, dessen Repräsentanz die Rückkehr in den Mutterleib ist. Letztlich geht es darum, auf der Ebene des Denkens ein psychisches Geschehen ohne Barrieren und mit frei fließender psychischer Energie wiederzufinden. Der Vater, sein Penis, die Kinder repräsentieren die Realität. Sie müssen zerstört werden, damit die dem Lustprinzip eigene Art des psychischen Geschehens wiedererlangt werden kann. Die Phantasie, die Realität zu zerstören, verleiht der Phantasie, den Mutterleib zu leeren, ihre überragende Bedeutung. Es sind die Inhalte (des Bauches), die der Realität gleichkommen, nicht der Behälter selbst. Der leere Behälter repräsentiert die ungehemmte Lust. Schwebe- und Flugträume sind nicht nur Erektionsträume (im übrigen sind sie beiden Geschlechtern gemeinsam), und wenn sie für den Orgasmus stehen, dann nur insofern, als sich das Subjekt ungehindert in einem glatten Raum bewegt, analog der Phantasie vom entleerten, völlig zugänglichen Mutterleib. In Wirklichkeit ist der Mutterleib *nicht* zugänglich. Alle Hindernisse auf dem Wege zum mütterlichen Körper sind Repräsentanten der Realität. Béla Grunberger (1983) vertritt die Hypothese einer unmittelbaren, aus dem Zusammenbruch des pränatalen paradiesischen Glückszustands entstandenen Aggressivität.

Die Zerstörung der Inhalte des Mutterleibs als Zerstörung der Realität

Einer meiner Patienten (von dem ich bereits an anderer Stelle berichtet habe und den ich Romain nennen werde) verbrachte einen Teil seines Lebens damit, sich mit Autofahrern zu streiten. Er träumte, meine Straße sei ein Fußgängerweg geworden, also von ihren Hindernissen befreit: den Autos und Autofahrern, Objekten seiner ständigen Rachegedanken. Ein geheimnisvolles System ermöglichte es uns, miteinander zu kommunizieren, ich von meinem Büro aus und er im Souterrain des Gebäudes, einer Örtlichkeit, die er mit einer Frauenklinik identifizierte, in der er gearbeitet hatte.

Meiner Meinung nach zeigt dieser Traum sehr deutlich, daß es darum geht, das Innere meines Körpers von den unerwünschten Inhalten (den Autos) zu befreien und in meinen Uterus zurückzukehren (die glatt gewordene Straße und das mit der Frauenklinik identifizierte Souterrain). Auf diese Weise stellen wir eine direkte, absolute Kommunikation her, ähnlich der zwischen dem Fötus und seiner Mutter. Ganz allgemein konnte dieser Patient keine Hindernisse auf seinem Weg ertragen. Eines Tages zum Beispiel, als ich ihn einige Minuten hatte warten lassen, sagte er mir, als er sich auf die Couch legte, mit verhaltener Wut: „Sie haben nicht das Recht dazu, diese Zeit gehört mir. Ich möchte in den Bauch der Frauen eindringen und alles herausholen, was sie da drin haben."

Ein anderer Patient, den ich Alexander nennen will, hatte eine Reihe von Träumen, in denen seine Mutter, oder ich in der Übertragung, unfruchtbar gemacht worden waren. Banale Träume, gewiß. Weniger banal jedoch war das Fehlen sie begleitender Schuldgefühle sowie die Erregung, mit der ihre Deutung begrüßt wurde. Ein Beispiel: „Ich mähe einen Rasen. Ich werfe das Gras in den Fluß. Das Gras verschmutzt das Wasser so stark, daß es Fauna und Flora für immer zerstört. Dann sehe ich etwas Blutiges und Wabbeliges. Es ist ein kleines Kalb." Das wurde dem Patienten als sein Wunsch interpretiert, die Mutter unfruchtbar zu machen und die Kinder, die in ihr sind, zu zerstören (das Gras bezieht sich auch auf das grüne Sprechzimmer der Analytikerin und zweifellos auch auf den Namen ihres Mannes). Der Patient ist mit dieser Interpretation völlig einverstanden. Er läßt sich noch weiter über das kleine Kalb sowie über eine Fehlgeburt seiner Mutter aus. Dann assoziiert er zu der Erregung, die er empfindet, wenn er sich sexuelle Beziehungen mit einer Frau vorstellt, die ein glattrasiertes Geschlechtsteil hat, was ihn an dasjenige kleiner Mädchen und an das seiner Schwester erinnert, mit der er in seiner Kindheit sexuelle Spiele spielte. Den Rasen mähen heißt also in diesem Falle, das Geschlechtsteil der Mutter glatt machen und sie ihrer sekundären Geschlechtsmerkmale berauben, den Zeugnissen ihrer Fähigkeit, Kinder in sich zu tragen und zu gebären. Das glatte Geschlecht der Mutter verweist also auf den Wunsch, ihren Schoß zugänglich zu machen.

Derselbe Patient träumte, daß sich sein Schwiegervater einer Operation unterziehen mußte. An der Stelle des Penis befand sich danach eine glatte Fläche. Hier ist das glatte Geschlechtsteil der Vaterfigur ebenfalls Garant für die Glätte des Mutterleibs, der weder Penis noch Kind enthalten wird.

Der erste Patient (er ist Arzt) sowie ein anderer, der eine ähnlich perverse Organisation aufwies (auf die ich zurückkommen werde), hatten in der Realität mehrere Abtreibungen vorgenommen, aus Motiven, die, wie sie sagten, mit ihren „Idealen" zusammenhingen.

Nachdem ich den „Rasenmäher" darauf aufmerksam gemacht hatte, daß in dem Betrag, den er mir gegeben hatte, der Preis für eine Sitzung fehlte, hatte er folgenden Traum:

> Ich gehe in einen Sezierraum und seziere die Leiche meiner Frau. Mit einem Skalpell lege ich den Schenkel bis zum Knochen frei. Ich bitte um eine Säge, um den Schenkelknochen durchzuschneiden. Bevor ich den Raum verließ, fickte ich die Leiche [sic].

Er fuhr fort:

> Ich habe sexuelle Bedürfnisse, aber meine Frau nicht. Es gibt keine Gegenseitigkeit, keine sexuelle Abhängigkeit von ihrer Seite. Es muß meine Mutter sein [sic]: jemand, von dem ich abhängig war. Ich verstehe meine Frau nicht, ich verstehe nicht, daß man nichts davon hat, wenn man zusammen ist. Ich werfe ihr vor, daß sie kalt ist wie eine Leiche. Der Schenkel ist ein Sexualsymbol. Ich versuche, den Knochen herauszuziehen, der in ihm ist. Das Verhalten meiner Frau bringt mich in Wut. Als ich klein war, konnte ich es nicht ertragen, nicht ernst genommen zu werden. Ich habe von meiner Freundin geträumt. Sie hatte ein ganz kleines Geschlechtsteil, wie ein kleines Mädchen.

Ist das so, weil meine Frau mir Widerstand leistet und weil meine Mutter meinem Vater gehörte? Will ich mich rächen? Hat es mit der Schwangerschaft zu tun? Den Bauch öffnen, die Schwangerschaft unterbrechen ...

An diesem Tag gab ich dem Patienten keine Deutung. Ich brauche wohl nicht zu sagen, daß ein neurotischer Patient diesen Traum nicht gehabt hätte, allenfalls in Form eines Alptraums. Sicher hätte er hinter dem Bild seiner Frau nicht so leicht die Mutter entdeckt.

Zur nächsten Sitzung kommt der Patient mit Verfolgungsphantasien, die darauf abzielen, depressive Affekte zu bekämpfen, die er allerdings nicht in Form wirklicher Schuldgefühle, sondern in Form verminderter Selbstachtung ausdrückt: „Sie quälen mich, ich werde von Ihnen getötet." Ich zeige ihm, daß er auf mich projiziert, was er im Traum seiner Mutter zufügt, um sich dafür zu rächen, daß er nicht der einzige war, nicht ihr uneingeschränkter Liebling (der Kranke behauptete, der Liebling seiner Mutter zu sein). Der Schenkelknochen ... Noch bevor ich zu Ende gesprochen habe, sagt der Patient, das sei der Penis seines Vaters. Dann fügt er hinzu, daß er sein Leben bisher nicht lebenswert gefunden habe. Ich bringe diesen Affekt mit der Tatsache in Verbindung, daß ich ihn gebeten hatte, noch eine Sitzung zu bezahlen – die fehlende Sitzung, die vermutlich den Schenkelknochen-Penis repräsentiert, den er mir entzieht –, und daß meine Reklamation für ihn der Beweis ist, daß ich ihn nicht bedingungslos, kostenlos liebe.

Der Patient: „Im Judoclub bezahle ich nichts, einfach weil ich es bin. Den Schenkel gibt es nicht umsonst; man sagt von einer Frau, sie habe leichte Schenkel; daher meine Assoziation zu meiner Mutter, die über die Witze der Kunden lachte [seine Eltern hatten ein kleines Café]. Ich muß meine Schuldgefühle herausreißen." Ich zeige ihm, daß seine Schuldgefühle ihn verfolgen, als sei der Schenkelknochen-Penis des Vaters, aus dem Leib seiner Mutter „herausgeschnitten", jetzt in ihn eingedrungen, um ihn zu zerstören. Er antwortet, daß er nicht so ist, wie er hätte sein wollen, kein „Idealwesen". „Ich habe im Fernsehen eine Sendung über den Inzest gesehen. Mein ganzes Leben bin ich hinter etwas hergerannt, was nicht zu verwirklichen ist . . .".

Eine junge Frau, die eine homosexuelle Beziehung gehabt hatte und die mich wegen Depressionen aufsuchte, hat nach einigen Monaten Analyse einen Traum, der einen ähnlichen Wunsch zeigt. Die Übertragung ist von aggressiven Gefühlen gegen mich als eine Mutter beherrscht, die der Forderung ihrer Tochter nicht nachkommt, das einzig geliebte Kind einer Frau zu sein, in deren Leben kein Mann ist. Die einstige Rivalität zwischen ihr und ihren beiden Schwestern (zwei bzw. vier Jahre jünger) lebt wieder auf, als die jüngste von ihnen, die sie bewundert, liebt und haßt, eine erfolgreiche Karriere als Schauspielerin beginnt. Außerdem ist diese Schwester die Geliebte eines bekannten Produzenten. Dem Traum, den sie vor den Osterferien träumt, das heißt vor einer Unterbrechung der Analyse, liegen Phantasien über meine Beziehung zu meinem Mann zugrunde, wieviel Liebe ich meinen Kindern zukommen lasse, daß ich noch mehr Kinder in die Welt setzen könnte, usw. Hier sein Inhalt:

> Die ganze Erde ist über den Haufen geworfen worden. Alle Leute sind verschwunden mit Ausnahme von 34 000 Menschen [hinterher assoziiert sie diese Zahl mit den monatlichen Kosten der Analyse]. Die Erde ist zur Eiszeit zurückgekehrt. Ich und einige der Überlebenden rodeln auf einer Straße rund um die Welt. Es ist ein herrliches Gefühl, wunderbar, einfach himmlisch. Wir sind begeistert. Es ist wie Skifahren auf weichem, glattem Schnee.

In derselben Nacht hat sie noch einen anderen Traum. Ihr früherer Liebhaber, Lewis, will ihre Familie und vor allem ihre Mutter kennenlernen. Sie gehen zusammen eine Treppe hoch. Oben angekommen sehen sie unter sich das Meer. Er versucht, sie ins Meer zu stoßen. Sie ist erschrocken, fühlt sich aber gleichzeitig zu ihm hingezogen. Im selben Augenblick sieht sie ihre Mutter. Dann verändert sich die Szene. Sie

sieht jemanden unter Wasser in der Badewanne. Sie fragt
sich, wie er es schafft zu atmen (Rückkehr ins fötale Stadium). Dann findet sie sich in einer Kirche wieder. Dort ist
ein Priester, aber es ist keine kirchliche Messe. Es ist eine
schwarze Messe. Sie sitzt dort, ein Bein auf den Altar gelegt.
Der Traum spielt im Montparnasse, wo ihre Schwester mit
ihrem Freund, dem Produzenten, wohnt, wie sie hinzufügt;
sie assoziiert die Zeremonie, der sie sich unterziehen mußte,
als sie im ersten Semester war und nackt auf der Bühne
stand, wo sie mit einem anderen Studenten des ersten Seme-
sters den Geschlechtsakt mimen mußte (Initationszere-
monie).

Ohne auf die Einzelheiten dieses Traums einzugehen, meine ich, daß er den Wunsch nach Rückkehr in den glatten Leib
der Mutter-Analytikerin erkennen läßt: das zeigt die Zerstörung aller Hindernisse (die Katastrophe führt zum Weltun-
tergang und läßt die Patientin mit 34 000 Menschen allein,
welche die Analytikerin repräsentieren, die eins ist mit der
Mutter Erde und jetzt ganz und gar zugänglich ist: man kann
mit einem herrlichen Gefühl auf ihr um die Welt rodeln). Die
Homosexualität hat die Bedeutung einer Rückkehr zu diesem
pränatalen Zustand, wie der weitere Verlauf des Traums
zeigt. Der Liebhaber, der sie ins Meer stürzen will, repräsentiert zweifellos den männlichen Teil ihres Selbst, der in die
Mutter eindringt, um wieder ein Fötus zu werden, die Person
in der Badewanne. Schließlich deuten die schwarze Messe
und das Einstandsritual auf einen perversen Akt als solchen
hin: den Weg, der von der Undifferenziertheit zur Reife, vom
Fötalzustand zur Individuation führt, in umgekehrter Richtung zurückzulegen.

Dieselbe Patientin sagte mir, diesmal vor den Sommerfe-
rien, daß sie wohl meine letzte Patientin sei. Auf meine Frage:
„Warum?", antwortete sie: „Weil Sie alt sind und sich bestimmt bald zur Ruhe setzen werden." Tatsächlich drückt sie
den Wunsch aus, mein letztes Kind zu sein, und ihre Angriffe
richten sich gegen meine mütterlichen, schöpferischen Fähig-

keiten. Nach den Ferien nimmt sie ihre Angriffe wieder auf. Sie sagt, daß es bei mir nach „alten Leuten" riecht. Wie bei ihrer Großmutter. Es riecht nicht schlecht, aber eben „alt". Sie denkt an Heime für alte, bettnässende Menschen, auch an ihre Großmutter, die geistesgestört war. Es war kein Sinn und Verstand mehr in dem, was die Großmutter sagte. Sie sah Dinge. Sie dachte nicht „richtig". Die Patientin hatte die Großmutter sehr geliebt, vor allem nach dem Tod des Groß-vaters, als sie sie ganz für sich allein hatte.

An dieser Stelle möchte ich betonen, daß ich mich vor allem in meinem Denken den Angriffen der Patientin ausgesetzt sah. Sie identifizierte mich mit der Großmutter, die den „Kopf verloren hatte" und die sie für sich allein haben wollte. Doch bevor ich auf dieses grundlegende Problem der gegen das Denken gerichteten Angriffe näher eingehe, möchte ich bereits jetzt die Hypothese aufstellen, daß das Denken an sich schon ein Hindernis bildet, das den freien Zugang zum Mutterleib verwehrt, und daß sein Status dem des Vaters und seiner Abkömmlinge, dem Penis und den Kindern, ähnlich ist.

Das hier vorgelegte Material zeigt meiner Meinung nach deutlich, daß die Zerstörung der Inhalte des Mutterleibs mit dem Ziel, ihn glatt und zugänglich zu machen, die Zerstörung der Realität selbst repräsentiert. Realität ist, wie ich betont habe, daß nur der Vater und sein befruchtender Penis in der Lage sind, die Mutter zu befriedigen, was für den unreifen und unfruchtbaren Penis des kleinen Knaben nicht zutrifft, in welcher Illusion die Mutter ihn auch gewiegt haben mag. In einem noch grundlegenderen Sinne läßt sich die Realität als aus Unterschieden zusammengesetzt begreifen. Statt allein vom Unterschied zwischen den Geschlechtern und Genera-tionen als dem Grundstein der Realität zu sprechen, wäre es angemessener, die Realität insgesamt als das Ergebnis von Unterschieden zu betrachten. Die Zeit läßt sich zum Beispiel als die Spanne ansehen, die zwischen dem Bedürfnis (oder dem Wunsch) und seiner Befriedigung liegt. Der Raum setzt die unterschiedliche Lage der Punkte voraus, aus denen er sich zusammensetzt. Die Realität besteht aus einem Übergang vom Homogenen zum Heterogenen. Das führt uns dazu, den Wunsch, den Mutterleib seiner Inhalte zu entleeren (den Weg zwischen Homogenem und Heterogenem in umgekehrter Richtung zurückzulegen) näher zu untersuchen: als Objektivierung des Kampfes des Lustprinzips gegen das Realitätsprinzip.

Die archaische Matrix des Ödipuskomplexes als Objektivierung des Kampfes zwischen Lustprinzip und Realitätsprinzip

Ein Traum des Patienten, der immer mit Autofahrern in Fehde lag, scheint mir meine Gedanken recht gut zu veranschaulichen:

> Ein Fisch mit offenem Maul liegt in der Auslage. Man kann das glatte Innere seines Körpers sehen. Wetten, daß man einen Kieselstein in sein Maul werfen kann und daß er durch den ganzen Körper rollen wird, bis er aus dem After wieder herauskommt. Dann kräuselt sich das Maul des Fisches und verwandelt sich in eine Vagina. Er zieht sich zusammen. Vagina und After sind jetzt ein und dasselbe. Dann wird daraus ein Schlangen-Penis. Nebenan ist eine Ausstellung über das jüdische Volk. X [ein Mann] steht dort, und ich fühle mich von ihm angezogen. Von Zeit zu Zeit müssen die Leute auf Schemel steigen. Tatsächlich sind wir in Gaskammern.

Ich frage den Patienten, welche Verbindung zwischen der Ausstellung des Fisches und der Ausstellung über das jüdische Volk besteht. Er antwortet: „Mit beiden kann man alles machen: der Fisch verwandelt sich in ein Maul, einen After, eine Vagina, einen Penis. Aus den Juden hat man Lampenschirme und Seife gemacht."

Man beachte den Aspekt der völligen Glattheit des Fischkörpers. Er ist das Bild eines Objekts, aber auch einer Welt, die der Trieb durchläuft, ohne auf ein Hindernis zu stoßen, einer Welt, in der es keine Unterschiede zwischen den Körperteilen gibt, die nicht mehr getrennt sind und sich, wie auf den Bildern von Hans Bellmer, ineinander verwandeln. Eine Welt, in der die Grenzen zwischen den Objekten und sogar zwischen ihren Molekülen aufgehoben sind; eine unendlich formbare Welt („mit ihnen kann man alles machen"). Diese Welt ohne Hindernisse, dieser glatte Mutterleib ist auch eine Welt ohne Vater, in der sich das Subjekt die Kräfte des Schöpfers verleiht, dank der (dem Mann und der Frau, dem Kind und dem Erwachsenen gemeinsamen) analen „Produktion", die der genitalen Zeugung (dem Vorrecht des Vaters) entgegensteht. Auf den analen Charakter der Szene werde ich später zurückkommen. Aber schon jetzt möchte ich hervorheben, daß das Subjekt ein dem Lustprinzip eigentümliches Vorgehen wiederfindet, nämlich auf dem kürzesten und schnellsten Weg Befriedigung zu suchen, ohne Umwege und Aufschub. Das wird sehr gut dargestellt durch die Wette, daß der ins Maul des Fisches geworfene Kieselstein durch dessen Körper hindurchrollt und aus dem After wieder herauskommt, gemäß der Tendenz der freien Energie, ungehindert zu fließen. Was mir an diesem Traum besonders interessant zu sein scheint, ist, daß darin in gewisser Weise das dem Lustprinzip eigentümliche psychische Geschehen *als solches dargestellt* wird. Der Traum erfüllt nicht nur einen Wunsch mit den für ihn typischen Methoden; der Wunsch, den er in Szene setzt und erfüllt, ist gerade der eines *psychischen Geschehens gemäß dem Lustprinzip,* dem Prinzip des Traumes selbst.

In „Formulierungen über die beiden Prinzipien des psychischen Geschehens" (1911 a) führt Freud die Denkfähigkeit als eine wichtige Etappe auf dem Weg zum Erwerb des Realitätsprinzips ein:

> Die motorische Abfuhr, die während der Herrschaft des Lustprinzips zur Entlastung des seelischen Apparats von Reizzuwächsen gedient hatte und dieser Aufgabe durch ins Innere des Körpers gesandte Innervationen (Mimik, Affektäußerungen)

nachgekommen war, erhielt jetzt eine neue Funktion, indem sie zur zweckmäßigen Veränderung der Realität verwendet wurde. Sie wandelte sich zum *Handeln*. Die notwendig gewordene Aufhaltung der motorischen Abfuhr (des Handelns) wurde durch den *Denkprozeß* besorgt, welcher sich aus dem Vorstellen herausbildete. Das Denken wurde mit Eigenschaften ausgestattet, welche dem seelischen Apparat das Ertragen der erhöhten Reizspannung während des Aufschubs der Abfuhr ermöglichten. (S. 233)

Freud fügt hinzu, daß die Denktätigkeit mit einer Überführung der frei verschiebbaren Besetzungen in gebundene einhergeht. Das Denken entsteht also, um in den Dienst des Realitätsprinzips gestellt zu werden, auch wenn sich ein Teil der Denktätigkeit von der Realitätsprüfung abspalten kann und dem Lustprinzip unterworfen bleibt (Phantasieren, Tagträume).

Mir scheint, daß die Kriegserklärungen, die ein bestimmter Typ von Patienten (insbesondere Perverse) an das Denken richten, die Beziehungen betreffen, die es mit dem Realitätsprinzip unterhält. Ein Traum von Romain, dem Mann mit dem glatten Fisch, scheint davon Zeugnis abzulegen:

> Ich knacke Nüsse mit bloßen Händen. Ich habe das Gefühl, daß ich es nicht tun dürfte. Sie sind zu zerbrechlich, und ich bin nicht geschickt genug. *Ich lege sie in einen Fonduetopf*. Beim Aufwachen war ich bestürzt, daß die Nüsse genau wie ein Gehirn aussahen. Gleichzeitig erinnert mich die gewölbte Nußschale an den Bauch einer Frau.

Dieser Patient hatte vor kurzem einen langen Traum gehabt, in dem schon einmal ein Fonduetopf vorgekommen war: in ihm befanden sich die verschiedensten Gegenstände, darunter eine Feder und Papier, was eine mutmaßliche Tätigkeit der Analytikerin repräsentierte, die sich Notizen über den Träumer macht, sowie ein Lineal (*règle*) und ein Männerschuh. Alle diese Gegenstände verschmolzen wie Käsestücke zu einer *undifferenzierten* Masse; oder wie Fleischstücke, die, alle gleich, in einem „fondue bourguignonne" (so die Worte des Patienten) braten.

Es geht also darum, das Denken zu zerstören, das Gehirn, das gedankliche Handwerkszeug des Analytikers, den väterlichen Penis, das Lineal (die Regeln), den Fötus – das heißt den gesamten Inhalt des Mutterleibs. Man beachte, daß der Patient Gehirn und Fötus gleichsetzt, Hindernisse, die es zu vereinheitlichen, zu reduzieren gilt, um sie zu einer undifferenzierten Masse zu machen. Meines Erachtens ist der Fötus nicht nur Inhalt des Mutterleibs, nicht nur ein Beweis für die Überlegenheit des Vaters und seiner Attribute im Vergleich zu dem Kind und seinem unfruchtbaren kleinen Penis; er repräsentiert das Leben, das heißt das, was der Definition nach *Wachstum, Entwicklung* voraussetzt und folglich das Warten, also das Realitätsprinzip, sowie das Denken einschließt.

Leben, Fötus, Denken, Realitätsprinzip und Genitalität stehen im selben Verhältnis zueinander wie Tod, Leiche, Nicht-Denken, Analität und Lustprinzip (von letzterem meinte Freud bekanntlich, als er die letzte Topik, 1920, einführt, daß es im Dienst des Todestriebs stehe).

Zudem hat der Patient Gründe – die in seiner persönlichen Geschichte liegen –, durch die Übertragung aktiviert, Themen in Szene zu setzen, die ganz offensichtlich mit Konzentrationslagern und Naziverbrechen zusammenhängen: aufgebrochene Kinderschädel (Nüsse), Verbrennungsöfen (Fonduetöpfe, in denen Fleisch brät), Gaskammern usw.

Die Hindernisse vereinheitlichen, ihnen ihre Unterschiede nehmen heißt, sie als Hindernisse beseitigen, den Zugang zum Mutterleib wiederfinden. Ganz allgemein haben wir alle mehr oder weniger – und zwar in Gruppensituationen eher, als wenn wir als Individuen handeln – die Neigung, „nach der Linie des geringsten Widerstands" zu denken, um Bernard Shaw zu zitieren, auf den Freud sich in „Formulierungen über die zwei Prinzipien des psychischen Geschehens" bezieht, als er die Überlegenheit des Real-Ichs über das Lust-Ich zeigen will. Wenn das wache Denken nach den Gesetzen des Lustprinzips und der Primärvorgänge arbeitet, endet es in einer totalen Verwirrung der Werte.

Sind die Unterschiede beseitigt, dann sind auch Ursache und Wirkung beseitigt. Um einen Gedanken von Béla Grunberger aufzugreifen: die Ursache verhält sich zur Wirkung wie der Vater zum Kind. Ist das väterliche Prinzip aus der Welt verschwunden, dann ist auch das Vorher und das Nachher, ja sogar die Geschichte verschwunden. Jede Beurteilung einer Situation, die weder deren Warum noch Wie berücksichtigt, die ein Ereignis aus seinem Zusammenhang reißt, ohne es in eine Perspektive zu stellen, zeugt von dem regressiven Denken, das ich zu beschreiben versuche. Es ist ein lineares und ahistorisches Denken. Außerhalb der kausalen Dimension lassen sich Ideen und Wörter beliebig verwenden: im Namen der „Meinungsfreiheit" schrieb Noam Chomsky das Vorwort zu einem Buch von Faurisson, in dem dieser die Existenz der Gaskammern und des Holocausts leugnet. Als *amalgam* bezeichnet man im Französischen eine Denkweise, die zwischen Fakten oder Ereignissen Beziehungen herstellt, indem sie sich auf einen Standpunkt außerhalb der kausalen Dimension stellt und qualitative oder quantitative Unterschiede auslöscht; wenn zum Beispiel der Vietnam-Krieg auf dieselbe Ebene gestellt wird wie Auschwitz oder wenn die Belagerung von Beirut durch die Palästinenser mit den Ereignissen des Warschauer Gettos im Zweiten Weltkrieg verglichen wird. Hitlers Propaganda lieferte perfekte Beispiele eines solchen *amalgam,* als sie die „englisch-jüdisch-bolschewistische Plutokratie" brandmarkte, eine Reihe widersprüchlicher Begriffe, die im Deutschen ein einziges Wort bilden. Im sprachlichen Bereich, in dem das Hindernis – der Vater, die Ursache – verschwunden ist und das Denken dem Weg des geringsten Widerstands folgt, können Slogans, so absurd sie sein mögen, die Reflexion ersetzen, wie die Slogans aus Orwells Roman *1984*: „Freiheit ist Sklaverei", „Krieg ist Frieden". Die Wörter des Vokabulars B des „Neusprech" stehen eindeutig unter dem Zeichen des *amalgam:* „Die

B-Wörter bildeten eine Art verbaler Kurzschrift, die oft eine ganze Reihe von Gedanken in ein paar Silben zusammendrängte (...). Die B-Wörter waren nach keinem etymologischen[1] Plan gebildet. Die Einzelwörter, aus denen die Komposita bestanden, konnten (...) in jede Reihenfolge gebracht werden."

Wenn wir alle die Neigung haben, uns der Leichtigkeit des regressiven Denkens zu überlassen, wenn die archaische Matrix des Ödipuskomplexes universell ist, so wie der Ödipuskomplex selbst universell ist, müssen wir nun zeigen, worin die Verbindung zwischen dem primitiven Kern des Ödipuskomplexes und der Perversion besteht.

Die archaische Matrix des Ödipuskomplexes und die Perversion

Die beiden Patienten, Alexander und Romain, von denen ich berichtet habe, zeigen – wenn auch in unterschiedlichem Grade – perverse Verhaltensweisen. Alexander hatte während seines Militärdiensts eine Episode homosexueller Prostitution erlebt. Dann war er mit einem Arzt zusammengezogen, der ihn zum Medizinstudium drängte. Heute ist er verheiratet, Familienvater und lebt in guten sozialen Verhältnissen. Seine Homosexualität zeigte sich auf einer ersten (bewußten) Ebene als aktiver Wunsch nach Rache am Vater (Wunsch, ihn zu „besitzen"). Auf unbewußter Ebene wollte er sich passiv penetrieren lassen, um durch Ausagieren die Lücke zu füllen, die die fehlende Introjektion des väterlichen Penis gelassen hatte; sein sehr sinnlicher Austausch mit der Mutter, ihrer beider Komplizenschaft führten zum Ausschluß des Vaters, der ein gewalttätiger Alkoholiker war. Der Vater (und seine Attribute) wurden sowohl gefürchtet wie verleumdet.

---

[1] Die Etymologie hat etwas mit dem väterlichen Prinzip und mit der Ursache zu tun.

Romains Sexualverhalten ist komplexer und seine Perversion verdeckter. Ihm ist bewußt, daß bestimmte Männer ihn sexuell anziehen, zum Beispiel X, der in seinem Traum vom glatten Fisch auftritt. Während der Analyse kam es vor, daß er das Bett näßte, wenn er einen homosexuellen Traum hatte oder wenn er einen Freund einlud, die Nacht bei ihm zu verbringen (er lebt getrennt von seiner Frau, die ihn verlassen hat, weil er sie schlug). Er hat passive und masochistische Onaniephantasien, in denen er das Spielzeug einer oder mehrerer Frauen ist. Er zeigt einen beträchtlichen moralischen Masochismus (in dem Sinne, in dem Freud diesen Ausdruck in „Das ökonomische Problem des Masochismus" (1924c) verwendet: eine Resexualisierung der Beziehung zwischen Ich und Überich, die man meines Erachtens vom Selbstbestrafungsverhalten des Neurotikers unterscheiden muß). Die Beziehung dieses moralischen Masochismus zum erogenen Masochismus ist offenkundig. So hat sich Romain eines Tages bei einem Würfelspiel auf dem Flohmarkt übers Ohr hauen lassen. Später, nach einer Sitzung, sah er, wie Männer sich prügelten. Es floß Blut. Er wollte sein Auto anhalten und sie trennen. Das wäre verrückt und gefährlich gewesen, sagt er. Ein Polizist kam. Er erinnert sich an den Tag, an dem er sich bei diesem Spiel hat „drankriegen" lassen. Fast wäre er an den Ort zurückgekehrt, um zu sehen, ob er dieselben Männer treffen würde. Einfach so Männern ausgeliefert zu sein ... Er ist nachdenklich ... (man sieht hier seine Onaniephantasien wieder auftauchen, aber die Objekte sind jetzt männlich). Er denkt an Sex-Shops ...

Hin und wieder, während der Sitzungen, denkt er auch an Jesus am Kreuz. An die Lanze, die man ihm in die Seite gestoßen hat ... Man hat ihn ganz schön ausgenutzt. Eines Tages wird seine Identifizierung mit Christus ganz bewußt mit der Übertragung verbunden. Er imaginiert sein Herz auf einem Tablett liegend. So biete er sich mir dar, sagt er. Eine Zeitlang provoziert er Zwischenfälle mit Verwaltungsbeamten: Zöllnern, Polizisten usw.

Trotz seines Alters (er ist fast vierzig) klaut Romain in Buchhandlungen, was ihn bis zur Erektion erregt, ein Vorgang, der sich meines Erachtens nicht nur einer Erotisierung der Angst zuschreiben läßt. Tatsächlich stellt sich heraus, daß diese Handlungen mit seiner Neugier in bezug auf die Aktivitäten seines Vaters während des Krieges zusammenhängen, einer Neugier, die letztlich der Urszene gilt, hier reduziert auf die Beziehung zwischen Opfer und Henker in einem Konzentrationslager.[2] Bücher stehlen heißt für ihn gleichzeitig, sich den väterlichen Penis aneignen, den er – unter anderem wegen seines gefährlichen Charakters – nie wirklich introjiziert hat. Bei Romain wie bei Alexander (sowie bei allen Fällen von Perversion, besonders deutlich aber bei der Homosexualität) besteht ein erheblicher Bruch in der Herausbildung des Ichs, was in der mangelhaften Identifizierung mit dem Vater begründet ist. Das Fehlen einer stabilen Introjektion seines Penis führt zum Fehlen einer integrierten Identität und zur Errichtung einer schwachen Inzestschranke, deren Repräsentant der Penis des Vaters ist, und infolgedessen zu starken Verzerrungen der moralischen Instanz.

Gewiß reicht das Vorhandensein von sexuellen Abweichungen nicht aus, um eine perverse Organisation zu definieren, und es ließe sich, zumindest im Fall von Romain, die Frage nach einer Borderline-Organisation stellen. Ich denke besonders an jene Fälle mit polymorph-perversen Tendenzen, von denen O. Kernberg (1975) spricht. Dennoch neige ich zu der Annahme, daß das Vorhandensein perverser Tendenzen auch bei Borderline-Patienten den Versuch erkennen

---

[2] An dem Tag, an dem Romain seine Analyse begann, erfuhr er, daß sein Vater der „Eisernen Garde" angehört hatte, dem rumänischen Gegenstück der SS, und daß er eine Abhandlung über Rassenmerkmale geschrieben hatte, für die er die Schädel von Deportierten ausmaß. Diese Information hatte Romain aufgenommen, als habe er sie schon immer gekannt, so wie er das Sexualleben der Eltern kannte.

läßt, an der Form von Regression festzuhalten, die ich im folgenden definieren möchte.

Ich habe an anderer Stelle hervorgehoben (1978, 1983), daß der Perverse dazu neigt, den doppelten Unterschied zwischen den Geschlechtern und den Generationen zu verwischen. Tatsächlich versucht er, wie ich oben darlegte, alle Unterschiede zu beseitigen, welche die Realität ausmachen. Daß diese Rückkehr zur Undifferenziertheit und zum Chaos, das der Trennung, der Teilung, der Unterscheidung, der Benennung, dem Gesetz des Vaters (oder dem Gesetz Gottes in der Bibel) vorausgeht, typisch ist für die analsadistische Phase, in die der Perverse regrediert, scheint mir im Material meiner beiden Patienten auf der Hand zu liegen.

Romain und Alexander verlegen die Bühne ihrer Träume in eine Gaskammer (in der eine Tätigkeit der Modellierung stattfindet) bzw. in einen Sezierraum (in dem Leichen – Exkremente – zerschnitten und Knochen herausgelöst werden). In Romains Träumen sieht es so aus, als repräsentierten die Fonduetöpfe auch seinen eigenen After, der fähig ist, unterschiedliche Gegenstände in eine unterscheidbare Masse zu verwandeln: ein Prozeß ähnlich dem der Verdauung, die auch eine Verbrennung ist und die verschiedensten Nahrungsmittel in identische und homogene Partikel verwandelt.

In den „Formulierungen über die zwei Prinzipien des psychischen Geschehens" (1911a), in denen Freud feststellt, daß die Sexualtriebe dem Realitätsprinzip weniger unterworfen sind als die Ichtriebe, schreibt er:

> Die Sexualtriebe benehmen sich zunächst autoerotisch, sie finden ihre Befriedigung am eigenen Leib und gelangen daher nicht in die Situation der Versagung, welche die Einsetzung des Realitätsprinzips erzwungen hat. Wenn dann später bei ihnen der Prozeß der Objektfindung beginnt, erfährt er alsbald eine lange Unterbrechung durch die Latenzzeit, welche die Sexualentwicklung bis zur Pubertät verzögert. (S. 234)

Ich habe an anderer Stelle (siehe Kapitel 4) beschrieben,

inwiefern die analsadistische Phase eine Art Skizze oder Parodie der Genitalität darstellt, wobei ich mich auf Freuds Aufsatz „Über Triebumsetzungen, insbesondere der Analerotik" (1916a) bezog. Die anale Phase liefert dem Kind die Elemente, die es befähigen, dem Vater und seinen Attributen gleich sein zu wollen, wobei die zur Genitalität führende Entwicklung übersprungen wird: in der Kotstange zeichnet sich der genitale Penis ab, die tägliche Trennung von den Fäzes ist ein Vorläufer der phallischen Kastration, die Kotproduktion antizipiert das Gebären von Kindern, die Exkremente im Rektum imitieren den genitalen Koitus. Wenn die Elemente der analen Phase auf diese Weise der Genitalität gleichgesetzt werden – als würde Freuds Gleichung „Kot = Penis = Kind" nicht im übertragenen Sinne, sondern als Realität verstanden, wie in Hanna Segals (1957) symbolischer Gleichung –, befinden wir uns in einem Geschehen, das dem Lustprinzip entspricht.

Das Kind kann in der Tat die Illusion bewahren, daß es die erwartete Befriedigung nicht aufschieben muß. Die postulierte Gleichsetzung von Analität und Genitalität zielt darauf ab, die Entwicklung zu umgehen, die Zeit zu verkürzen, das Kind mit seinem unreifen Penis dem Vater gleichzustellen, dessen genitaler Penis und Fähigkeiten abgewertet werden. Gleichzeitig ist das Kind für die Mutter – im allgemeinen durch deren Verhalten unterstützt – ein adäquater Sexualpartner. So kann es den Prozeß der Identifizierung mit dem Vater überspringen, einen Prozeß, dessen Kern die Introjektion seines Penis ist.

Es trifft zu, daß – wie ich wiederholt betont habe – die analsadistische Regression, wenn sie in der Perversion ichsynton sein soll, von einer *Idealisierung* der Objekte, der erogenen Zonen und Triebe der analen Stufe begleitet sein muß. Gerade diese Idealisierung ermöglicht es den analen Elementen, die Verdrängungsschranke zu überwinden; sie erlaubt es auch, die Regression in der Perversion von der psychotischen Regression zu unterscheiden, denn sie verdeckt zwar die Analität, ist jedoch auch ein Hinweis darauf, daß dem Ich insgesamt der anale Charakter seiner Objekte und Triebe nicht entgeht.

So gelingt es dem Subjekt in der Perversion, mittels der analsadistischen Regression und der sie begleitenden Idealisierung – genau darin unterscheidet es sich grundlegend vom Psychotiker –, im Rahmen dieser Regression einen Zustand des psychischen Apparats zu erreichen, den der Psychotiker nur mit Hilfe der narzißtischen Regression erreicht. Hier ist festzuhalten, daß, wenn sich die *Verleugnung* des Perversen auf die genitale Ebene bezieht (auf ihre Werte und ihre Bedeutung), die analsadistische Regression, die ihre Stelle einnimmt, nicht der selbstherrlichen Erschaffung einer neuen Welt durch den Psychotiker gleichkommt, so wie Freud sie in „Neurose und Psychose" (1924 b) beschrieben hat. Denn die anale Welt, die der Perverse an die Stelle der genitalen Welt des Vaters setzt, existiert in jedem von uns: wir alle haben die anale Phase durchlaufen. Die „neue Welt" des Perversen, obwohl „im Sinne der Wunschregungen aufgebaut", beruht also dennoch auf einer gewissen Realität, der Realität einer Entwicklungsphase, deren Überreste in uns fortbestehen. Und die Kluft zwischen genitaler und analer Welt wird eben nicht durch Wahnbildungen, sondern durch Idealisierung überbrückt. Die Idealisierung wie der Wahn haben die Funktion, die Verbindung zur Realität wiederherzustellen (vgl. Freud 1924 b).

Ich habe den Drang des Perversen zur Idealisierung früher schon einmal dargelegt, einen Drang, der seine Affinität zur Ästhetik erklärt und den ich heute für den wesentlichen Mechanismus halte, der ihn davor bewahrt, der Psychose zu verfallen. Romain und Alexander sind beide Musiker, jeder von ihnen spielt ein Instrument. Beide haben irgendwann einmal von einer Künstlerkarriere geträumt.

Die anale Regression in der Perversion ermöglicht die Wiedereinsetzung des Lustprinzips, repräsentiert durch die Phantasie, den Mutterleib zu glätten, die Repräsentanten des

Vaters und der Realität zu zerstören, ohne daß es deshalb zur Auflösung des Ichs und seiner Instanzen kommt.

Überdies sind die Schrecken des Inzests dem Perversen unbekannt. Nicht nur ist das Inzestverbot wegen der fehlenden Introjektion des väterlichen Penis, des Kerns des Überichs, weniger absolut, sondern diese Introjektion ist auch für die Entwicklung einer sexuellen Identität notwendig, die dem Perversen ja gerade fehlt. Beim Neurotiker wird das ödipale Verbot zudem von dem Schrecken begleitet – dem heiligen Verbot, wie Freud in „Der Mann Moses und die monotheistische Religion" (1939) sagt –, an den Ort zurückzukehren, von dem er gekommen ist, aus Angst, dort seine so teuer erworbene Identität zu verlieren. Diese Furcht fehlt demjenigen, dessen sexuelle Identität sich nie herausgebildet hat (sie kulminiert bei jenen Nicht-Perversen, deren sexuelle Identität sehr schwach ist). Die Phantasie in den Mutterleib zurückzukehren, nachdem die seinen Zugang verwehrenden Hindernisse vernichtet wurden, läßt sich also beim Perversen leichter erkennen, da er den heiligen Schrecken vor der Rückkehr zum Identischen nicht kennt.

Schließlich ist noch hervorzuheben, daß die archaische Matrix des Ödipuskomplexes, wenn sie sich im entwickelten Ödipuskomplex und im Ödipus-Mythos selbst wiederfindet, ihm gleichzeitig entgegensteht. Van der Sterren (1948) interpretiert den Mord an Laios an der Kreuzung dreier Wege als Mord am Vater, der den Zugang zum weiblichen Geschlecht versperrt. Das „ödipale" Subjekt versucht nicht, die väterlich-genitale Dimension wegzuschieben, sondern sie sich durch Identifizierung anzueignen. Dies impliziert eine Projektion seines Narzißmus auf den Vater, seinen Penis und seine Genitalität. Dieser Vorgang geht mit der Fähigkeit einher, auf die Befriedigung zu warten, sie aufzuschieben und letztlich Ersatzobjekte und symbolische Befriedigungen zu akzeptieren.

Die Zerstörung der Realität und der schließlich wiedergewonnene Zugang zum glatten Leib der Mutter sind letzten

Endes wahrscheinlich das, was die kosmischen Herostraten unserer Zeit motiviert. Die Phantasie steht im Mittelpunkt der Glaubensvorstellungen und Ideale, die eine wunderbare Regeneration versprechen, die aus einer furchtbaren Umwälzung hervorbrechen wird:

> Und ich sah einen neuen Himmel und eine neue Erde; denn der erste Himmel und die erste Erde vergingen, und das Meer ist nicht mehr. Und ich sah die heilige Stadt, das neue Jerusalem von Gott aus dem Himmel herabgefahren, bereitet wie eine geschmückte Braut ihrem Mann. Und ich hörte eine große Stimme von dem Thron, die sprach: Siehe da, die Hütte Gottes bei den Menschen! Und er wird bei ihnen wohnen, und sie werden sein Volk sein, und er selbst, Gott wird mit ihnen sein; und Gott wird abwischen alle Tränen von ihren Augen, und der Tod wird nicht mehr sein, noch Leid noch Geschrei noch Schmerz wird mehr sein; dann das Erste ist vergangen.[3]

---

[3] Die Offenbarung des Johannes, 21.

Kapitel 6

Die archaische Matrix des Ödipuskomplexes in der Utopie

Zu allen Zeiten haben Schriftsteller und Philosophen ideale Städte und glückselige Inseln beschrieben, in Erzählungen, die einen alten Traum von Glück zum Ausdruck brachten, den vermutlich die ganze Menschheit träumt. Im vorletzten Kapitel seines Buchs *L'Histoire de l'Utopie* (1967) schreibt der Soziologe Jean Servier: „Die Utopie eröffnet der soziologischen Forschung ein neues Feld, weil sie ein einheitliches Gedankengebilde darstellt, dessen Ausdrucksformen sich im Laufe der Jahrhunderte kaum verändern. (...) Die verschiedenen Utopien kommen einem beim Lesen wie Märchen ein und desselben Volkes vor, als Variationen über das gleiche mythologische Grundmuster. So groß ist die Verwandtschaft zwischen Utopien verschiedener Autoren und verschiedener Jahrhunderte; ein geheimnisvolles Band bindet sie zur Einheit." (S. 294) Anders gesagt, die Verschiedenheit des politischen, ökonomischen und sozialen Rahmens, in dem sie entstanden – und das Auftauchen von Utopien ist deutlich mit bestimmten Momenten der Geschichte verbunden –, beeinträchtigt in keiner Weise die Stetigkeit gewisser Themen, die ich hier einzukreisen versuchen will. Denn mir scheint, daß nicht nur der Soziologe, sondern auch der Psychoanalytiker etwas dazu zu sagen hat. Er muß die Urphantasie aufspüren, die in diesen Schöpfungen des menschlichen Geistes immer wieder unverändert zum Ausdruck kommt. Ich halte es für möglich, aus diesen Utopien die archaische Matrix des Ödipuskomplexes herauszukristallisieren, die ich im letzten Kapitel untersucht habe.

Ich erinnere kurz daran, daß es meiner Meinung nach einen

primären Wunsch gibt, eine Welt ohne Hindernisse, einen glatten, seiner Inhalte entleerten Mutterleib wiederzufinden, zu dem man freien Zugang haben möchte. Diese Inhalte bestehen aus dem Vater, seinem Penis, aus Kindern und aus Exkrementen. Genau genommen handelt es sich nicht um ein Stadium des Ödipuskomplexes, sondern um die Repräsentation eines psychischen Geschehens ohne Hindernisse, das vom Lustprinzip beherrscht wird.

Um die Elemente dieser Phantasie in den Utopien wiederzufinden, werde ich die verschiedenen utopischen Themen in drei Gruppen zusammenfassen. Die erste betrifft die Topographie der Utopie: hier geht es um die abgeschlossene Welt der von Schutzwällen umgebenen Insel oder Stadt; die zweite Gruppe bezieht sich auf das Thema der Transparenz der utopischen Stadt, die ihre gesellschaftliche, politische und ökonomische Organisation mittels der Architektur zum Ausdruck bringt; die letzte Gruppe schließlich bildet das Thema der *tabula rasa*, das meist verhüllt, in einigen Beschreibungen jedoch latent vorhanden ist, wobei ich versuche, die Beziehungen zu erklären, welche die Utopien immer dann mit Gewalt und Zerstörung unterhalten, wenn sie sich verwirklichen.[1]

---

[1] Ich entferne mich hier von Jean Servier, der den Chiliasmus und seine verschiedenen Formen, so wie sie von Norman Cohn (1957) beschrieben werden, streng von den Utopien unterscheidet, die ihm zufolge Ausdruck einer Suche nach gewaltfreien Lösungen für bestehende Konflikte sind.
Ich definiere die Utopie als Beschreibung politischer Systeme, die als Modell dienen sollen und mit dem Ziel maximaler Rationalität entworfen werden.
Die Projekte, die die Vereinigten Staaten und Israel entstehen ließen, sind meines Erachtens keine Utopien im eigentlichen Sinn. Sie suchten Lösungen für konkrete Probleme und unterstehen in keiner Weise einem abstrakten und idealen Wunschdenken, auch wenn in ihnen Platz für Träume ist.

Die Insel und die umschlossene Stadt der Utopie

Es ist oft darauf hingewiesen worden, daß Utopia auf einer Insel oder in einer Stadt liegt, die von konzentrischen Mauern umgeben ist. Utopische Inseln werden bereits in der Antike beschrieben, etwa bei Hesiod, Homer und Pindar. Diodorus Siculus hat „Sonneninseln" beschrieben, Inseln vollkommenen Glücks. Plutarch besang die „Glücksinsel" und die Insel Ogygia. Und die konzentrischen Umfassungsmauern findet man sowohl in Atlantis wieder (das zudem eine Insel ist), wie Plato es im *Kritias* beschrieb, als auch im *Sonnenstaat* von Campanella aus dem Jahre 1602, der ebenfalls auf einer Insel liegt.

Die Insel und die umschlossene Stadt bilden also eine Darstellung, die historische Faktoren zwar ins Bewußtsein bringen konnten, die aber nichtsdestoweniger mit der unbewußten, ahistorischen oder transhistorischen Phantasie zusammenhängt, die wir aufzudecken suchen.

Um zu verstehen, was die umschlossene Welt der Insel bedeutet, wollen wir von dem rührenden Beispiel des Romans *Paul und Virginie* von Bernardin de Saint-Pierre (1788) ausgehen, der auf der Ile-de-France (heute Mauritius) spielt. Am Anfang der Erzählung treten zwei Frauen auf, Frau von la Tour und Margarethe, die beide Kinder ohne Vater auf die Welt gebracht haben. Margarethe, von ihrem Geliebten verlassen, gebiert Paul. Frau von la Tour geht mit Virginie schwanger, als ihr Mann stirbt.

In einem bestimmten Augenblick der Erzählung sind Paul und Virginie allein und haben Hunger. „‚Was sollen wir aber thun‘, sagte Paul, ‚diese Bäume tragen nur schlechte Früchte‘ (...). ‚Gott wird sich unser erbarmen‘, entgegnete Virginie, ‚er hört die Stimme der kleinen Vögel, welche ihn um Nahrung bitten.‘ Kaum hatte sie diese Worte gesagt, als sie das Rieseln einer Quelle hörten, die von einem nahen Felsen herabfiel." (S. 65 f) Wie man sieht, befinden wir uns im Reich des Lustprinzips, in dem Wünsche augenblicklich erfüllt

werden. Die ganze Erzählung hindurch geht es um die Befriedigung von Nahrungsbedürfnissen. Daß dieser orale Überfluß mit der Anwesenheit einer Mutterbrust zusammenhängt, die immer dargeboten wird und niemals versiegt, das
macht Bernardin de Saint-Pierre für uns deutlich. Die Quelle
kommt aus einem Berg. „Dieser Berg war der der drei
Zitzen." Dazu merkt Bernardin an: „Es gibt viele Berge,
deren Gipfel wie Zitzen gerundet sind, und die daher in allen
Sprachen diesen Namen führen. Es sind auch in der That
wahre Zitzen; denn aus ihnen entströmen viele Flüsse und
Bäche, die dem Lande Fruchtbarkeit verleihen. (...) Wir
haben in unsern vorherigen ,Studien über die Natur' dieser
bemerkenswerthen Erscheinung erwähnt." (S. 251) Überfluß
und sofortige orale Befriedigung sind häufige Merkmale der
Utopien. So zitiert Rousseau im *Emile* die Beschreibung des
königlichen Gartens in Homers *Odyssee,* wo „der uner-
schöpfliche Weingarten nicht aufhört, ihm neue Trauben zu
schenken" (S. 840). Diese Fülle und diese häufigen Ernten
gibt es auch im Himmlischen Jerusalem, wo die Lebensbäu-
me zwölfmal im Jahr Früchte tragen.

Die Insel, auf der das Utopia von *Paul und Virginie* liegt,
sowie die ganze Natur sind Gärten voll jederzeit greifbarer
Früchte. Die Insel besitzt also eindeutig mütterliche Merkmale, die man auch anderswo in der damaligen Literatur
findet, zum Beispiel in *Le Naufrage des Iles Flottantes ou
Basiliade* von Morelly (1753): „Das erbarmungslose Eigen-
tum, Mutter aller Verbrechen, die die übrige Welt über-
schwemmen, war ihnen unbekannt. Sie sahen in der Erde eine
allen gemeinsame Amme, die ihren Kindern die Brust gibt,
wenn sie hungrig sind; sie alle fühlten sich verpflichtet, sie
fruchtbar zu machen; aber keiner sagte: das ist mein Acker,
mein Ochse, mein Haus." (S. 56)

Merken wir an, daß Seneca, als er das Goldene Zeitalter
beschrieb, sich eine Zeit vorstellte, in der „kein Bauer die Flur
sich dienstbar machte und wo es ein Verbrechen war, das Feld
durch Grenzmarken zu zerschneiden; denn alles gehörte

allen (...). Gemeinsam lebten sie von dem, was die Natur
bot; wie eine Mutter gab sie allen hinreichenden Schutz, und
sie gab Sicherheit im Besitz des allgemeinen Reichtums"
(zitiert nach Cohn 1957). Die Mutterbrust muß jedermann
gehören. Fast alle Utopien gründen auf der Gütergemeinschaft. Das gilt für Platons Staat, für Thomas Morus' Utopia
und auch für Bernardins Insel, die eine utopische Gesellschaft
en miniature bildet. Die beiden Mütter wohnen in zwei
benachbarten Hütten: „Sie selbst (...) hatten nur einen Willen, einen Vorteil, einen Tisch. Alles war gemeinschaftlich
unter ihnen." Und: „,Meine Freundin', sagte Frau von la
Tour, ,jede von uns soll zwei Kinder und jedes von unsern
Kindern zwei Mütter haben.'" (S. 49) Und diese Kinder
wurden „wechselweise an die Brust gelegt". Es ist gleichsam
der Entwurf einer Vergesellschaftung der Kinder, die in den
Utopien – von Platon bis Fourier – ebenfalls häufig vorkommt. In Platons *Republik* heißt es ausdrücklich, daß die
Väter ihre Söhne und die Söhne ihre Väter nicht kennen
sollen. Bei Thomas Morus befinden wir uns zwar häufiger in
der Stadt als in der Natur. Dennoch hat die Landwirtschaft,
wie in den meisten Utopien, einen besonderen Status: „Ein
Gewerbe ist allen Männern und Frauen gemeinsam: der
Ackerbau; den versteht jedermann." (S. 69) In *Utopia* (1516)
führt Thomas Morus den Begriff des regelmäßigen Wechsels
der Arbeiten ein. „Aus jedem Haushalt wandern jährlich
zwanzig Personen in die Stadt zurück, nämlich die, welche
zwei Jahre auf dem Lande zugebracht haben; an ihre Stelle
rücken ebenso viele aus der Stadt nach." (S. 62)

Man sieht also, daß der Ackerbau als reine und natürliche
Beschäftigung nicht nur in den Schriften des 18. Jahrhunderts
gepriesen wird, sondern allgemein in den Utopien eine zentrale Stellung einnimmt.

Diese Sakralisierung der Landwirtschaft finden wir in der
industrialisierten Gesellschaft des 19. Jahrhunderts wieder.
„Im Umkreis von Owens Reformgesellschaft von New La-
nark behält die Erde ihre volle Symbolkraft. Eine gewisse Zeit

müssen die Arbeiter in den Fabriken verbringen, weil das für die Gesellschaft notwendig ist; danach aber reinigen und läutern sie sich bei heilsamer Feldarbeit" (Servier 1971, S. 311). Ich möchte außerdem auf die besondere Rolle des Ackerbaus und der Bauernschaft in den verwirklichten Utopien des 20. Jahrhunderts hinweisen, auf das China von Mao Zedong, das kommunistische Vietnam, das den Wechsel der Arbeiten praktiziert und in dem die Stadtbewohner, ob Ladenbesitzer oder Universitätsprofessoren, gezwungen sind, jedes Jahr „freiwillig" auf dem Land zu arbeiten, und auf das Kambodscha von Pol Pot.[2] Ich werde auf das letzte Beispiel zurückkommen.

Es geht also darum, eine Symbiose mit der Mutter Natur herzustellen, die ihren Kindern ihre überquellende Brust gibt, und den Vater auszuschließen. In der Tat kommt der Vater in den Utopien nicht vor, und die Vergesellschaftung der Kinder – sowie das ebenfalls oft erwähnte Fehlen einer Erbfolge – führen dazu, daß die Vaterfigur in den Hintergrund tritt. Die Insel und die umschlossenen Gärten sind meines Erachtens ein Bild des Uterus, in dem das Kind die unmittelbare Befriedigung seiner Bedürfnisse findet. Es geht also um eine Rückkehr in den Mutterleib, um eine neue Verschmelzung mit der Mutter. Die Bewohner der verzauberten Inseln sind eine Bruderhorde, die sich, nachdem sie den Vater vertrieben hat, der Mutter bemächtigt.

Der Stadtbewohner hingegen kann die Symbiose mit der Mutter nicht erreichen, weil er sich von der Natur entfernt hat. Die Stadt ist grundsätzlich ein Feind der utopischen

---

[2] Ein kleines Buch über den Nationalsozialismus (Bernstein 1985) spricht von Walter Darré, dem „Erfinder" der „Blut und Boden"-Theorie: „Diese Ideen von ‚Blut und Boden' brachten ihn dazu, sich für die Landbevölkerung zu interessieren, in der er das Prinzip der Erhaltung einer reinen und gesunden Rasse sah, im Gegensatz zu den Städten, die als Quelle des Rassenverfalls galten."

Welt. Weil Virginie ihre Insel des Glücks verlassen hat, um nach Europa in die Stadt zu gehen, bricht Unglück über sie und ihre Familie herein: „Weil in Europa die Händearbeit entehrt: man nennt sie mechanische Arbeit, und gerade der Ackerbau ist die verachtetste aller Arbeiten. Ein Handwerker [das heißt ein Stadtbewohner] ist weit mehr geschätzt als ein Bauer. Paul: Wie? die Kunst, welche den Menschen ernährt, ist in Europa verachtet! Ich begreife Sie nicht." (S. 187)

Die Stadt ist eine künstliche Schöpfung des Menschen und läuft damit der Natur zuwider. „Alles, was aus den Händen des Schöpfers kommt, ist gut; alles entartet unter den Händen des Menschen." Mit diesem Satz beginnt Rousseau seinen *Émile* (S. 107). Und: „Die Menschen sind nicht dazu geschaffen, wie in einem Ameisenhaufen zu leben, sondern als Einzelwesen auf dem Boden, den sie zu bearbeiten haben (...). Die Stadt ist der Schlund, der das Menschengeschlecht verschlingt." (S. 150) Und schließlich nimmt er einen ökologisch motivierten Abschied: „Also – adieu Paris, berühmte Stadt, Stadt des Lärms, des Dunstes und des Schmutzes, wo die Frauen nicht mehr an Ehrbarkeit und die Männer nicht mehr an Tugend glauben. Adieu, Paris – wir gehen auf die Suche nach der Liebe, dem Glück, der Unschuld; nie können wir weit genug von dir entfernt sein." (S. 718) Falls man glauben sollte, dieser Haß auf die Stadt hänge lediglich mit den historischen Umständen zusammen (d. h. mit dem Beginn der Industriellen Revolution), so möchte ich daran erinnern, daß Münzer, einer der Anführer einer besonders blutigen chiliastischen Bewegung, die um 1520 grassierte, nicht nur die Gütergemeinschaft pries, sondern auch die Rückkehr zur Natur und, unter dem Einfluß des Humanisten Ulrich Hugwald, meinte, das Leben eines Bauern sei dem von Gott gewollten Leben näher. Und was die dramatischen Ereignisse in Kambodscha betrifft, so weiß man, daß die Einwohner von Pnom Penh gerade deshalb hingeschlachtet wurden, weil sie Städter waren, während die Bauern als „Basis der Gesellschaft" galten (vgl. Pin Yathay 1980).

Aber auch in den Utopien gibt es Städte, deren berühmtestes Beispiel das Himmlische Jerusalem ist. Wie wir wissen, ist die Stadt meist von Mauern umgeben, was wir als ein Äquivalent der natürlichen Grenze der Insel, die vom Meer umgeben ist, und folglich auch als Bild der geheimen und geschlossenen Welt des Mutterleibs betrachten können. Die Stadt ist jedoch außerdem nach einem geometrischen architektonischen Plan erbaut, symmetrisch und gleichförmig. Das Himmlische Jerusalem wird so beschrieben:

> Und sie hatte eine große und hohe Mauer und hatte zwölf Tore und auf den Toren zwölf Engel und Namen darauf geschrieben, nämlich die zwölf Geschlechter der Kinder Israel: von Morgen drei Tore, von Mitternacht drei Tore, von Mittag drei Tore, von Abend drei Tore. Und die Mauer der Stadt hatte zwölf Grundsteine (...). Und der mit mir redete, hatte einen Meßstab, ein goldnes Rohr, daß er die Stadt messen sollte und ihre Tore und Mauern. Und die Stadt liegt viereckig, und ihre Länge ist so groß wie die Breite. Und er maß die Stadt mit dem Rohr auf zwölftausend Feld Wegs. Die Länge und die Breite und die Höhe der Stadt sind gleich. Und er maß ihre Mauern hundertvierundvierzig Ellen (...). Und ihre Mauer war aus Jaspis und die Stadt aus reinem Golde, gleich dem reinen Glase. (Die Offenbarung des Johannes. 21)

Platons Stadt in den *Gesetzen* sowie die ideale Stadt der *Politik* von Aristoteles sind streng geometrisch konzipiert. Hier Thomas Morus' Beschreibung von Amaurotum, der Hauptstadt von Utopia:

> Wer eine Stadt kennt, kennt sie alle: so völlig ähnlich sind sie untereinander (...). Amaurotum also liegt an einer sanften Berglehne, auf beinahe quadratischem Grundriß. (...) Eine hohe und breite Mauer umgibt die Stadt, mit zahlreichen Türmen und Bollwerken. Ein trockener, aber tiefer und breiter Graben, mit Dorngebüsch bewehrt, umzieht die Mauern auf drei Seiten, auf der vierten dient der Strom als Wehrgraben. (S. 64f.)

Die Gebäude sind in zwei zusammenhängenden Reihen angelegt. „Es gibt kein Haus, das nicht außer dem Eingang von der Straße her noch eine Hinterpforte zum Garten hätte. Die Türen sind zweiflügelig, durch einen leisen Druck der Hand zu öffnen, schließen sich dann von selber wieder und lassen so jeden hinein: so weit geht die Beseitigung des Privateigentums! Denn selbst die Häuser tauschen sie alle zehn Jahre um, und zwar nach dem Lose." (S. 66)

Fourier erbaut sein Phalansterium nach einem Plan, der, Victor Considérant zufolge, in seiner Symmetrie dem Palais-Royal von Paris gleichkommt. In seiner *Théorie de l'unité universelle* wirft Fourier den Architekten vor, sie seien unfähig, einen *Plan* für eine Stadt zu ersinnen.

Wenn also die Insel und die Stadt durch ihre Einfassungen einander ähneln, so unterscheiden sie sich in ihren anderen Merkmalen grundlegend voneinander. Die Stadt, eine menschliche, daher künstliche Schöpfung, weit davon entfernt, sich der spontanen und phantasievollen Bauweise der Natur anzunähern, weicht im Gegenteil in höchstem Maße von ihr ab. Ihre Architektur folgt einem strengen Plan. Es herrscht *Einheitlichkeit* und *Rationalität*.

Diese Einheitlichkeit und Rationalität finden sich auf allen Ebenen. In vielen Utopien tragen die Bürger Uniformen, so auch die Einwohner von Morus' Utopia. Die Standardisierung der Architektur erstreckt sich auf alle Bereiche: „Die Insel hat vierundfünfzig Städte, alle geräumig und prächtig, in Sprache, Sitten, Einrichtungen, Gesetzen genau übereinstimmend. Sie haben alle dieselbe Anlage und, soweit das die lokalen Verhältnisse gestatten, dasselbe Aussehen." (S. 61) Alles ist genauestens geregelt: die Sitzordnung der Utopier bei Tisch, das Heiratsalter der Knaben und Mädchen, die Zahl der Familien, aus denen die Stadt sich zusammensetzt: keiner Familie dürfen „mehr als sechzehn Erwachsene angehören (...). Diese Bestimmung ist leicht innezuhalten, indem man den Überschuß der überfüllten Großfamilien in weniger köpfereiche Familien versetzt." (S. 76) Die Stadt kann einen Bürger zwingen, einem Gewerbe nachzugehen, das dem öffentlichen Wohl dient. Der Tagesablauf der Utopier ist nach Stunden eingeteilt. Nach dem gemeinsamen Mahl verbringen sie eine Stunde mit Vergnügungen. Diese genaue

Planung der Stadt und des Lebens ist für die meisten Utopien typisch. Sie steht offensichtlich der Anmut und Süße des „natürlichen" Lebens entgegen, das in *Paul und Virginie* beschrieben wird:

Paul und Virginie hatten weder Uhren noch Almanache, weder Chroniken, noch Geschichts- und philosophische Bücher. Die Zeitabschnitte ihres Lebens richteten sich nach denen der Natur. Die Zeiten des Tags erkannten sie aus dem Schatten der Bäume, die Jahreszeiten aus den Perioden, in welchen sie ihre Blumen oder Früchte spenden, und die Jahre aus der Zahl ihrer Ernten. Diese lieblichen Bilder verbreiteten den größten Reiz über ihre Gespräche. „Es ist Zeit zu essen", sagte Virginie zu der Familie, „die Schatten der Pisangbäume sind an ihrem Fuße." (S. 107)

Wie läßt sich dieser offenkundige Widerspruch zwischen der Welt der Stadt und der Welt der Natur erklären, wenn man behauptet, daß ihre Abgeschlossenheit für jede von ihnen den Mutterleib darstellt?

Samjatins Buch *Wir* (eine Art Gegenutopie), das 1920 in Rußland geschrieben, in diesem Land jedoch nie veröffentlicht wurde, kann uns helfen, diese Schwierigkeit zu überwinden.

Die Transparenz

In Samjatins Roman ist die Stadt von einer grünen Mauer umgeben und ganz aus Glas gebaut: „Unser schönes durchsichtiges, unzerbrechliches Glas..." (S. 29) Alle öffentlichen Gebäude, Häuser, Wohnungen, Möbel und Gehsteige sind aus Glas: „Gleichmäßiges bläuliches Licht, das Glas der Wände leuchtete, die gläsernen Stühle, der gläserne Tisch..." (S. 33) „Die blauen Kuppeln, die Würfel aus gläsernem Eis tief unter mir wurden bleigrau." (S. 115) „Ich war fast allein im Hause. Durch die sonnenfunkelnden Wände konnte ich die lange Flucht der in der Luft schwebenden leeren Zimmer rechts, links und unter mir überblicken." (S. 103) „In meinem Kopfkissen ertönte ein heller, kristall-

klarer Ton: 7 Uhr, aufstehen. Durch die gläsernen Wände
rechts und links sah ich gleichsam mich selbst, mein Zimmer,
meine Kleider, meine Bewegungen – tausendfach wiederholt.
Das gab mir neuen Mut, ich empfand mich als Teil eines
gewaltigen, einheitlichen Organismus. Und welch exakte
Schönheit: keine überflüssige Geste, Neigung, Drehung."
(S. 34) „Übrigens, auf dem Prospekt habe ich eben etwas
Seltsames beobachtet: ein paar Menschen gingen vor mir her,
und denken Sie, ihr Schatten leuchtete! Ich glaube ganz
gewiß, daß es morgen überhaupt keine Schatten mehr geben
wird, weder von einem Menschen noch von einem Gegenstand; die Sonne wird alles durchdringen . . ." (S. 170)
    Wie man sieht, ist es eine Welt der Transparenz. Sie
symbolisiert die Aufhebung des Abgetrenntseins der Stadtbewohner, ihre Entdifferenzierung. Sie spiegeln sich ineinander, wie sich die Häuser und die Zimmer spiegeln. Es geht
darum, eine vollkommene Identität zwischen den Bürgern
herzustellen, die im übrigen „Nummern" genannt werden.
Man hat die „Wand des Privatlebens" entfernt (nur an ihren
„Geschlechtstagen", die in den Laboratorien des Amtes für
sexuelle Fragen bestimmt und in einer entsprechenden Tabel-
le festgehalten werden, dürfen die Nummern Vorhänge benutzen) sowie alles, was in irgendeiner Weise einen Bewohner vom anderen unterscheidet. „Sonst leben wir in unseren
durchsichtigen, wie aus leuchtender Luft gewebten Häusern,
ewig vom Licht umflutet. Wir haben nichts voreinander zu
verbergen (. . .). Gerade die sonderbaren, undurchsichtigen
Behausungen unserer Vorfahren können es bewirkt haben,
daß man auf diese erbärmliche Käfigpsychologie verfiel:
‚Mein Haus ist meine Burg!'" (S. 22) Anders gesagt, die
Uniformierung des Lebens – auch die Nummern tragen
Uniformen – ergibt sich aus der Notwendigkeit, die Masse
der Bürger auf ein einziges Wesen, einen einzigen Körper zu
reduzieren. Das bringt Samjatin sehr gut zum Ausdruck,
wenn er seinen Helden die Stunden-Gesetzestafeln preisen
läßt:

Ach, warum bin ich kein Dichter, um dich würdig zu preisen, o Gesetzestafel, du Herz und Puls des Einzigen Staates! (...) Jeden Morgen stehen wir, Millionen, wie ein Mann zu ein und derselben Stunde auf. Zu ein und derselben Stunde beginnen wir, ein Millionenheer, unsere Arbeit, zur gleichen Stunde beenden wir sie. Und zu einem *einzigen*, millionenhändigen *Körper verschmolzen*[3], führen wir in der gleichen, durch die Gesetzestafel bestimmten Sekunde die Löffel zum Mund. (S. 15)

Und:

Wir marschierten wie immer, gleich einer Armee, so, wie sie auf assyrischen Reliefs dargestellt ist: Tausend Köpfe, wie Beine, zwei emporgestreckte Arme. (S. 118)

Es gibt keinen individuellen Willen mehr. Alle Privatinteressen verschmelzen zu dem „allgemeinen Willen", dem gesellschaftlichen „Konsens" zum Zweck des „Gemeinwohls", um einige Lieblingsausdrücke der Utopisten aufzugreifen.

Es liegt auf der Hand, daß wir hier eine ausgezeichnete Beschreibung des Totalitarismus vor uns haben, und genau das will Samjatin dem Leser verständlich machen. Ich glaube, daß zwischen dieser Welt der Transparenz und der Architektur, den Institutionen, den Gesetzen und Bräuchen der utopischen Systeme ein Zusammenhang besteht. Samjatin hat lediglich einen Aspekt der utopischen Städte, der vermutlich sogar ihren Erfindern ziemlich rätselhaft ist, sichtbar und interpretierbar gemacht: ihre Geometrie, ihre Symmetrie und ihre Einförmigkeit.

Wenn es – wie ich aufgrund meiner klinischen Erfahrung glaube – eine Phantasie gibt, in den glatten, seiner Inhalte entleerten Leib der Mutter zurückzukehren, so folgt daraus, daß die vollständige Verwirklichung dieser Phantasie, wenn sie der Natur gilt, mit der Ausrottung der gesamten Menschheit zum Nutzen des allein übrigbleibenden Ichs enden würde. Die Utopien im allgemeinen und die utopische Stadt im

---

[3] Von mir hervorgehoben.

besonderen scheinen mir Versuche zu sein, die mit der Existenz der archaischen Matrix des Ödipuskomplexes verbundenen Wünsche mit den Erfordernissen des Lebens in Gesellschaft zu versöhnen. Da niemand die Mutter Erde oder die ideale Stadt für sich allein haben kann, muß man dafür sorgen, daß die Bruderhorde, die von der Mutter Besitz ergriffen hat, eine einzige Entität bildet, einen einzigen Körper. Samjatin schreibt:

> Wir marschierten weiter, ein Körper mit Millionen Köpfen, und in jedem von uns war jene stille, demütige Freude, in der wahrscheinlich Atome, Moleküle und Phagozyten leben. In der alten Welt wußten die Christen als einzige unserer wenn auch sehr unvollkommenen Vorgänger, daß Demut eine Tugend, Stolz hingegen ein Laster ist, daß *Wir* von Gott stammt und *Ich* vom Teufel. (S. 121)

Man kann hier darauf hinweisen, daß das Christentum in der Reduzierung der Christen auf einen einzigen Körper noch sehr viel weiter geht. So sagt Paulus in seinem Brief an die Römer: „Denn gleicherweise wie wir an *einem* Leibe viele Glieder haben, aber nicht alle Glieder einerlei Geschäft haben, so sind wir viele *ein* Leib in Christus, aber untereinander ist einer des andern Glied." (12,4–5) Und in seinem Brief an die Philipper (2,2) sagt er: „(. . .) seid *eines* Sinnes, habt gleiche Liebe, seid einmütig und einhellig." Paulus ermahnt die Christen, die in *„einem* Leib" versammelt sind (Brief an die Kolosser). Das christliche Streben geht letztlich dahin, die Menschheit auf eine einzige Person, einen einzigen mystischen Körper zu reduzieren. Was die Idee der *einen* Herde betrifft, so taucht sie bereits vor dem Christentum auf: Plutarch berichtet, daß Zenon aus Kition eine Republik beschrieben habe, in der „alle Menschen Mitbürger sind, für die es nur ein einziges Leben, eine einzige Ordnung der Dinge gibt, wie für eine unter der Regel eines einzigen Hirten vereinte Herde" (zitiert nach Cohn 1957). Utopia ist gekennzeichnet von einer fundamentalen *Leidenschaft für die Einheit* (um einen Ausdruck von Fourier aufzugreifen), dank der vollkommenen Vereinigung von Körpern und Seelen („Sehen Sie, wir haben die gleichen Gedanken. Wir sind eben keine Einzelwesen mehr, sondern jeder von uns ist nur einer von vielen. Wir gleichen einander so sehr" [Samjatin, S. 11]). Jedes kleinste Teilchen dieses Riesenorganismus aus Millionen von Zellen läßt sich mit dem gesamten Organismus identifizieren:

> Ich erblickte (...) die schnurgeraden Straßen, das lichtfunkelnde Glas des Straßenpflasters, die langgestreckten Kuben der durchsichtigen Wohnhäuser, die quadratische Harmonie der blaugrauen Marschblöcke. Nicht eine Generation nach der anderen war nötig gewesen: ich allein hatte den alten Gott und das alte Leben besiegt. Ich hatte das alles geschaffen, ich war wie ein Turm, und ich wagte nicht, die Ellbogen zu bewegen, damit die Mauern, Kuppeln und Maschinen nicht einstürzten und zersplitterten. (S. 9)

Man begreift, daß dieses erhebende, megalomanische Gefühl nur dann erreicht werden kann, wenn in der Stadt ein vollkommener Konsens herrscht, eine ideale Harmonie, eine absolute „Homophonie". Das geringste Hindernis – ich wage nicht zu sagen: die geringste Dissidenz – bedroht das ganze System, da es jeder „Nummer" die megalomanische Identifizierung seines Ichs mit der gesamten Masse unmöglich macht. Daher muß jedes Sandkorn im Getriebe der riesigen Maschine erbarmungslos ausgemerzt werden. So läßt der Wohltäter den „Verbrecher" dadurch verschwinden, daß er ihn in eine chemisch reine Wasserlache verwandelt (sogar die Körper der Bürger haben ihre Undurchsichtigkeit verloren).

Es scheint also, als sei das, was manchen als eine grauenvolle totalitäre Gesellschaft erscheint, für andere – eben für die Verfechter von Utopien, deren unvermeidlich totalitären, wenngleich unbewußten Charakter ich hier hervorheben möchte – die Erfüllung des Wunsches nach Rückkehr in den Mutterleib, eines Wunsches, der durch die Verwirklichung einer vollkommenen Einheit des gesellschaftlichen Körpers unterstützt wird. „Die totalitäre Verlockung" (Titel eines

Buchs von J. F. Revel) ist meines Erachtens nicht nur durch
Bezug auf den Sadomasochismus zu erklären, sondern auch
durch die Anziehungskraft der Phantasien, die mit der archaischen Matrix des Ödipuskomplexes verbunden sind. Die
schnurgeraden Straßen, die strenge Geometrie der Gebäude,
die Gleichheit der Häuser, die leidenschaftliche Liebe zu
Zahlen, die man in den meisten Utopien findet, bilden offenkundig ein widernatürliches und rein rationalistisches Ganzes, dazu bestimmt, die Wände zwischen den Gedanken
einzureißen und ein einziges Wesen zu schaffen, das von der
Mutter Besitz ergreift. Der Vater ist der Definition nach aus
dieser Welt identischer Partikel ausgeschlossen, da es keine
Unterschiede mehr gibt und die Klassifizierung in Väter und
Söhne die Beibehaltung der Unterschiede voraussetzt.

Bekanntlich gibt es für Freud beim Menschen eine Tendenz
des seelischen Apparats, die Erregungssumme so niedrig wie
möglich zu halten. Es handelt sich um das Konstanzprinzip.
Als Freud die Idee äußerte, der seelische Apparat habe die
Tendenz, die Erregungsquantität auf Null zurückzuführen,
führte er das mit dem Todestrieb verbundene Nirwanaprin-
zip ein. Die beiden Prinzipien stehen in engem Zusammenhang mit dem Lustprinzip, das, unter ökonomischer Perspektive betrachtet, mit der Unlustvermeidung verknüpft
wäre. Und eine Welt ohne Unterschiede ist eine Welt ohne
Spannungen. Genau das erkennt Samjatin sehr klar: „Darum
muß ich an dieser Stelle bemerken – so betrüblich es auch ist,
daß selbst in unserem Staat der Prozeß der Verhärtung, der
Kristallisierung des Lebens noch nicht abgeschlossen ist. Wir
sind noch einige Schritte vom Ideal entfernt. Das Ideal ist
dort, wo nichts mehr geschieht." (S. 26) Man findet hier ein
Echo der Rede von Enjolras auf den Barrikaden in Victor
Hugos *Die Elenden* wieder. Nachdem er vorausgesagt hatte,
daß infolge der Französischen Revolution und Robespierres
Schreckensherrschaft von 1793 „das 20. Jahrhundert schön
sein wird", zählt er die Wohltaten auf, die das 20. Jahrhunderts bringen wird, und ruft aus: „Man könnte fast sagen: es

wird keine Ereignisse mehr geben. Wir werden glücklich sein . . ." – „Und das Glück?" fragt sich der Held in *Wir*. „Wünsche sind etwas Qualvolles (. . .), man ist nur dann glücklich, wenn man keinen Wunsch mehr hat." (S. 171)

Unter dem Einfluß einer Frau, die ein sonderbares X auf dem Gesicht trägt (die Unbekannte), denkt Samjatins Held nach: „Es gibt zwei Kräfte in der Welt, Entropie und Energie. Die eine schafft selige Ruhe und glückliches Gleichgewicht, die andere führt zur Zerstörung des Gleichgewichts, zu qualvoll-unendlicher Bewegung." (S. 154) Und auch: „Ist dir (. . .) denn nicht klar, daß nur die Verschiedenartigkeit . . . in Temperaturunterschieden, in Wärmekontrasten – Leben ist? Wenn aber überall, im ganzen Weltall, gleichartig-warme und gleichartig-kalte Körper sind . . ., nun, dann muß man sie zusammenstoßen, damit Feuer, eine Explosion, die Hölle entsteht." (S. 163)

Daß die Welt von *Wir*, die – wie ich schon sagte – die utopische Welt im allgemeinen interpretierbar macht, nicht nur auf der Ebene der ungeteilten und identischen, zu einem einzigen Körper verschmolzenen Inhalte, sondern auch auf der Ebene des Inhalts das Bild des glatten Mutterleibs ist, der ein ungehindertes psychisches Geschehen repräsentiert, das scheint mir durch die wunderbare Metapher bestätigt zu werden, die die emotionale Erschütterung des Helden beschreibt, wenn seine mathematischen Gewißheiten durch die Frau, die ein X auf dem Gesicht trägt, ins Wanken geraten:

> Die Stadt unter mir schien aus blauen Eisblöcken zu bestehen. Da – eine Wolke, ein schneller, schräger Schatten – das Eis verfärbte sich bleigrau und schwoll an wie im Frühling, wenn man am Ufer steht und darauf wartet, daß im nächsten Augenblick alles kracht, zerspringt, sich losreißt, dahintreibt. Eine Minute nach der anderen vergeht, doch das Eis bleibt starr, und in einem selbst schwillt etwas an, immer rascher, immer ungestümer pocht das Herz . . . (Übrigens warum schreibe ich eigentlich von solchen Dingen, und woher kommen diese seltsamen Gefühle? Denn es gibt ja keinen Eisbrecher, der das reine, feste Kristall unseres Lebens brechen könnte . . .) (S. 112)

Zu Beginn des Buchs kann der Held nichts ertragen, was die Glätte der ihn umgebenden Welt stört: die Wolken an einem Himmel, der „*steril*[4], peinlich sauber" sein müßte (S. 7), eine Träne auf einem Blatt Papier: „Auch das kommt eben von der ‚Aufweichung der Oberfläche', die diamanten hart sein muß wie unsere gläsernen Mauern." (S. 102 f.) Als er mit der Unbekannten die Mauer überwindet, wo der Zustand „wilder Freiheit" herrscht (S. 137), findet er das glatte, reine und harte Glas nicht mehr, das er in der Stadt gewohnt war: „Die Sonne schien ... doch es war nicht unsere gleichmäßig über die spiegelnde Fläche der Straße verteilte Sonne, es waren lebendige Splitter, tanzende Flecke, die die Augen blendeten und mich schwindlig machten. (...) Unter meinen Füßen war keine glatte, ebene Fläche, sondern etwas widerlich Weiches, Lebendiges, Grünes." (S. 144)

Der Leib der Mutter ist nicht mehr glatt und nur für die zu einer Einheit verschmolzenen Stadtbewohner zugänglich, er wimmelt von unkontrollierbarem Leben. Die „Nummern" haben keine Haare. Auch sie sind rein und glatt, was zu ihrer Transparenz beiträgt und ihnen gleichzeitig die Merkmale des Mutterleibs verleiht. Ich konnte in meiner klinischen Praxis den Wunsch beobachten, die Geschlechtsorgane der Eltern glatt, unbehaart zu machen, Zeichen ihrer Sterilität. Samjatin: „Das Auditorium. Eine riesige, sonnendurchglühte Halbkugel aus massivem Glas. Zahllose kugelförmige, glattrasierte Köpfe." (S. 19)

Samjatins Held schämt sich seiner dicht behaarten Hände, „ein verrückter Atavismus" (S. 11). Auf der anderen Seite der Mauer sind die Menschen behaart. Wenn die Stadt durch „ideale Unfreiheit" gekennzeichnet ist (S. 8) und wenn die absolute Reglementierung, die auf den göttlichen Gesetzen der Arithmetik beruht, den Menschen vom Zweifel, von der Angst, der Unsicherheit und der Not befreit und ihm voll-

---

[4] Von mir hervorgehoben.

128

kommene Sicherheit garantiert, dann liegt das Problem meiner Meinung nach jenseits der alten Debatte über den Antagonismus „Sicherheit" und „Freiheit". Denn die Freiheit ist hier mit der Existenz von Unterschieden verbunden, also mit der Existenz des Vaters und der Realität, samt den Spannungen, die sie mit sich bringt. Die Sicherheit ist mit der Vermeidung der Spannungen verbunden, mit der unmittelbaren Befriedigung der Wünsche, denen man nicht einmal Gelegenheit gibt, sich zu äußern: die Kinder schlafen im Mutterleib. So daß das Paradox einer Rückkehr zur Natur und ihren Gesetzen, zu Unschuld und Fülle, die in den Utopien neben der Herrschaft der Mathematik, der absoluten Reglementierung, der Technik und der Rationalität existieren, mir verständlicher erscheint, wenn man die Utopien als den Versuch betrachtet, die Phantasie einer Rückkehr zur Mutter zu verwirklichen und dabei den unvermeidlich gesellschaftlichen Charakter des menschlichen Lebens zu berücksichtigen.

Wir haben bereits – nicht nur bei Samjatin, der sie als Antiutopist besonders herausgearbeitet hat, sondern auch in den eigentlichen Utopien – Züge von Gewalt wahrgenommen, die ich nun abschließend unter dem Titel *tabula rasa* zusammenfassen werde.

Tabula rasa

Nicht nur die chiliastischen Bewegungen sind antisemitisch (Norman Cohn, 1957, hat gezeigt, daß der Chiliasmus von jüdischem Blut trieft). Auch viele utopische Schriften sind mehr oder weniger offen antisemitisch. In *Nova Atlantis* deportiert Bacon die Juden auf eine benachbarte Insel, wo sie, wenn sie Gott lästern, „mit grausamster Strenge" behandelt werden. Schon Thomas Morus stichelte gegen den Judaismus: dem mosaischen Gesetz, „erbarmungslos und hart – denn es ist für Knechtsnaturen bestimmt, und zwar für hartnäckige", stellt er das „Gesetz der Gnade" entgegen.

(S. 34) Ein Zitat von Fourier (1808) das stellvertretend für viele andere steht, zeigt die gleiche Tendenz. Es geht um einen jüdischen Bankier, den er Ischariot nennt: „Sein Kriegsplan bleibt geheim, denn Juden haben nur jüdische Angestellte, Leute, die im stillen alle anderen Völker hassen (...)." (S. 303) Die antisemitischen Ausfälle Proudhons sind bekannt. Zwar gehört es nicht zu meinem Thema, den utopischen oder wissenschaftlichen Charakter des Werks von Karl Marx zu beurteilen, aber seine Antwort an Bruno Bauer, „Zur Judenfrage", enthält antisemitische Passagen, die ebenfalls bekannt sind.

Der Jude, der dem Alten Testament treu geblieben ist, ist ein Repräsentant des Vaters. Außerdem ist er Objekt für Projektionen der Analität. Der Vater, sein Penis, die Exkremente sind die Inhalte des Mutterleibs, die es zu beseitigen gilt. Auch wenn die Utopien Anspruch auf Universalität erheben, sind sie in erster Linie für eine Gruppe von Auserwählten gedacht. Sie beinhalten den vorherigen Ausschluß und die Beseitigung eines Teils der Bevölkerung. Alles, was der Errichtung des utopischen Glücks im Wege steht, muß vernichtet werden. Offenkundig ist dies in einer anonymen Broschüre, die zwei Jahre vor der Französischen Revolution erschien und den Titel *Changement du Monde entier* trägt (zitiert nach Servier 1971, S. 205):

> Ein seltsamer Traum von einer kommunistischen Gesellschaft, in der alle Bürger vom Staat ernährt werden, der sogar die Speisenfolge des Mittag- und Abendessens für jeden Tag ihres ganzen Lebens festsetzt. (...) Tausend Städte mit einem Umfang von zwei Meilen sollten in Frankreich gebaut werden, dazu 15 000 Dörfer und 330 000 Bauernhöfe. „Die jetzt bestehenden Städte und Dörfer werden abgerissen und dem Erdboden gleichgemacht."

Natürlich sind nicht alle Utopien so deutlich, und meist fehlt die apokalyptische Phase, die der Errichtung des Himmlischen Jerusalem vorausgeht, außer in den Fällen, wo sie zu ihrer Einsetzung ausdrücklich die Revolution fordern. In dieser Hinsicht ist es interessant, bei Fourier (1848) eine halluzinierende Beschreibung der klimatischen Veränderungen zu finden, die in der harmonischen Welt stattfinden und mit dem Verschwinden der Meerestiere enden wird – was Fourier freudig begrüßt: dieser Prozeß wird „neben anderen Wohltaten, den Geruch der Meere verändern (...). Diese Flüssigkeit wird in Verbindung mit dem Salz dem Meer einen Limonadegeschmack geben. (...) Diese Zersetzung des Meerwassers durch die nördlichen Gewässer ist eine der notwendigen Vorbedingungen für die Erschaffung neuen Lebens im Meer (...), das dann an die Stelle der furchtbaren Legionen von Seeungeheuern tritt, die durch das Eintauchen in die nördlichen Gewässer vernichtet werden (...). Ein plötzlicher Tod wird den Ozean von diesen schändlichen Kreaturen reinigen (...). Sie werden alle gleichzeitig umkommen." (S. 66)

Diese Phase der Zerstörung der Inhalte des Mutterleibs kommt auch bei Samjatin zum Ausdruck:

> Fünfunddreißig Jahre vor der Gründung des Einzigen Staates wurde unsere heutige Naphta-Nahrung erfunden. Es waren freilich nur 0,2 Prozent der Bevölkerung der Erde übriggeblieben. Doch dafür erstrahlte das von tausendjährigem Schmutz gereinigte Antlitz der Erde in neuem, ungeahntem Glanz, und diese 0,2 Prozent genossen das Glück im Paradies des Einzigen Staates. (S. 24)

Tatsächlich geht es darum, die Erde (den Mutterleib) von ihren Verunreinigungen zu befreien, und wir wissen, daß alles, was Gegenstand negativer Projektionen ist, fäkalisiert werden kann. Aber ebenso klar ist, daß alles, was die Analität oder das Verschlingen symbolisiert, aus Utopia ausgeschlossen oder abgewertet wird. Die Formen des Geldes verschwinden. Aus dem Gold machen die Bewohner Utopias Nachttöpfe. Fourier (1848) schreibt: „Die Intrigen der Börse und der Börsenmakler aufzudecken, ist eine Herkulesarbeit. Ich bezweifle, daß der Halbgott, als er die Ställe des Augias reinigte, so starken Ekel empfand, wie wir ihn verspüren, wenn wir in dieser Kloake moralischen Unrats stochern (...).«

Die meisten Bewohner von Utopia sind Vegetarier. Die von Morus' *Utopia* allerdings nicht: Zu den Märkten wird auch Fisch und Fleisch angefahren, aber „auf besonderen Plätzen außerhalb der Stadt, wo man im fließenden Wasser Blut und Schmutz abwaschen kann (...). Sie dulden nämlich nicht, daß sich ihre Bürger an das Zerfleischen von Tieren gewöhnen (...); und ebensowenig lassen sie etwas Schmutziges und Unreines in die Stadt bringen, dessen Fäulnis die Luft verderben und dadurch Krankheiten einschleppen könnte.« (S. 78)

Doch wenn die apokalyptischen Reiter alles auf ihrem Weg verwüstet und den Mutterleib glatt gemacht haben, indem sie ihn von den Repräsentanten des Vaters und der Exkremente befreien, ist das Werk der Zerstörung und Gewalt keineswegs beendet.[5] Wir haben gesehen, daß die Inbesitznahme des Mutterleibs durch die Brüder, um die Phantasie der Rückkehr in den Mutterleib Wirklichkeit werden zu lassen und den Uterus zugänglich zu machen, von einer Verwandlung der Masse der Brüder in eine einzige Entität begleitet sein muß. So daß jeder Bürger, der diesem – von unendlich vielen Reglementierungen aller Aspekte des Lebens gestützten – Gesetz zu entgehen sucht, dem Prinzip der Identität zuwiderhandelt, einen Unterschied schafft und damit zu einem Repräsentanten des Vaters wird. Daher muß er genau überwacht und streng bestraft werden. Der offenkundigste Beweis für seinen Wunsch, das System zu untergraben, ist, es zu verlassen, den magischen Kreis der Insel zu durchbrechen und den Mauern der Stadt zu entfliehen. Wie Morus schreibt:

[5] Als wir auf dem Hamburger Kongreß im Juli 1985 die Vorträge über das Phänomen des Nazismus erörterten, legte Mortimer Ostow einen bemerkenswerten Text über den Nazismus aus der Sicht der Apokalypse vor.

Wenn einer auf eigene Faust außerhalb seines Stadtbezirkes sich herumtreibt und ohne fürstlichen Urlaubsschein ergriffen wird, sieht man ihn als Ausreißer an, bringt ihn schimpflich in die Stadt zurück und läßt ihn scharf züchtigen; im Wiederholungsfall wird er mit Verstoßung in die Sklaverei bestraft. (S. 83)

Eine solche Regelung empfiehlt auch Rousseau (*Le contrat social*, 1760). In *Wir* schreibt Samjatin: „Über der Mauer schwebten spitze, schwarze Dreiecke – Vögel. Krächzend warfen sie sich mit der Brust gegen das Schutzgitter aus elektrischen Wellen, kehrten um und kamen wieder zurück." (S. 113)

Damit sind die Insel oder die Mauer kein Schutz mehr, sondern eine Falle, die über ihrer Beute zuschnappt; der Traum gerät zum Alptraum, und der Mutterleib verwandelt sich in einen sadistischen After. Denn auch wenn die Inseln verzauberte Orte sind, so sind sie auch Fallen, in denen Verbrechen geschehen (so zum Beispiel in *Die Geschichte des Grafen Zarhoff, Die zehn kleinen Negerlein, Die Insel des Doktor Moreau, Herr der Fliegen*).

Zum Schluß möchte ich noch zwei Passagen anführen, die etwa zur selben Zeit geschrieben wurden und die zeigen, daß der Garten der Lüste – Bild des mütterlichen Uterus – eine mörderische anale Falle werden kann.

Dieser Ort ist, obgleich er nahe beim Haus liegt, doch so sehr durch den Laubengang, der zu ihm führt, versteckt, daß man ihn nirgends gewahr wird. Das dichte, ihn umgebende Laub gestattet dem Auge keinen Durchblick, und stets wird er sorgfältig abgeschlossen. Kaum hatte ich ihn betreten, so wußte ich, als ich mich umdrehte, nicht mehr, wo ich herein gekommen war, weil die Türe hinter Erlen und Haselsträuchern künstlich verborgen worden war und bloß an den Seiten zwei enge Durchgänge ausgespart blieben. Da ich demnach keine Pforte sah, schien es mir, als sei ich aus den Wolken gefallen.

So beginnt Rousseau die Beschreibung von Julies Elysium in *Die Neue Heloïse* (S. 492).

Sechs Ringmauern aus Stechpalmen und Dornen, jeweils drei Meter dick, machen es unmöglich, das Haus zu erkennen (. . .). Von welcher Seite man es auch betrachtet, es kann immer nur als Teil des Walddickichts erscheinen (. . .); das Gewölbe dieses Gebäudes ist vollständig mit einer dicken Wanne aus Blei bedeckt, in die verschiedene immergrüne Sträucher gepflanzt wurden, die sich mit den umgebenden Hecken vereinigen und damit dem Ganzen noch mehr das Aussehen eines grünenden Hügels verleihen (. . .). Du wirst nun bemerkt haben, daß die Umzäunung des Hauses so beschaffen war, daß man, selbst wenn man die Fensterkreuze zerbräche und durch die Fenster stiege, noch die lebendige Hecke überwinden müßte, die dicke Mauer, die einen siebten Ring um sie schloß, sowie den breiten Graben, der das Ganze umgab.

Die Beschreibung dieses falschen Gartens stammt von de Sade in *Die neue Justine oder das Unglück der Tugend* (Bd. VI).

Das Grüne Theater.

Ein Versuch zur Interpretation kollektiver Äußerungen einer unbewußten Schuld

Schon seit langem habe ich mich für Deutschland interessiert (um genauer zu sein, sollte ich vielleicht sagen, daß Deutschland begonnen hat, sich für mich zu interessieren ...), und die beiden letzten Jahre, in denen ich das Programmkomitee des ersten Kongresses der Internationalen Psychoanalytischen Vereinigung leitete, der seit 1932 auf deutschem Boden stattfand, haben mich veranlaßt, mein Interesse nicht nur auf Deutschlands Vergangenheit, seine Geschichte und seine Kultur zu konzentrieren, sondern auch auf seine Gegenwart.

Bevor ich zum Kern der Sache komme, möchte ich eine persönliche Anekdote erzählen. 1942 besuchte ich eine der unteren Klassen des Racine-Gymnasiums in Paris, und als nach den Ferien der Unterricht wieder begann, lief ein Gerücht durch die ganze Schule. Eine Philosophielehrerin hatte ihren Unterricht damit begonnen, daß sie schweigend die beiden folgenden Namen an die Tafel schrieb: Spinoza – Bergson. Das war ein Akt intellektuellen und auch physischen Mutes. Im Fall einer Denunziation hätte sie verhaftet, ja sogar deportiert werden können. Es ergab sich, daß ich im Jahre 1949 für einige Monate an dieselbe Schule zurückkehrte, diesmal in die Philosophieklasse. Es war immer noch dieselbe Lehrerin, die dieses Fach unterrichtete. Ich trug damals noch meinen Mädchennamen, einen Namen, der sich für ungeübte Ohren schwer von einem deutschen unterscheiden ließ. Damit man ihn besser verstehen und schreiben konnte (das zumindest war mein bewußter Vorwand), hatte ich einen Buchstaben weggelassen. Die Lehrerin, die die Anwesenheitsliste mit meinem Namen und dessen „offizieller" Orthographie vor Augen hatte, stolperte, als sie ihn aussprach, über den Doppelkonsonanten. Da sagte ich ihr, man könne ihn auch ohne den schrecklichen Konsonanten schreiben. Am Ende der Stunde kam sie zu mir und fragte besorgt: „Haben Sie Schwierigkeiten wegen des deutschen Klangs Ihres Namens?"

Anders gesagt, diese Frau, die sich seinerzeit auf ihre Weise für die Juden und gegen den Rassenwahn geäußert hatte, machte sich jetzt, nach dem Kriege, Sorgen wegen der möglichen Diskriminierung , unter der ein junges Mädchen von möglicherweise deutscher Herkunft hätte leiden können – als Objekt des umfassenden Hasses, der damals allem Deutschen galt.

Ich meine, daß sie damit sich selbst und einem Ideal der Humanität und Toleranz treu blieb, das ihr jede verurteilende und rächende Haltung verdächtig machte, in der sie intuitiv die Rückkehr des Hasses und der Verfemung in der Maske des „Guten" erkannte.

Auf den folgenden Seiten möchte ich einige Nachwirkungen des Nazismus in Deutschland untersuchen. Das ist eine heikle Aufgabe, denn die Phänomene, die ich untersuche, enthalten zum Teil das Beste von dem, was die Deutschen verzweifelt unternehmen, um wiedergutzumachen, ihre Selbstachtung zu stärken und ein wenig von der Achtung und Bewunderung zurückzugewinnen, zu denen viele ihrer Beiträge zur universellen Zivilisation und Kultur ihnen hätten verhelfen können, wenn sie sich nicht eines Tages, wie Faust, mit dem Teufel verbündet hätten.

Es geht mir nicht darum, das Authentische dieser Verhaltensweisen und dieses Vorgehens zu leugnen, sondern *auch* darum, deren verborgene Seite zu prüfen und möglicherweise, inmitten der Schätze, das Bild der alten, wiedererwachenden Dämonen aufzudecken. Tatsächlich scheint es sehr viel leichter zu sein, sich den Anschein des Guten zu geben, ja

sogar sich gut zu verhalten, als anzuerkennen, daß es, wie
Goethe sagte, kein Verbrechen gibt, das man nicht begehen
könnte.

In der „Frankfurter Allgemeinen Zeitung" vom 6. August
1985 las ich in einem von Rainer Appel unterzeichneten
Artikel, ich hätte, als ich bei der Eröffnungsansprache des
Kongresses die Sprache Freuds sprach, einen „Bann gebro-
chen". Es ist immer schlimm, wenn Leute sich gebannt
fühlen, schlimm für sie wie für die anderen. Natürlich ist
ein solches Gefühl nicht nur äußerlichen Ursprungs, und
eine gewisse Härte der Außenwelt kann zuweilen die Strenge des Überichs mildern. Aber das sehr intensive Schuldgefühl eines Ichs, das sich mit einer riesigen Aufgabe, einer
grenzenlosen Wiedergutmachungsarbeit konfrontiert sieht,
wird als ein Erdrücken des Ichs durch eine strenge und
mitleidlose Instanz empfunden. Die unheilvollen Angriffe
des Überichs werden dann auf Objekte projiziert, die ihrerseits Opfer von Angriffen sind, und diese Angriffe verstärken wiederum sowohl das Schuldgefühl als auch die Angst.
Dieser circulus vitiosus ist wohlbekannt, wobei das Schuldgefühl, das hier ins Spiel kommt, sich als solches nicht
durcharbeiten läßt, da es weder Kummer noch Mitleid[1],
sondern nur Schrecken und das Gefühl, verfolgt zu werden, verursacht. So verstärkt ein äußerer Bann beim Ich
unausweichlich das Gefühl von Hilflosigkeit und Verlas-
senheit und macht die depressive Verarbeitung noch
schwieriger.

Und in der Tat hat sich meine Aufmerksamkeit auf das
Problem des deutschen Schuldgefühls konzentriert. Man
wird sich kaum wundern, daß dieses Problem einen Analyti-

---

[1] Anspielung auf den Film von Marcel Ophüls „Der Kummer und
das Mitleid" (1970) über das besetzte Frankreich und die Kollabo-
ration. (Anm. d. Übers.)

ker besonders interessiert. Wo findet man Spuren der deutschen Schuld? Häufig wird gesagt, daß die Deutschen ihre Vergangenheit und insbesondere die Vernichtung der Juden verleugneten. Die Aufteilung der Geschichte in ein „vor Auschwitz" und ein „nach Auschwitz", die die französischen Intellektuellen so oft vornehmen, ist den Deutschen fremd. Überdies stoßen die Töchter und Söhne der Generation, die den Nationalsozialismus miterlebt oder mitgemacht hat, bekanntlich gegen eine Mauer des Schweigens, wenn sie versuchen, dieses Problem mit ihren Eltern zu besprechen. Doch als Analytiker wissen wir, daß die Schuld einen Weg finden muß, um sich auszudrücken. Meine Hypothese lautet, daß Bruchteile dessen, was von den Eltern oder sogar den Großeltern verleugnet worden ist, bei den Kindern oder Enkeln wieder auftauchen – verformt, zerrissen und undeutlich, aber nicht gänzlich unkenntlich. Man muß die Stücke wieder zusammenfügen, die Löcher stopfen, die Risse zunähen, einige Stoffbahnen wenden, dann wird man die unsterblichen Geister der Vergangenheit wiedererkennen.

Das Feuer Gottes

Eine Bestätigung für meine Behauptung geben mir einzelne klinische Fälle, die ich aus Gründen der Diskretion nicht verwenden kann. Aber ich werde ein kurzes klinisches Beispiel zitieren, in dem das, was von den Eltern verleugnet worden ist, bei den Mitgliedern der folgenden Generation in verkleideter Form wiederauftaucht. Es handelt sich bei diesem Beispiel nicht um Deutsche, sondern um Juden, also nicht um Henker, sondern um Opfer. Ich vermute jedoch, daß der Mechanismus bei dieser Rückkehr des Verleugneten in beiden Fällen ähnlich sein muß. Der Vater des Patienten hatte eine erste Familie in Polen gehabt. Als die Nazis einmarschierten, wurden seine Frau und seine drei

Kinder in eine hölzerne Synagoge eingeschlossen und von den Nazis verbrannt, genau wie in der Holocaust-Serie im Fernsehen. Der Vater, der sich zu jener Zeit versteckt hielt, hatte im Krieg viel durchgemacht, hatte im Getto einer polnischen Stadt gelebt und war dann einer Frau begegnet, der es ebenfalls gelungen war, die Verfolgungen zu überleben; nach dem Krieg gingen sie nach Frankreich, heirateten und gründeten eine neue Familie mit drei Kindern. Den „neuen" Kindern, die ohne ihr Wissen die toten Kinder ersetzt hatten, erzählte er nie von seiner Vergangenheit. Als mein Patient dreizehn oder vierzehn Jahre alt war, erzählte ihm eine Kusine die Geschichte seines Vaters. Er hatte einen jüngeren Bruder, der von dieser Geschichte keine Kenntnis besaß, zumindest nicht bewußt. Kurz nachdem mein Patient seine Analyse begonnen hatte, wurde dieser Bruder, damals Student, psychotisch. Sein Wahn begann damit, daß er das polnische Dienstmädchen seiner Eltern für die Frau von Franck hielt, des Obergauleiters von Polen unter den Nazis. Hier wird deutlich, daß das, was die Eltern verleugnet hatten und was vom Sohn nicht integriert werden konnte, in Form eines Wahns wiederauftaucht, ganz nach Freuds bekanntem Ausspruch, „daß das innerlich Aufgehobene von außen wiederkehrt" (1911 b). Natürlich sind die Spuren der Geschichte des Vaters und seiner Familie auch in der Analyse meines Patienten aufgetaucht, aber in der Übertragung und nicht in psychotischer Weise. Ich werde auf diesen Fall nicht näher eingehen. Ich möchte nur unterstreichen, was wir als Analytiker alle wissen, daß nämlich das, was vom Subjekt oder *von seinen Identifizierungsobjekten* verleugnet wird, am Ende bei ihm oder seinen Kindern auf unausweichliche, tragische, häufig psychotische Weise wieder zum Vorschein kommt. Was geschieht nun, wenn ein ganzes Volk seine Schuld nicht verarbeitet hat, wenn die Eltern sowohl ihre Großtaten als auch ihre Untaten verleugnet haben?

Ein Theaterstück von Martin Walser, „Der Schwarze

Schwan"[2], handelt von einem jungen Mann, Rudi, der gerade Abitur gemacht hat, sich jedoch weigert, das Reifezeugnis entgegenzunehmen.[3] Wir befinden uns in der Zeit, in der das Stück geschrieben wurde, das heißt im Jahre 1961. Rudi wird von seinem Vater Goothein, einem Neurologen, zu Professor Liberé gebracht, da er „nervöse" Symptome zeigt. Wir erfahren, daß Goothein vier Jahre im Gefängnis war und daß Liberé, der ebenfalls schuldig ist, der Strafe dadurch entgehen konnte, daß er seinen Namen änderte (er heißt Leibniz) und jede Spur seiner Vergangenheit tilgte, so daß er sogar seine Tochter Irm (in Wirklichkeit Hedi) glauben ließ, sie hätten in Indien gelebt. Die verleugnete Vergangenheit taucht wieder auf, als seine Frau vom Leben in Indien erzählt und dabei an Benares erinnert, an die Scheiterhaufen am Ganges und die Leichenverbrennungen. Rudi beschuldigt sich, einen vom 2. März 1942 datierten Brief aus Rosenwang geschrieben zu haben:

> Betreff Aktion 14f 13 in den Konzentrationslagern, Bezug Verfügung Amtsgruppenchef Dora, Strich Dora-Ida, Strich eins, Strich a-zet, Punkt, Doppelpunkt, 14f 13, Strich O, te, Strich S, Strich Geheim. Tagesbefehl-Nummer Drei-vier-Strich-vierdrei. An die Lagerkommandantur Groß-Rosen. Uns erscheint der 24. März 1942 als Ankunftstag der geeignetste, da wir in der Zwischenzeit von anderen Konzentrationslagern beliefert werden und für uns arbeitstechnisch ein Zwischenraum notwendig ist. Sollte es Ihnen möglich sein, die Häftlinge in Omnibussen anzuliefern, so schlagen wir Ihnen die Anlieferung in zwei Transporten zu je 107 Häftlingen und zwar am Dienstag, den 24. März und Donnerstag, den 26. März vor. Die Gemeinnützige Krankentransportgesellschaft wäre Ihrerseits termingerecht zu verständigen. Wir bitten Sie, zu unseren Vorschlägen Stellung zu nehmen und uns den endgültigen Bescheid zukommen zu lassen, damit wir dementsprechend weiter disponieren können. Gezeichnet Rudolf Goothein.

---

[2] Zitiert von F. W. Eickhoff (1986).
[3] Siehe meine Arbeiten über den Examenstraum (insbesondere 1985).

Es wird deutlich, daß diese Häftlinge/Kranken zu Experimentierzwecken angeliefert werden sollen. Mit seinem Daumen bezeichnete Rudi diejenigen, die nach rechts, und diejenigen, die nach links gehen sollten. Er hatte Hedi, einem kleinen Mädchen, befohlen, nach rechts zu gehen, aber sie war nach links gegangen. Sie war es, die ihn Schwarzer Schwan genannt hatte. Er sagt zu Irm, Liberés Tochter, daß die Wäsche nie mehr sauber sei, daß sie feucht bleibe, und daß sie, als seine Mutter noch lebte, weiß und knisternd gewesen wäre. Seine Mutter konnte den Ruß nicht ertragen, der auf die Wäsche fiel. Es gab damals viele schwarze Männer. (Die SS trug schwarze Uniformen.) Sein Vater mußte Bäcker gewesen sein, denn er hatte einen Backofen. Der Tod seiner Mutter schien von einem Geheimnis umgeben. Liberé bittet Goothein, seinem Sohn zu sagen, daß er, der Vater, den Brief geschrieben habe. Goothein lehnt ab, unter dem Vorwand, Rudi sei zu zart, oder sie seien zu vertraut miteinander, es würde ihre schöne Beziehung zerstören ... Am Ende des Stücks begeht Rudi Selbstmord.

Kürzlich las ich erneut die wunderbaren Ansprachen von Thomas Mann, „Deutsche Hörer!", die er zwischen 1940 und 1945 aus dem amerikanischen Exil über die BBC monatlich an seine Landsleute richtete. Sogar wenn es nur diesen einen Deutschen gegeben hätte, der dem Nationalsozialismus mit solcher Hellsichtigkeit Widerstand leistete, wäre es unmöglich, allen Deutschen dieselbe Schuld zu geben. In der Tat ist es beeindruckend, welche Rolle das Thema der Schuld in diesen kurzen aufrüttelnden Texten spielt, einer Schuld, die er für die motivierende Kraft hält, aus Furcht vor höchster Strafe im Bösen zu verharren. So erinnert er seine Landsleute im September 1941 an Schillers „Geschichte des Dreißigjährigen Kriegs":

> „Man fürchtete", sagt Schiller, „von einem andern zu leiden, was man in ähnlichem Fall selbst auszuüben sich bewußt war." – Ist

das nicht die genaue Bestimmung des Grundes, weshalb das deutsche Volk glaubt, diesen uferlosen und nie zu gewinnenden Krieg bis zum Äußersten auszufechten, unendliche Leiden tragen und seinen desperaten Führern immer weiter bis zu Gott weiß welchem Ende folgen zu müssen? Das deutsche Volk fürchtet, wenn es seine Kriegsherrn im Stich ließe, *das* zu erleiden, wovon es weiß, daß die Nazis es im Falle ihres Sieges den *andern* zufügen werden: Die *Vernichtung*. (...) der Gedanke der Völkervernichtung und Rassenausrottung [ist] eine *Nazi*-Idee – sie ist nicht zu Hause in den Köpfen der Demokratien. Was vernichtet werden soll und muß, um die Menschheit vor der ekelhaftesten Sklaverei zu bewahren, die je das Antlitz der Erde geschändet hat, das ist das Nazi-Regime und seine Spießgesellen, aber nicht das deutsche Volk. (S. 1013 f.)

Im November 1941 sagt Thomas Mann erneut:

Dreihunderttausend Serben sind, nicht etwa *im* Kriege, sondern *nach* dem Kriege mit diesem Land, von euch Deutschen auf Befehl der verruchten Lumpen, die euch regieren, umgebracht worden. Das Unaussprechliche, das in Rußland, das mit den Polen und Juden geschehen ist, wißt ihr, wollt es aber lieber nicht wissen aus berechtigtem Grauen vor dem ebenfalls unaussprechlichen, dem ins Riesenhafte heranwachsenden Haß, der eines Tages, wenn eure Volks- und Maschinenkraft erlahmt, über euren Köpfen zusammenschlagen muß.

Eben diese Furcht vor der Strafe nach dem Verbrechen treibt, Thomas Mann zufolge, die Deutschen dazu, verzweifelt weiterzukämpfen, eine Furcht, die von den Nazi-Führern ausgenutzt wird: „(...) nun müßt ihr durchhalten bis aufs Letzte, sonst kommt die Hölle über euch." (S. 1021)

Am Weihnachtsabend 1941 schickt Thomas Mann eine Sonderbotschaft:

Wie ist euch zumute, Deutsche, beim Fest des Friedens, dem Fest der Lichtgeburt, dem Fest der niedergestiegenen, den Menschen geborenen Barmherzigkeit? Rate ich recht, daß Scham und grenzenlose Sehnsucht euch dabei erfüllen: Sehnsucht nach Unschuld – aus der Verstrickung in irrsinnige Schuld, in der ihr euch windet; Scham, heiße Scham vor dem Liebesgeist dieses Festes? Seht um euch, was ihr getan habt! (S. 1022)

Im Januar 1942 bekommt Thomas Manns Ansprache einen verzweifelten Ton, hinter dem man Zorn errät:

Die Nachricht klingt unglaubwürdig, aber meine Quelle ist gut. In zahlreichen holländisch-jüdischen Familien, so wurde ich unterrichtet, in Amsterdam und andern Städten, herrscht tiefe Trauer um Söhne, die eines schaurigen Todes gestorben sind. Vierhundert junge holländische Juden sind nach Deutschland gebracht worden, um als Versuchsobjekte für Giftgas zu dienen. Die Virulenz dieses ritterlichen und durch und durch deutschen Kriegsmittels, einer wahren Siegfried-Waffe, hat sich an den jungen Untermenschen bewährt. Sie sind tot, – gestorben für die „neue Ordnung" und die Kriegsingeniosität der Herrenrasse. Eben dafür waren sie allenfalls gut genug. Es waren ja Juden.
Ich sagte: Die Geschichte klingt unglaubwürdig, und überall in der Welt werden viele sich sperren, sie zu glauben. (...) die Neigung – um nicht zu sagen: die Tendenz, solche Geschichten als Greuelmärchen anzusehen, bleibt zum Vorteil des Feindes weit verbreitet. Sie sind aber keine bloßen Geschichten: sie sind *Geschichte*. (S. 1025)

Je länger der Krieg dauert, desto verzweifelter verstrickt dieses Volk sich in Schuld (...), weil ihr fühlt, es sei zuviel geschehen, als daß ihr noch zurück könntet; weil euch Entsetzen erfaßt bei dem Gedanken der Liquidation, der Abrechnung, der Sühne. (S. 1026)

Nicht *siegen* müßt ihr, denn das könnt ihr nicht. Ihr müßt euch *reinigen*. Die Sühne, um deren Vermeidung ihr kämpft, muß euer eigenstes Werk sein, das Werk des deutschen Volkes, von dem euer bald zermürbtes und erschöpftes Kriegsheer ein Teil ist. Sie muß von innen kommen – denn von außen kann nur Rache und Strafe kommen, aber nicht Reinigung. (...) Jede Umbildung (...) ist Sache des deutschen Volkes selbst, muß seine Sache allein sein. (S. 1027)

Im Februar 1942 beschwört Thomas Mann das deutsche Volk, „auf dessen Schultern seine Führer ein Maß von Schuld häufen, vor dem einem graust", sich von den Nazis zu befreien und „ein Volk zu sein, mit dem die andern leben können, damit nicht aus dem Schrei: ‚Man muß die Nazis vernichten!' mehr und mehr der Schrei werde: ‚Man muß die Deutschen vernichten!'" (S. 1030)

Im April 1942 ist der erste Jahrestag der Zerstörung von Coventry durch Görings Luftwaffe Anlaß für eine Sondersendung.

> (...) eine der schauderhaftesten Leistungen, mit denen Hitler-Deutschland die Welt belehrte, was der totale Krieg ist und wie man sich in ihm aufführt. In Spanien fing's an (...). Das Gedenken an die Massaker in Polen ist auch unsterblich, – genau das, was man ein Ruhmesblatt nennt. Und Rotterdam, wo in zwanzig Minuten dreißigtausend Menschen den Tod fanden dank einer Bravour, die von moralischem Irresein zu unterscheiden nicht leichtfällt. (...) Hat Deutschland geglaubt, es werde für die Untaten, die sein Vorsprung in der Barbarei ihm gestattete, niemals zu zahlen haben? Es hat kaum zu zahlen begonnen – über dem Kanal und in Rußland. Auch was die Royal Air Force in Köln, Düsseldorf, Essen, Hamburg und andern Städten bis heute zuwege gebracht hat, ist nur ein Anfang. (...) Aber ich denke an Coventry – und habe nichts einzuwenden gegen die Lehre, daß alles bezahlt werden muß. (...) Hitler-Deutschland hat weder Tradition noch Zukunft. Es kann nur zerstören, und Zerstörung wird es erleiden. (S. 1033f.)

Im Mai 1942 ruft Thomas Mann:

> Zuviel ist geschehen, zuviel hat die Menschheit gelitten, zu Gräßliches hat die Verführbarkeit, Berauschbarkeit und politische Unreife unseres Volkes angerichtet (...). Ausschweifungen müssen bezahlt sein, und Deutschland hat sich Ausschweifungen hingegeben, die wahrhaft zum Himmel schreien. (S. 1040)

Am 27. September 1942 kommt Thomas Mann abermals auf das Thema der Schuld und der Rache zurück:

> Man wüßte gern, wie ihr im stillen von der Aufführung derer denkt, die in der Welt für euch handeln, die Juden-Greuel in Europa zum Beispiel (...). Ihr steht immer weiter zu Hitlers Krieg und ertragt das Äußerste aus Furcht vor dem, was die Niederlage bringen würde: vor der Rache der mißhandelten Nationen Europas an allem, was deutsch ist. Aber gerade von den Juden ist solche Rache ja nicht zu erwarten. Sie sind das wehrloseste, der Gewalt und der Bluttat abgeneigteste aller eurer Opfer. (...) und wenn es mit euch zum Ärgsten kommt, wie es

wahrscheinlich ist, – sie gerade, unemotional und altersweise, wie sie sind, werden davon abraten, euch Gleiches mit Gleichem zu vergelten, – sie werden vielleicht in der Welt eure einzigen Freunde und Fürsprecher sein. (S. 1050f.)[4]

Am 15. Oktober 1942 wendet sich Thomas Mann an die Deutsch-Amerikaner. Er sagt, daß es nicht darum geht, Deutschland zu vernichten, wie Goebbels Propaganda es behauptet. „Was vernichtet werden muß (...), das ist der böse Geist, von dem Deutschland zur Zeit beherrscht ist". (S. 1055)

Am 25. November desselben Jahres präzisiert er, daß im Gegenteil der Sieg der Nazis „untragbar und unhaltbar" wäre: „es wäre die Vernichtung des deutschen Volkes, seine Austreibung aus der Menschengemeinschaft" (S. 1060).

Am 25. Mai 1943 berichtet Thomas Mann von den Reaktionen, die in den Vereinigten Staaten der zehnte Jahrestag der Bücherverbrennung hervorgerufen hat – der „traurige Jux", den die Nazis am 10. Mai 1933 veranstaltet hatten –, von den auf Halbmast gegangenen Flaggen der New York Public Library, den vom amerikanischen Propaganda-Amt gedruckten Plakaten: „Man sieht darauf, wie Rauch und Flammen aus dem Bücher-Scheiterhaufen den Kulturschänder Hitler ersticken" (S. 1074).

Am 30. Oktober 1943 spricht Thomas Mann von den Luftangriffen, deren ständiges Opfer Deutschland künftig sein wird:

---

[4] In der Tat eine seltsame Prophezeiung. Denn hat es seit Ende des Kriegs jemals ein jüdisches Attentat in Deutschland gegeben? Welche andere Gemeinschaft hat sich so völlig enthalten, Rache zu üben? Und um von Fakten zu sprechen, die mir am Herzen liegen, weil ich Französin und Analytikerin bin: diejenigen, die sich (außer den Politikern) am aktivsten für die deutsch-französische Versöhnung eingesetzt haben, sind drei Juden: Raymond Aron, Alfred Grosser und Joseph Rovan. Was die Wiederherstellung und Wiedereingliederung der deutschen Psychoanalyse betrifft, so wurde sie fast ausschließlich von jüdischen Analytikern vollzogen.

Die Bestialität der Nazis, ihr Vandalismus, ihre stupide und lasterhafte Grausamkeit, das Maß ihrer Untaten überall, von dem ihr in Deutschland wahrscheinlich nur eine schwache Vorstellung habt – das alles hindert niemanden, mit dem Unglück der deutschen Zivilbevölkerung mitzuempfinden.

Aber die Art, wie die Nazi-Presse sich über dies Unglück ergeht; wie sie es ausnutzt, um Flüche, die dem deutschen Faschismus gebühren und von denen er wohl weiß, daß sie auf ihm ruhen, den Fluch der Barbarei, den Fluch der Schändung der Menschlichkeit, von sich ab- und dem Gegner zuzuwälzen; wie sie so tut, als habe Nazi-Deutschland nie ein Wässerchen getrübt, als sei es ein in verbrecherischer Zerstörungswut überfallenes Opfer. (S. 1084 f.)

Das offizielle Organ der Gestapo, „Das Schwarze Korps", enthält „Vorstellungen an sittlicher Entrüstung und beleidigter Humanität":

Wer diese talentierten Artikel ohne Gedächtnis läse oder ohne Wissen von all dem, was Nazi-Deutschland, seit es seinen gottverlassenen Raubkrieg begann, den anderen Völkern zugefügt hat; wer nichts von dem sträflichen Vorrangs- und Überlegenheitsrausch wüßte, in dem das Land jahrelang geschwelgt hat, von seinem Übermut im siegreichen Verbrechen; wer nicht an Warschau dächte und Rotterdam und London und Coventry und die triumphierenden Schilderungen gesättigter Grausamkeit, die die deutsche Presse von diesen Taten lieferte, – dem müßte der Angstschweiß ausbrechen bei der Lektüre für die Zukunft der angelsächsischen Mächte, denen offenbar nichts übrigbleibt, als an ihren ruchlosen Bluttaten moralisch zu ersticken. (S. 1085)

Und Thomas Mann fügt hinzu: „Rache und Bezahlung? Sie sind da. Am deutschen Volk rächt sich sein Wahn und Rausch (...). Muß man euch Deutschen sagen, daß, was ihr heute leidet, nicht der Brutalität und Grausamkeit der Fremden entspringt, daß es alles aus dem Nationalsozialismus kommt?" (S. 1085 f.)

Am 29. Mai 1944 prangert Thomas Mann den „deutschen Propaganda-Teufel" an, der in einem Leitartikel

(...) die unvermeidlichen Grausamkeiten des zur Befreiung Europas unentbehrlichen Luftkrieges als barbarischen Mord denunziert. (...) Die deutsche Bevölkerung weiß (...), daß, wer da Wind sät, Sturm ernten wird. Es mag wohl sein, daß ihr Deutschen den angelsächsischen Völkern moralisch nicht zugetraut hättet, was sie jetzt tun. Aber es ist nur ein Widerschein dessen, was Nazi-Deutschland den anderen Völkern angetan hat und noch immer fortfährt, ihnen anzutun. Ihr habt keine Ahnung davon – oder doch eben nur eine schreckliche *Ahnung*. (S. 1102 f.)

Doch das Thema von Schuld und Sühne, daß in Thomas Manns monatlichen Ansprachen so deutlich hervortritt, ist nicht allein sein Thema. Etwa zur selben Zeit erscheint es zum Beispiel im ersten Flugblatt der Studentengruppe „Die weiße Rose", das im Sommer 1942 in München verteilt wird. Darin heißt es: „Ist es nicht so, daß sich jeder ehrliche Deutsche heute seiner Regierung schämt, und wer von uns ahnt das Ausmaß der Schmach, die über uns und unsere Kinder kommen wird, wenn einst der Schleier von unseren Augen gefallen ist und die grauenvollsten und jegliches Maß unendlich überschreitenden Verbrechen ans Tageslicht treten?" (Inge Scholl, 1952; zitiert nach Sandoz 1980). Im letzten Flugblatt heißt es: „Der deutsche Name bleibt für immer geschändet, wenn nicht die deutsche Jugend endlich aufsteht, rächt und sühnt zugleich, ihre Peiniger zerschmettert und ein neues geistiges Europa aufrichtet."

Nach der Kristallnacht, 1938, sagt der katholische Priester Bernhard Lichtenberg in Berlin in einer Abendpredigt: „Lasset uns beten für die verfolgten nicht-arischen Christen und die Juden. Was gestern war, wissen wir, was morgen ist, wissen wir nicht, aber was heute geschehen ist, haben wir erlebt: draußen brennt der Tempel – das ist auch ein Gotteshaus." 1941 erfährt er von der Euthanasie, der Tötung Geisteskranker, und schreibt den Behörden einen Brief, in dem er diese Verbrechen anprangert. Er wird ins Gefängnis geworfen, dann nach Dachau gebracht: „Auf meiner priesterlichen Seele liegt die Last der Mitwisserschaft an den Verbrechen gegen das Sittengesetz und das Staatsgesetz." (Zitiert

nach B. M. Kempner, 1966). Helmut Hesse, Sohn eines refor-
mierten Pfarrers, stirbt 1943 in Dachau an einer „Spritze",
weil er Juden versteckt und gegen die Judenverfolgung prote-
stiert hat. Sein Vater hatte sich gefragt, ob die Bombardierung
von Elberfeld nicht ein Zeichen der „Gerechtigkeit" sei.
Daraufhin wurden beide von der Gestapo verhaftet und
deportiert.

Ich habe mich deshalb so ausführlich mit diesen Texten
befaßt, in denen das Thema von Schuld und Sühne so
schmerzhaft deutlich wird und in denen die furchtbaren
Bombenangriffe, unter denen Deutschland vor allem ab 1943
litt, von den gegen die Nazis kämpfenden Deutschen als
Anfang der Sühne erlebt werden, weil mir scheint, daß sich
ihr Echo im heutigen Deutschland in verzerrter, diesmal
deutlich persekutorischer Form wiederfindet – ein Problem,
das in erster Linie natürlich die Deutschen selbst angeht, aber
wieder einmal ist mit ihnen auch die Welt betroffen.

Vom 18. bis 20. Februar 1984 haben die Grünen ein
„Nürnberger Tribunal" organisiert; ich habe mir die Broschüre besorgt, die die Protokolle enthält. Es ist sehr auf-
schlußreich, im Licht der zitierten antinationalsozialistischen
Texte den Eröffnungsbeitrag „Gegenstand und Aufbau des
Tribunals" von Joachim Wernicke zu lesen. In seiner Argu-
mentation wird nämlich deutlich, daß der Atomkrieg, der die
Zerstörung Deutschlands zur Folge haben muß, ein besonders krasses und extremes Beispiel eines Prozesses ist, der mit
der Bombardierung der deutschen Städte durch die alliierten
Luftstreitkräfte begann. Mehr noch, der Autor vergleicht die
angelsächsischen Demokratien, deren Bombardierungen zi-
viler Ziele nicht mehr als Folge der Nazi-Verbrechen gesehen
werden, mit den Nazis und hält sie sogar noch für weit
unheilvoller:

> Die britische Luftwaffe erhielt zur gleichen Zeit den Befehl:
> „Angriffe gegen Ziele, die Leben und Eigentum der Zivilbevöl-
> kerung gefährden können, sind verboten."
> Das war September 1939. Der gute Vorsatz hielt bis zum

10. Mai 1940: an diesem Tage⁵ wurde Winston Churchill – ein Befürworter des Bombenkrieges – englischer Premierminister; am selben Tage bombardierte die deutsche Luftwaffe versehentlich Freiburg – der deutsche Propagandaminister Goebbels fälschte diesen Fehler in eine vorsätzliche Bombardierung durch die englische Luftwaffe um.

So begann der Bombenkrieg gegen die Zivilbevölkerung von englischer und deutscher Seite. Ende 1942 war die deutsche Luftwaffe zu Luftangriffen gegen England kaum noch in der Lage; die englische Bomberflotte wuchs hingegen gewaltig an. Auch die USA traten an der Seite Englands in den Bombenkrieg ein. Während die englische Führung auf Nachtangriffe gegen Wohngebiete setzte, versuchte die amerikanische Luftwaffe mit großen Verlusten und ohne Erfolg zunächst Tagesangriffe gegen Industrieanlagen, bis sie auf die englische Linie einschwenkte: Angriffe gegen Wohngebiete.

Den entscheidenden Einschnitt brachten dann die ersten beiden Monate des Jahres 1943:

Vom 14. bis 25. Januar 1943 tagten die USA und England in Casablanca. Ein Ergebnis war die „Casablanca-Direktive": verstärkter Bombenkrieg gegen deutsche Städte, um die Moral der Bevölkerung zu brechen – das „moralische Bombardieren" – eine ausdrückliche Absage der beiden größten Demokratien an das Völkerrecht, das Angriffe gegen die Zivilbevölkerung verbietet, ein eindeutiger Rechtsbruch.

Am 18. Februar 1943, heute vor 40 Jahren, brüllte Joseph Goebbels im Berliner Sportpalast: „Wollt Ihr den totalen Krieg? Wollt Ihr ihn, wenn nötig, totaler und radikaler als wir ihn uns heute überhaupt noch vorstellen können?"

So beendeten zu Beginn des Jahres 1943 die großen Demokratien in Eintracht mit der braunen Tyrannei das Kriegsrecht. Die Verbrechen Nazi-Deutschlands sind bekannt. Aber auch England und die USA kannten nun kein Maß und Ziel mehr.

Es folgt eine Aufzählung der Bombardierung deutscher und japanischer Städte sowie der Atombombenabwürfe. Der Autor fährt fort:

---

⁵ Der Autor scheint nicht zu wissen (oder will nicht wissen), was dieser Tag für Europa bedeutete. Er tut so, als habe der Zufall es gewollt, daß an jenem Tag in England ein neuer Premierminister ernannt wurde.

Nach Kriegsende trat das Militärtribunal der Sieger zusammen, in Nürnberg. Die Kriegsverbrechen der Besiegten wurden behandelt. Die Kriegsverbrechen der Sieger kamen nicht zur Verhandlung. Neben den Einzelurteilen entstanden die wichtigen „Nürnberger Prinzipien", heute Teil der allgemeinen Regeln des Völkerrechts.

Dieser Text – der sich auf Goebbels bezieht – enthält nicht nur enorme historische Lügen (er erwähnt zum Beispiel weder Coventry, das schon im April 1941 bombardiert wurde, noch London, Rotterdam und andere Städte); es ist auch keine Rede davon, diese Bombenangriffe als eine Folge des Nationalsozialismus oder gar als eine Strafe zu betrachten. Die Schuld wird den angelsächsischen Alliierten, unbestraften Kriegsverbrechern, zugeschoben, während die Ausrottung der Juden verschwiegen wird. Die Casablanca-Konferenz fand 1943 statt. 1943 lief Auschwitz auf vollen Touren ... Man könnte meinen, es gehe um einen Text, der die nationalsozialistischen Argumente aufgreift, so wie sie damals formuliert wurden und wie man sie – freilich um widerlegt zu werden – in den Texten von Thomas Mann findet.

Ich habe bereits an anderer Stelle diese Denkweise, diese Unfähigkeit, zwischen Ursache und Wirkung, zwischen Vorher und Nachher zu unterscheiden, dieses ahistorische Denken untersucht. Ich werde hier nicht darauf zurückkommen, obwohl mir scheint, daß sie mit dem Wesen des totalitären „Wahnsinns" zusammenhängt.

Einmal fragte ich Hillel Klein – einen israelischen Analytiker, der im Konzentrationslager war und inzwischen viele Vorträge in Deutschland gehalten hat –, wie er sich das Ausmaß und die Intensität des deutschen Pazifismus erkläre. Er antwortete: „Sie haben Angst, das Feuer Gottes werde auf sie niederfallen." Im Licht der zitierten Dokumente halte ich diese einfache Erklärung für ausreichend, zumal sie den Vorteil hat, nicht in die Diskussion des Pazifismus als solchen einzutreten, sondern zumindest teilweise die Frage zu beant-

worten versucht: „Warum gerade in Deutschland?" Die Er-
klärung, die die Deutschen meist geben: „Wir sind am gefähr-
detsten und werden als erste vernichtet", ist nicht stichhaltig.
Nur 250 Kilometer trennen Frankreich von der ostdeutschen
Grenze, wo die sowjetischen SS 20 stationiert sind. Ein
Atomkrieg würde also auch Frankreich zerstören.[6]

Überdies war Hitler-Deutschland der Ort, an dem das
absolute Böse herrschte – ein Thema, das in Thomas Manns
Ansprachen ebenfalls immer wiederkehrt. Erst nach dem
Krieg war es möglich, für das Schicksal der deutschen Zivilbevölkerung Mitleid zu empfinden. Das von den Nazis besetzte Europa dagegen freute sich über die Bombardierung
Deutschlands, denn es sah darin die Ankündigung baldiger
Befreiung. Und war diese nicht das Ziel der Bombenangriffe?
Und wäre die Atombombe früher entwickelt worden, wer
hätte es *damals* für illegitim gehalten, sie über Deutschland
abzuwerfen? Man darf vermuten, daß die Deutschen das
wissen, zumindest unbewußt.

Sicherlich ist es schwer zu ertragen, das Objekt eines
solchen Hasses zu sein – oder zumindest gewesen zu sein –
und das absolute Böse verkörpert (nicht nur repräsentiert) zu
haben.

Wie ist einer solchen Schuld zu begegnen? Nur wenige sind
fähig, es anders denn in Form des persekutorischen Schuldgefühls zu tun. So sehen wir, daß die Grünen die mit den
Angriffen der Luftwaffe verbundene Schuld aussparen, die

---

[6] Ich werde in Kürze – in Brasilien und in den USA – zwei Aufsätze
über dem Atomkrieg veröffentlichen. Meine Theorie der Existenz
einer archaischen Matrix des Ödipuskomplexes macht mich besonders hellhörig für die apokalyptische Verlockung, die im Menschen besteht. Aber wie kommt es, daß die deutschen Pazifisten
sich nicht darüber klar sind, wie schrecklich ihre Parole „Besser
rot als tot" ist? Sicher beseelt sie dabei nicht der Widerstandsgeist
(den nicht gehabt zu haben sie ihren Eltern und Großeltern
vorwerfen), sondern vielmehr die Versuchung, sich ein weiteres
Mal in die Arme des Erlkönigs gleiten zu lassen.

Schuld den angelsächsischen Alliierten zuschieben und sich gleichzeitig von der furchtbaren Schuld befreien, die den Nationalsozialismus zu einem einzigartigen Fall unter den Dutzenden faschistischer Regimes macht, die es in der Welt gegeben hat und immer noch gibt: der Schuld des Völkermords, der Endlösung . . .

Mehr als anderswo ist es in Deutschland üblich geworden, vom nuklearen Holocaust zu sprechen. Ich möchte vorschlagen, die Obsession der Deutschen, von der Atombombe vernichtet zu werden, als *Wiederauftauchen der Endlösung* zu betrachten, deren Opfer diesmal sie selbst sein werden: die Endlösung *der deutschen Frage.*

Wenn der deutsche Pazifismus – wenigstens zum Teil – Ausdruck einer Angst ist, deren Ausmaß sich an den Fotos pazifistischer Demonstrationen ablesen läßt (es fehlen niemals Personen, auf deren Kostüme Skelette gemalt sind oder riesige Uhren, die „fünf vor zwölf", fünf Minuten bis zum Ende der Welt zeigen[7]), und wenn diese Angst eine Form persekutorischen Schuldgefühls ist – wie steht es mit den anderen Themen der Bewegung der Grünen und in welcher Beziehung stehen sie zur Angst vor der Endlösung?

Das ökologische Thema

Vorsorglich möchte ich hier vorausschicken, daß ich das Problem des europäischen, insbesondere des deutschen Waldes keineswegs verkenne. Es ist ein reales Problem. Ich verkenne auch nicht die Notwendigkeit, Lebensmittel, Wasser, Luft und Medikamente zu kontrollieren. Ich persönlich engagiere mich für den Schutz der Tiere. Tierversuche stoßen mich ab, und der Frieden ist mir teuer. Ich habe nicht die

---

[7] Darstellungen, die an einige romantische Symbole erinnern (die blinden Zifferblätter der Ewigkeit bei Jean Paul).

Absicht, die Ziele in Frage zu stellen, für die die Grünen in Deutschland berechtigterweise kämpfen. Im großen und ganzen stimme ich ihnen zu. Aber wieder einmal frage ich mich nach den Gründen für diese Intensität, dieses Fieber, diese Maßlosigkeit, diese Gewalt in Deutschland. Wenn der Grund der Frieden ist, weshalb dann diese neue Allianz mit dem Geist des Nationalsozialismus, von der das schamlose Nürnberger Tribunal II zeugt?

> „Bitte, Herr Professor, zündet einer vor Ihnen eine Zigarette an und beim ersten Zug qualmt ihm der Rauch blaugelb dick aus dem Mund, woran denken Sie da? An Nikotin, Teerprodukt, Kranzgefäße oder Verbrennung indischer Witwen? Ja? Ich seh sofort Kamine, besonders plump-breit-rechteckige Kamine. Und es riecht so", sagt Rudi zu Liberé in *Der Schwarze Schwan*.

> „Das Buschmesser müßte man nehmen, die triefenden Schwaden kreuz und quer zerfetzen, bis Luft einströmt von irgendwoher. Es muß doch noch irgendwo Luft geben, die man atmen kann", sagt Frau Liberé.

> „Der Benares-Duft, ein widerwärtig riechender Dampf, am Ufer rußgeschwärzte Männer, mit eisernen Stangen stochern sie in die Scheiterhaufen, rundum Knochen, meterhoch die Asche, und warum das alles? Um die Geister der Verstorbenen zu zähmen. Als müßte jeder Lebende ein schlechtes Gewissen haben", sagt Frau Liberé an anderer Stelle.

Diese mehr oder weniger deutlichen Anspielungen auf die Verbrennungsöfen und Gaskammern, in denen man erstickt und verzweifelt, bis zur Erschöpfung, nach atembarer Luft sucht, finde ich, unablässig wiederholt, in den Broschüren der Grünen zum Thema „Luft". Im „Programm für Hamburg" zum Beispiel (S. 16f) kann man lesen:

> Die Hamburger Luft ist hochgradig mit lungengängigem Schwebestaub, mit säurebildenden Oxiden, mit schwermetallhaltigem Staubniederschlag, mit teilweise krebserregenden Kohlenwasserstoffen und punktuell mit Fluor verunreinigt. Lediglich den

besonders günstigen Witterungsbedingungen in der Stadt ist es zu verdanken, daß Smog-Perioden wie in der zweiten Januarhälfte dieses Jahres noch nicht zum Alltag gehören. Aber auch die regelmäßige Luftbelastung erreicht Werte, die langfristig zu verheerenden Schäden führen. (...)

Das Bundesimmissionsschutzgesetz hat bislang statt einer Verpflichtung auf mindestens 90%ige Entschwefelung der Abgase (was technisch möglich ist) auch nur eine „gerechtere Verteilung" der Gifte durch höhere Schornsteine bewirkt. (...)

Konkret soll an einigen wenigen Orten – insgesamt 23 – die Konzentration einiger Schadstoffe festgestellt werden. (...)

Die GAL fordert ein Sofortprogramm zur Luftreinhaltung durch Einsatz modernster Umweltschutztechnologie. Dazu gehört:

- Die sofortige Ausweisung Hamburgs als Luftbelastungsgebiet.
- Nachhaltige Einwirkung auf die HEW zur sofortigen Ausrüstung aller Kohlekraftwerke mit modernsten Rauchgasreinigungen (...).
- Ausschöpfung aller rechtlichen Möglichkeiten, um Nachrüstungsbescheide zur Installation neuester Umweltschutztechnologie auch bei anderen luftvergiftenden Anlagen zu erteilen (Chemiebetriebe, Raffinerien, Hüttenwerke). (...)
- Sofortige Erstellung und Veröffentlichung wissenschaftlicher Gutachten zur Hamburger Luftsituation (Giftigkeit von Stäuben, Kombinationswirkung der verschiedenen Giftstoffe; Durchführung gezielter Meßprogramme für besonders giftige Stoffe wie Schwermetalle, krebserzeugende Kohlenwasserstoffverbindungen u. a.; verstärkter Einsatz von pflanzlichen Bioindikatoren).
- Sofortige Aufstellung eines Emissionskatasters!
- Herabsetzung der Grenzwerte für Smogalarm und zwingende Maßnahmekataloge für diesen Fall.
- Totales Verbot der Asbestherstellung und -Verarbeitung!
- Sofortige Einstellung des Abfackelns von Raffineriegas! (...)

In „Die Grünen. Das Bundesprogramm" (S. 6) findet sich unter der Überschrift „Ökonomie und Arbeitswelt" ein eindrucksvolles Foto von dicken, schwarzen Rauch ausstoßenden Fabrikschornsteinen, die unweigerlich an die Verbrennungsöfen erinnern. In dieser Broschüre (S. 25) heißt es zum Thema „Luft":

In der Bundesrepublik werden jährlich gigantische Mengen von
gesundheitsgefährdenden Abgasen und Stäuben in die Luft abge-
geben, u. a. Kohlenmonoxid, Schwefeldioxid, Stickoxide und
Kohlenwasserstoffe, sowie Staub und Ruß. In Smog-Katastro-
phen sind weltweit bereits tausende von Menschen ums Leben
gekommen. Das Zusammenwirken verschiedener Schadstoffe
(Synergismus) und die Anreicherung von Giften über Nahrungs-
ketten, führen zu verstärkten gesundheitlichen Schäden der Lebewesen. (...)
Wir GRÜNEN fordern daher:
– Umgehende wirksame Maßnahmen zur Verminderung des
  Schadstoffausstoßes von Industrie, Kraftwerken, Kraftfahr-
  zeugen, Flugzeugen, Müllverbrennungsanlagen sowie der pri-
  vaten und öffentlichen Heizungen.
– Scharfe Emissionsauflagen für Kraftfahrzeuge, benzol- und
  bleifreies Benzin. (...)
– Absolutes Verbot von Ausstoß und Verteilung krebserregen-
  der Schadstoffe. Beschleunigte Erstellung von Gutachten über
  die gesundheitschädlichen Auswirkungen der Schadstoffbela-
  stung der Luft (z. B. Krebsgefährdung).
– Um die Belastung der Luft durch Auto- und Industrieabgase
  zu verringern, muß der Einbau von Filteranlagen Vorschrift
  werden (...).

In *Shoah* (1985) bringt Claude Lanzmann Franz Schalling
(Deutschland) zum Sprechen. Er fragt ihn:

Wie waren die Gaswagen?
Wie ein Möbelwagen.
Große Wagen?
Na, wie groß waren die? Von hier bis zum Fenster waren die
wohl, nicht. So richtige große Lastwagen. Möbelwagen. Und
hinten zwei Türen, die wurden dann aufgemacht.
*Und wie war das System? Womit sind die Leute in den Gaskam-
mern getötet worden?*
Mit Auspuffgasen.
Auspuffgase?
Denn hörte man ... denn war da ... sagt da ... Einer rief dann
von den Polen: „Gas!" Denn ist der Fahrer von dem Wagen ...
ist dann untern Wagen gegangen und hat den Schlauch ange-
schraubt, der das Gas in den Raum ... in den Wagen leiten
sollte.

Ja. Womit?
Mit ... Vom Motor.
Ja, vom Motor. Aber wie?
Mit einem Schlauch. Schlauch. Ich sah dann, daß er da oft
runterkroch, nicht wahr, und da was anschraubte. Wie und was,
das weiß ich nicht. Nicht? (S. 109 f.)

Gewiß ist ein „Kern Wahrheit" in der Anprangerung der
Luftverschmutzung, die den Wald, die Lebewesen und die
Architektur der Städte angreift. Genau dieser Wahrheitsge-
halt verleiht einer unbewußten Inszenierung Glaubwürdig-
keit, in der die Gespenster der Vergangenheit wieder auftauchen. (Übrigens wird die Welt der Grünen, die soge-
nannte „alternative" Welt, auch als „die Szene" bezeichnet.)[8]
Fügt man den genannten Elementen noch die Sorge um die
alten Menschen, die Behinderten, die Geisteskranken und
den Kampf gegen Tierversuche hinzu, so findet man eine
Reihe von Haltungen und Zielen, die den Greueln des Nationalsozialismus entgegenstehen, in dem das Los der Behinderten und Psychotiker die Euthanasie war und Nazi-Ärzte mit
KZ-Häftlingen Versuche anstellten. Hinzu kommt noch der
Kampf gegen die Diskriminierung der Zigeuner und der
Homosexuellen. Eine große Kampagne wird von den Grünen
– alle ihre Broschüren zeugen davon – zugunsten der Dritten
Welt geführt. Ziel ist es, die nationalsozialistischen Werte
umzukehren und sich für die Rechte jener Völker einzusetzen, die damals als „minderwertige Rassen" galten. Die Broschüren der Grünen sind voller Fotos von verhungernden
Menschen und Kindern mit riesigen Augen und ausgemergel-
ten Körpern, die nur allzusehr an die Häftlinge erinnern, die

---

[8] Hier ist der „Kult der Natur" zu erwähnen, der seit der Romantik
für Deutschland typisch ist, der Hintergrund, vor dem sich die
Bewegung der Grünen abspielt (siehe das folgende Kapitel „Das
Paradoxon der Freudschen Methode").

bei der Befreiung der Konzentrationslager entdeckt wurden.[9] Jedoch ist in diesen Broschüren weder vom Gulag noch von der Internierung der russischen Dissidenten in psychiatrischen Kliniken die Rede. Kein Wort zu Afghanistan oder Polen (zumindest nicht in dem Dutzend von Heften, die ich lesen konnte).

Es scheint, als müsse ein Subjekt, das sich als Träger des Bösen fühlt, dieses Böse auf die Person projizieren, von der es annimmt, sie verkörpere das Gute, um die Entfernung zwischen den beiden Protagonisten zu überbrücken. Diese Distanz repräsentiert den Unterschied zwischen Gut und Böse und bildet zwangsläufig eine ständige Anklage. Es geht also darum, denjenigen zu beschmutzen, der einem am wenigsten ähnelt. Man darf vermuten, daß derselbe Vorgang abläuft, wenn es sich um Nationen handelt. In dem Maße, in dem man fortfährt, unbewußt die Sünden des Nationalsozialismus auf sich zu nehmen, wird das Böse nicht auf die Macht projiziert, die tatsächlich ähnliche totalitäre Züge trägt wie der Nationalsozialismus, sondern auf diejenige, die ihm, trotz ihrer Vergehen und Unvollkommenheiten, am wenigsten ähnlich ist. Abgesehen davon waren es die USA, die als erste die Atombombe auf ein Land warfen, das mit den Nazis verbündet war.

Wie wir gesehen haben, wird Hiroshima in den Protokollen des Nürnberger Tribunals II direkt mit der Bombardierung deutscher Städte verknüpft. Und so baut die persekutorische Schuld ihre Szenerie auf: ein Konzentrationslager, von giftigen Gasen vernebelt, die in dicken Schwaden aus Autos oder riesigen Fabrikschornsteinen quellen, und unausgesetzt vom nuklearen Holocaust bedroht. In diesem Zusammen-

---

[9] In ihrem Buch *Le Vertige allemand* (1985) faßt Brigitte Sauzay in derselben Weise einige „grüne" Themen zusammen. Schwer zu sagen, ob sie weiß oder auch nur ahnt, was der Gegenstand meines Exposés ist. Dieses interessante Buch hat im „Spiegel" eine sehr ironische Besprechung erhalten.

hang sollte man darauf hinweisen, daß in den Broschüren der Grünen *die Juden nicht erwähnt werden.* Ein merkwürdiges Schweigen liegt über der jüdischen Frage. Einige Mechanismen, die ich hier nicht näher untersuchen kann, könnten dieses Schweigen erklären. Wesentlich jedoch erscheint mir, daß nun die Deutschen den Platz der Juden in der Welt eingenommen haben. Das zumindest ist der unbewußte Sinn des Stücks, das auf der Bühne des Grünen Theaters aufgeführt wird.[10]

Wir stehen vor den Auswirkungen eines Schuldgefühls, das einige Deutsche veranlaßt, sich unbewußt mit den Opfern ihrer Eltern oder gar ihrer Großeltern zu identifizieren. Die entstellte, verstümmelte, zensierte Vergangenheit wird aktualisiert: hier und jetzt wird die totale Katastrophe kommen, mit „Flammen und Rauch und Blut", um einen Vers des prophetischen Dichters Heinrich Heine aufzugreifen („Götterdämmerung", 1823–1824).

Schlußfolgerungen

Die Frage ist, ob diese persekutorische Schuld verarbeitet, das heißt in eine depressive Schuld verwandelt und damit überwunden werden kann. Es ist offenkundig, daß wir auf

---

[10] Selbstverständlich ist Israel ein Angriffsziel, und in einem Buch von Joschka Fischer (1984) findet sich ein Foto mit der Überschrift „Massaker in den Palästinenser Lagern Chatila und Sabra durch israelische Soldaten" direkt gegenüber dem berühmten Foto eines jüdischen Kindes mit Mütze und erhobenen Händen, das 1944 im Warschauer Getto aufgenommen wurde. Damit ist das Gleichgewicht wiederhergestellt. Die Israelis werden mit den Nazis identifiziert, Sabra und Chatila sind Äquivalente des Warschauer Gettos. Es ist in diesem Zusammenhang vielleicht sinnvoll, daran zu erinnern, daß dieses Massaker von Christen begangen wurde. Die Israelis wurden beschuldigt, diese Massaker nicht vorausgesehen und verhindert zu haben.

individueller Ebene gewisse Elemente einer Antwort besitzen. Die Lösung der Gegenidentifizierung mit dem Vater scheint jedoch die schlechteste aller Möglichkeiten zu sein. Jedenfalls trägt sie alle Keime einer Rückkehr des Verdrängten in sich. In einer Analyse bemühen wir uns darum, daß der Patient alle Identifizierungen mit beiden Elternteilen in der Urszene auf sich nimmt. Für die Kinder der Henker wie für die Kinder der Opfer ist die Urszene, repräsentiert als eine Beziehung zwischen den beiden Protagonisten, eine furchterregende Beziehung, weil sie zur Zerstörung eines Elternteils oder zu ihrer gegenseitigen Zerstörung führt. Trotzdem kommt es in der klinischen Arbeit darauf an, diese Identifizierungen durchzuarbeiten und nicht kurzzuschließen. Reaktionsbildungen gegen die Merkmale der Eltern dürfen nicht begünstigt werden. Nur so kann die Energie frei werden, die eine Sublimierung ermöglicht und die für authentische Tätigkeiten der Wiedergutmachung nötig ist. Auf diese Weise wird die Identifizierung mit den Eltern der persönlichen Lebensgeschichte, die nur zu erreichen ist, wenn man der Depression ins Auge sieht, ein Vorläufer für die Identifizierung mit weit unpersönlicheren Funktionen, die unabhängig sind von den realen Zügen der Eltern (hier besonders des Vaters). Genau das schreibt Thomas Mann in „Bruder Hitler" (1939) über die Haltung, die man gegenüber dem Begründer des Nationalsozialismus einnehmen sollte:

> Ein Bruder... Ein etwas unangenehmer und beschämender Bruder; er geht einem auf die Nerven, es ist eine reichlich peinliche Verwandtschaft. Ich will trotzdem die Augen nicht davor schließen, denn nochmals: besser, aufrichtiger, heiterer und produktiver als der Haß ist das Sich-wieder-Erkennen, die Bereitschaft zur Selbstvereinigung mit dem Hassenswerten. (S. 849)

Was die kollektive Ebene betrifft, so haben wir Analytiker keine Antwort. Doch gibt es überhaupt jemanden, der eine hätte? Vernünftig wäre es, wenn die Führer eines großen Landes so handelten, daß sie die fehlerhaften Eltern ersetzen,

daß sie ihren Mitbürgern helfen, dem Verleugneten ins Auge
zu sehen, und Vorbilder liefern: Es hat Widerstandskämpfer
in Deutschland gegeben. Wo sind die Straßenschilder, die
ihren Namen tragen?[11] Wo hat man ihnen Denkmäler errichtet? Wann ehrt man zum Beispiel den deutschen Diplomaten
G. F. Duckwitz, der 1943 in Kopenhagen die dänischen
Behörden von der bevorstehenden Deportation der Juden
unterrichtete?[12]

Gewiß, einige deutsche Staatsmänner haben einen Teil
dieser Pflicht erfüllt: Willy Brandt, als er vor dem Denkmal
im Warschauer Getto niederkniete; Bundespräsident von
Weizsäcker in seiner Rede nach dem Besuch Reagans in
Bitburg; Klaus von Dohnanyi, der Bürgermeister von Hamburg, der in seiner Begrüßungsansprache vor dem Kongreß
der Internationalen Psychoanalytischen Vereinigung die Be-
sonderheit des Nationalsozialismus verglichen mit anderen
faschistischen Regimen hervorhob[13] und seine Landsleute
aufforderte, nicht nur „unser Beethoven", „unser Bach",

---

[11] Zwar gibt es Straßen, die nach Stauffenberg (dem Anführer des
Aufstands gegen Hitler vom 20. Juli 1944) und nach Thomas
Mann genannt wurden. Aber was ist mit den anderen?

[12] Persönliche Mitteilung von L. Goldberger, Professor für Psychologie an der Universität New York.

[13] In Deutschland spricht man nicht von Nazismus, sondern von
Faschismus. In Ostdeutschland wird auf diese Weise das Phänomen mit dem marxistischen Schema vereinbar. Notfalls läßt sich
der Faschismus als eine Variante des Kapitalismus betrachten.
Der Völkermord ist etwas ganz anderes. Bei den Westdeutschen
verharmlost der Terminus „Faschismus" das Hitler-Regime,
denn damit ist er lediglich eine Spielart des Faschismus von
Mussolini, Franco oder Pinochet, das heißt eine ganz banale
Diktatur. Damit wird das Wesentliche des Nationalsozialismus
beiseite geschoben, nämlich die Rassenideologie, die logischer-
weise zur „Endlösung" und zur tausendjährigen Beherrschung
der Welt durch die Arier führen sollte. Im Deutschen gibt es kein
dem französischen *anti-nazi* vergleichbares Wort; man sagt „An-
tifaschist".

sondern auch „unser Hitler" zu sagen. Aber was ist mit den anderen, die, um ihren Wählern (ehemaligen Nazis) nicht zu mißfallen, zögern, die antinationalsozialistischen Widerstandskämpfer zu feiern, denn schließlich hatten sie ja Befehle verweigert, nicht wahr? Und noch heute ist es schwierig zu entscheiden, ob man sie als Helden oder als Verräter betrachten soll ... Wer bewacht die Wächter?

Postskriptum

In einem Aufsatz von Elisabeth Brainin und Isodor Kaminer (1982) wird eine Parole zitiert, die in Frankfurt im Verlauf der Auseinandersetzungen um den Bau der Startbahn West auftauchte: „Die Juden wurden in Gaskammern vergast, wir auf der Straße." Das stützt meine Hypothese. Es mag indes verwirrend erscheinen, daß auf diese Weise eine der hauptsächlichen Phantasien, auf denen das Grüne Theater beruht, ins Bewußtsein gelangt, ohne daß die „Szene" zusammenbricht. Tatsächlich finden wir hier einen Hinweis auf die Natur und die Gewalt der Mechanismen, die im Spiel sind, und auf die Funktion, welche die Ideologie (hier die „Grüne" Ideologie) erfüllt. Wird ein bestimmter Glaube von einer ganzen Gruppe geteilt, dann wird die Prüfung der individuellen Realität zugunsten derjenigen der Gruppe weggewischt. Auf diese Weise kann man sich, wie die Juden, als Opfer von Abgasen fühlen, ohne ob des skandalösen Vergleichs in schallendes Gelächter oder vielmehr in Tränen auszubrechen, denn man darf den immensen depressiven Schmerz nicht unterschätzen, den die Grüne Illusion in Verfolgung umzumünzen sucht.

Kapitel 8

Das Paradoxon der Freudschen Methode.

Von der Aufhebung der Andersheit zur Einführung des Gesetzes

„... von diesen apollinischen Berichten über
die Urgründe des Dionysischen ..."
(A. Zweig, 1932)

Diese Beschreibung des Freudschen Werkes durch
Arnold Zweig scheint mir einen grundlegenden
Aspekt der psychoanalytischen Methode und ihres
paradoxen Charakters zu unterstreichen: den Gegensatz, der
zwischen ihrem Gegenstand – dem Unbewußten, den „Ur-
gründen des Dionysischen" – und ihrem Vorhaben besteht,
das Freud (1923 a, S. 211) definiert als:

1) ein Verfahren zur Untersuchung seelischer Vorgänge, welche
sonst kaum zugänglich sind;
2) eine Behandlungsmethode neurotischer Störungen, die sich
auf diese Untersuchung gründet;
3) eine Reihe von psychologischen, auf solchem Wege gewonne-
nen Einsichten, die allmählich zu einer neuen wissenschaftlichen
Disziplin zusammenwachsen.

Die drei Termini – Untersuchungsverfahren, Behandlungsmethode, wissenschaftliche Disziplin –, welche die drei
Zweige des psychoanalytischen Vorhabens kennzeichnen,
betreffen die Arbeit des logischen Denkens. Es geht darum,
über die dunklen Urgründe des Dionysischen das apollini-
sche Licht der Erkenntnis zu werfen.

Ich verwende den Ausdruck „psychoanalytische Methode" im weitesten Sinne, insofern er das besondere Verhältnis
zwischen dem Psychoanalytiker und seinem Gegenstand definiert, sei er nun Erforscher des Unbewußten, Therapeut

oder Theoretiker. Freud selbst hat dem Wort „Psychoanalyse" nur zwei, ja im Grunde sogar nur eine Bedeutung gegeben. „Ursprünglich die Bezeichnung eines bestimmten therapeutischen Verfahrens, ist es jetzt auch der Name einer Wissenschaft geworden, der vom Unbewußt-Seelischen", sagt er 1925 in seiner „Selbstdarstellung".

Eben diese ganz neue Verbindung von Unbewußtem und Wissenschaft möchte ich näher untersuchen, indem ich die kulturellen Hintergründe zu beleuchten versuche, die Freuds Denken und mehr noch seine Haltung gegenüber den Phänomenen des Menschlichen geprägt haben. Sicherlich sind meine Überlegungen eine Folge der Arbeiten über den „Einfluß der deutschsprachigen Kultur auf das Denken Freuds", die auf dem 34. Internationalen Kongreß (Hamburg 1985) vorgestellt wurden. Ich erinnere an die Vorträge von Didier Anzieu (Frankreich) und Ernst Ticho (Washington) mit Ilse Grubrich-Simitis als Diskussionsleiterin und Eva Laible (Wien) als Berichterstatterin.

Die untergründigen und dunklen Mächte der deutschen Kultur und das Freudsche Vorhaben

Es ist gewiß überheblich, wenn ich mir anmaße, vor einem sehr viel besser informierten deutschen Publikum über bestimmte Grundzüge der deutschen Kultur zu sprechen. Ich hoffe jedoch, daß man Nachsicht mit mir übt: denn ich erhebe nicht den Anspruch, neue Erkenntnisse vorzutragen, ich möchte lediglich – wie andere vor mir – betonen, eine wie starke Umwälzung die deutsche Kultur des 19. Jahrhunderts – vor allem die Romantik – gewesen ist, eine Umwälzung, die die Kunst, die Literatur und die Philosophie so stark erschütterte, daß sie die Tore des engen Gefängnisses sprengte, in das die Aufklärung den deutschen Geist eingesperrt hatte. Die Themen, die damals aufkamen, waren die Sehnsucht nach dem Nichts, die Verschmelzung mit der Natur und mit dem

Grenzenlosen und die Aufhebung von Zeit und Raum. Im Mittelpunkt der deutschen Romantik steht der Traum, und, wie der Vorromantiker Karl Philipp Moritz es ausdrückte, die Wand zwischen Traum und Wirklichkeit drohte einzustürzen. Alle Grenzen zwischen den Lebewesen, zwischen Mensch und Natur beginnen zu verschwinden. Karl Philipp Moritz schreibt in *Anton Reiser* (1785–1790):

> Er stand oft stundenlang, und sah so ein Kalb, mit Kopf, Augen, Ohren, Mund und Nase, an; und lehnte sich, wie er es bei fremden Menschen machte, so dicht wie möglich an dasselbe an, oft mit dem törichten Wahn, ob es ihm nicht vielleicht möglich würde, sich nach und nach in das Wesen eines solchen Tieres hineinzudenken. (S. 227)

Es geht darum, dem eigenen „Ich", den Grenzen der Identität, der Endlichkeit zu entkommen:

> (...) aber es war als ob die Last seines Daseins ihn darniederdrückte. – Daß er einen Tag wie alle Tage mit sich aufstehen, mit sich schlafengehen – bei jedem Schritte sein verhaßtes Selbst mit sich fortschleppen mußte. (...) Daß er nun unabänderlich er selbst sein mußte, und kein anderer sein konnte; daß er in sich selbst eingeengt und eingebannt war – das brachte ihn nach und nach zu einem Grade der Verzweiflung, der ihn an das Ufer des Flusses führte." (S. 228f.)

In *Fragmente aus dem Tagebuche eines Geistersehers* (1787) schreibt Moritz:

> (...) ich hatte keinen Gedanken mehr für das *wo* – ich war nirgend und doch allenthalben. – Ich fühlte mich aus der Reihe der Dinge herausgedrängt, und bedurfte des Raumes nicht mehr. (S. 116)

Oder:

> Ich habe einige Male eine Empfindung gehabt, die mich im Innersten erschreckt hat, so süß sie auch ist. Mir war es, als ich im Anschauen der großen Natur, die mich umgab, mich verlohren fühlte, als ob ich Himmel und Erde an meinen Busen drücken, und mit diesem schönen Ganzen mich vermählen sollte. Ich fühlte durch diese Empfindung mein innerstes Daseyn erschüttert; es war mir, als ob ich wünschte, plötzlich aufgelöst, in dieses

Ganze mich zu verliehren, und nicht länger wie eine verwelkende hinsterbende Blume einzeln und verlassen da zu stehen. (1794, S. 52)

Schließlich:

[Unsre Kindheitsideen] sind gleichsam ein zarter Faden, wodurch wir in der Kette der Wesen befestigt sind, um so viel wie möglich isolierte, für sich bestehende Wesen zu sein. Unsre Kindheit wäre dann der Lethe, aus welchem wir getrunken hätten, um uns nicht in dem vorhergehenden und nachfolgenden Ganzen zu verschwimmen, sondern eine individuelle, gehörig umgrenzte Persönlichkeit zu haben. (1796, S. 250)

Diese Auflösung des Ichs findet man bei fast allen deutschen Romantikern. In *Briefe über die Landschaftsmalerei* (1815–1824) schreibt Carus:

(...) daß der Mensch, hinschauend auf das große Ganze einer herrlichen Natur, seiner eigenen Kindheit sich bewußt wird, und, indem er Alles unmittelbar in Gott fühlt, selbst in dieses Unendliche eingeht, gleichsam die individuelle Existenz völlig aufgebend. (S. 36)

Es gibt also eine Einheit, eine mögliche Verschmelzung zwischen Mensch, Gott und Natur. Eine antireligiöse Idee, eine gnostische Weltanschauung.

Bei Jean Paul tauchen häufig Vorstellungen von einem Ich auf, das sich beobachtet, Angst vor sich hat oder verschwindet:

(...) ich wußte nicht mehr, was ich war. Ich hatte keine Menschengedanken mehr, sondern andere; aber ich kannte mich nimmer und war nicht fröhlich und nicht traurig. Die Welt war für mich weggesunken und ich war allein: Etwas Ungestaltes und Dunkles (aber ich weiß nicht, was es war und *ob ich mir nicht selbst so vorkam*) trieb mich, mit meinen Gedanken umherzusehen, und in dem dunklen Nichts sah ich etwas, wie man die Luft mit den Augen verfolget: Es war mir, als sah ich Nichts, wie es in sich spielte und kämpfte. (...) Endlich zeigte mir das Wesen unter den Dingen, die aussahen wie Träume, auch eins, das aussah wie ein Traum, und das Wesen sagte: Das bist du. Ich erinnerte [mich] meines Ichs und schauerte zusammen. (Entwurf zu einem poetischen Traum, zitiert nach Béguin 1972, S. 221.)

Dieses so zerbrechliche, so unsichere Ich veranlaßte Tieck zu
dem Ausspruch: „Alles was uns umgibt, ist nur wahr bis zu
einem gewissen Punkte" (zitiert nach R. Minder, 1936). Heine schreibt über E. T. A. Hoffmann:

> (...) er fühlte, daß er selbst ein Gespenst geworden; die ganze
> Natur war ihm jetzt ein mißgeschliffener Spiegel, worin er,
> tausendfältig verzerrt, nur seine eigene Totenlarve erblickte; und
> seine Werke sind nichts anders als ein entsetzlicher Angstschrei
> in zwanzig Bänden. (1832–1853, S. 140)

Heine sagt auch, daß die meisten romantischen Dichter in
ihrem Verhältnis zur Natur Mystiker seien; sie glichen „in
vieler Hinsicht den indischen Religionen, die in der Natur
aufgehen, und endlich mit der Natur in Gemeinschaft zu
fühlen beginnen" (ebd., S. 239).

Die Romantiker und die Naturphilosophen glaubten an eine
kosmische Einheit, an ein ursprüngliches großes Ganzes. Die
Natur ist ein unendlicher Zyklus, in dem jede Individualität
nur ein Element ist, das erst im Zusammenhang mit diesem
gigantischen Ganzen einen Sinn hat. Es gibt keinen Tod, denn
Sterben bedeutet nichts anderes, als in den Schoß der Natur
zurückzukehren und in neuer Form wiedererschaffen zu
werden (ein zentraler Gedanke im Werk von de Sade). Jedes
Element ist ein Bruchstück der verlorenen Einheit. Es geht
darum, diese Einheit wiederzuerlangen, zur universellen Harmonie zurückzukehren, die Kräfte wiederzufinden, die wir
vor der Trennung, vor dem Sündenfall besaßen.

In einem sehr anschaulichen Bild vereinigt Heine die Naturphilosophie, die deutsche idealistische Philosophie und
die Romantik, deren Vorliebe für das Mittelalter sowie die
Volksbräuche und setzt sie mit dem Wiederauftauchen des
alten germanischen Pantheismus in Verbindung:

> In der Tat, unsere ersten Romantiker handelten aus einem
> pantheistischen Instinkt, den sie selbst nicht begriffen. Das
> Gefühl, das sie für Heimweh nach der katholischen Mutterkir-
> che hielten, war tieferen Ursprungs als sie selbst ahnten (...).
> Hier muß ich erinnern an das erste Buch, wo ich gezeigt habe, wie

das Christentum die Elemente der altgermanischen Religion in sich aufgenommen, wie diese nach schmählichster Umwandlung sich im Volksglauben des Mittelalters erhalten haben, so daß der alte Naturdienst als lauter böse Zauberei, die alten Götter als lauter häßliche Teufel und ihre keuschen Priesterinnen als lauter ruchlose Hexen betrachtet wurden[1] (. . .). Sie wollten das katholische Wesen des Mittelalters restaurieren, weil sie fühlten, daß von den Heiligtümern ihrer ältesten Väter, von den Herrlichkeiten ihrer frühesten Nationalität, sich noch manches darin erhalten hat. (1834, S. 145)

Wenn ich mich so lange bei dieser Beschreibung der romantischen Sehnsucht nach Vereinigung mit der Natur, nach mystischer Ekstase (hier müßte man mindestens noch Novalis und Hölderlin erwähnen) und nach Rückkehr zum Pantheismus aufgehalten habe, so deshalb, weil ich hervorheben möchte, daß der Boden, auf dem die schönsten Blumen der Romantik gedeihen (insbesondere diejenigen, die uns als Analytiker angehen, nämlich das Interesse für den Traum, die Pathologie der Seele und das Unbewußte), im Grunde die Verschmelzung mit der Mutter ist.

Der Vater, der Dritte, der die Mutter vom Kind trennt, ist verschwunden. Gott und Natur sind eins.

Thomas Mann, der Heine nie zitiert, außer in „Die Entstehung des Doktor Faustus" (1949, S. 218), wo er sagt: „Ich las viel Heine nach um diese Zeit, die Feuilletons über deutsche Philosophie und Literatur, auch über die Faust-Sage", schließt sich dieser Interpretation schon 1930 in seinem „Appell an die Vernunft" an. Dort erwähnt er „eine neue Seelenlage", die der französischen Revolution folgte, „das Seelendunkel, das Mütterlich-Chthonische, die heilig gebärerische Unterwelt", das sie feierte. Er spricht auch von der „Naturreligiosität, die ihrem Wesen nach zum Orgiastischen, zur bacchischen Ausschweifung neigt" (1930a, S. 877). In „Ach-

---

[1] Hier dürfte die Quelle eines von Freud mehrfach wiederholten Satzes liegen, daß „die Götter nach dem Sturz ihrer Religion zu Dämonen werden".

tung, Europa!" (1935) spricht er mit fast den gleichen Worten vom Geist, der sich „selber verneint zugunsten des Lebens und der allein lebenspendenden Kräfte des Unbewußten, Dynamischen, Dunkelschöpferischen, des Mütterlich-Chthonischen, der heilig-gebärerischen Unterwelt" (S. 773). Aber diesmal geht es eindeutig um den Nationalsozialismus, den er mit der deutschen Romantik in Verbindung bringt, ein Thema, auf das ich zurückkommen werde. In der „Naturfrömmigkeit" sieht Thomas Mann eine für den deutschen Charakter typische Eigenschaft (1945). In diesem Vortrag spricht er erneut von der Romantik: „Die Deutschen sind ein Volk der romantischen Gegenrevolution." Aus seiner Feder fließen Worte, die die Vereinigung mit der Urmutter evozieren; er erwähnt eine „gewisse, dunkle Mächtigkeit und Frömmigkeit, man könnte auch sagen: Altertümlichkeit der Seele, welche sich den chthonischen, irrationalen und dämonischen Kräften des Lebens (...) nahe fühlt" (ebd., S. 1142 f.).

Auf eindrucksvolle Weise hatte Thomas Mann schon im Januar 1926 in einem in Frankreich gehaltenen Vortrag, „Les tendences spirituelles de l'Allemagne d'aujourd'hui", die Deutschen als das „Volk Goethes" bezeichnet und hinzugefügt:

> (...) der exklusive Kult der ursprünglichen und chaotischen Mächte auf Kosten der Mächte des Lichts und der Ordnung ist bei uns nur aufgrund einer auf die Dauer unerträglichen Verleugnung der erzieherischen Prägung durch Goethe möglich. (...) Ihm waren die Mächte des Chaos und der *Mutter Erde*[2], die schöpferischen Quellen des Lebens vertraut, und er hütete sich, sie zu verleugnen. Er erkannte sie als heilig, ohne sie jemals göttlich zu verehren. Göttlich waren für ihn die Mächte des Tages, des Lichts und der Vernunft. (S. 261 f.)

Für Thomas Mann gleicht Goethe „diesen göttlichen Rittern, die Sieger über Drachen und Chaos waren" (ebd., S. 262).

---

[2] Von mir hervorgehoben.

In seinem klassischen Buch *Traumwelt und Romantik* (1937) hat Albert Béguin gezeigt, welch zentrale Rolle der Traum in der deutschen Romantik spielt. Meine französischen Kollegen Henri und Madeleine Vermorel haben auf dem Hamburger Kongreß eine Arbeit vorgestellt, in der sie zahlreiche Stellen aus philosophischen oder literarischen Werken der Romantik zitierten, insbesondere Schriften von v. Schubert, Lichtenberg, Novalis, Schleiermacher, Schlegel, Schelling, Fichte, Jean Paul usw. über den Traum und das Unbewußte, Zitate, die es ihnen erlaubten, ihrer Arbeit den Titel zu geben: „Freud, ein Romantiker?" – freilich als Frage.

Unbestreitbar hat die deutsche Romantik ein neues Licht auf die Abgründe der Seele geworfen. Es ist eine Bewegung der Befreiung des Unbewußten, die sich im „Tagebau" vollzieht, vergleichbar einer Mine, bei der man nur wenig zu schürfen braucht, um ihre Schätze freizulegen. In der Romantik haben die Primärvorgänge die Sekundärvorgänge besiegt. Ich glaube gezeigt zu haben, daß diese Befreiung von einer Vereinigung mit der Mutter und einer Ausrottung der Welt des Vaters begleitet wird. Das Verschwinden des Vaters läßt sich nicht nur in der Verschmelzung von Gott und Natur (der „Mutter Natur") erkennen, sondern auch in der mehr oder weniger erfolgreichen Zurückdrängung der Vernunft. In meiner Arbeit „Die archaische Matrix des Ödipuskomplexes" (siehe oben, Kap. 5) habe ich zu zeigen versucht, daß es einen primären Wunsch gibt, eine Welt ohne Hindernisse, ohne Unebenheiten und Unterschiede wiederzuentdecken, eine völlig glatte Welt, die mit einem seines Inhalts entleerten Mutterleib identifiziert wird, einem Innenraum, zu dem man freien Zugang hat. Meiner Meinung nach steht hinter diesem Wunsch, der die Beseitigung des Vaters, seiner Attribute, seiner Repräsentanten und seiner Produkte – der Kinder – impliziert, ein grundlegender und archaischer Wunsch, dessen Repräsentant die Rückkehr in den Mutterleib ist. In der Tat geht es darum, auf der Ebene des Denkens ein psychisches Geschehen ohne Barrieren, mit frei fließender psychischer Energie wiederzufinden. Der Vater und seine Abkömmlinge repräsentieren die Realität. Sie müssen zerstört werden, damit die dem Lustprinzip eigene Art des psychischen Geschehens wiedererlangt werden kann. Anhand von Freuds Aufsatz „Formulierungen über die zwei Prinzipien des psychischen Geschehens" (1911 a) habe ich gezeigt, daß das Denken mit dem Realitätsprinzip verknüpft ist, also mit der väterlichen Welt, und daß es heftig bekämpft, sogar zerstört werden kann, um wieder Zugang zum glatten mütterlichen Schoß zu finden. Dann beginnt auch das wache Denken in gewisser Hinsicht nach den Gesetzen des Lustprinzips und der Primärvorgänge zu funktionieren. Dies führt zu einer totalen Verwirrung der Werte, zu Chaos und Anomie. Die Vernunft ist der Repräsentant des Vaters und des Gesetzes. Ihr Niedergang ist ein Zeichen des Siegs über den Vater und einer sich vollziehenden Vereinigung mit der archaischen Mutter. Daher bin ich nicht der Meinung, daß Freud ein Romantiker ist. Gewiß wollte er keiner sein, und wenn er einfach ein Romantiker gewesen wäre, dann hätte er sich ins Unbewußte versenkt und es zu einem Kult gemacht. Er wäre ein Dichter, ein Ideologe oder ein dissidenter Psychoanalytiker geworden. Er hätte nicht die Psychoanalyse geschaffen. Der Sinn des Freudschen Unternehmens besteht nicht darin, das Unbewußte zu feiern; die dunklen und unterirdischen Kräfte, welche die deutsche Kultur so stark prägen, hat er zu zähmen und nicht zu genießen gesucht. Tatsache ist, daß der Vater und damit die Vernunft einen zentralen Platz in Freuds Unternehmen und in der psychoanalytischen Methode einnehmen.

Die Rolle der jüdischen Kultur in Freuds Denken

Einige Aussagen Freuds über die Rolle, die er sich von der Vernunft erhofft, sind wohlbekannt: „Es ist unsere beste Zukunftshoffnung, daß der Intellekt – der wissenschaftliche Geist, die Vernunft – mit der Zeit die Diktatur im menschlichen Seelenleben erringen wird", proklamiert er in „Über eine Weltanschauung" (1933, S. 185) – ein düsteres Jahr, um einer solchen Hoffnung Ausdruck zu geben!

In „Die Zukunft einer Illusion" (1927) erklärt er:

> Wir mögen noch so oft betonen, der menschliche Intellekt sei kraftlos im Vergleich zum menschlichen Triebleben, und Recht damit haben. Aber es ist doch etwas Besonderes um diese Schwäche; die Stimme des Intellekts ist leise, aber sie ruht nicht, ehe sie sich Gehör geschafft hat. Am Ende, nach unzählig oft wiederholten Abweisungen, findet sie es doch. Dies ist einer der wenigen Punkte, in denen man für die Zukunft der Menschheit optimistisch sein darf, aber er bedeutet an sich nicht wenig. (S. 377)

Hier weist Freud der Vernunft eine Rolle zu, in der sie sich nach ihren eigenen Gesetzen zu richten hat, den Gesetzen des Realitätsprinzips: sich mit Warten abzufinden. Ihr Sieg ist zwar sicher, aber noch weit entfernt. In der Tat eine optimistische Aussage, denn es ist zweifelhaft, ob dieser Sieg jemals endgültig sein wird. Ein Gedanke im Geist der Aufklärung, als deren Erbe Freud sich betrachtete. Und er war von diesem Erbe so überzeugt, daß er sogar wesentliche Bezugnahmen auf die deutsche Romantik aus seinem Werk tilgen wollte. Als Beweis möchte ich das erste Kapitel aus „Das Unbehagen in der Kultur" (1930) erwähnen, in dem er das „ozeanische Gefühl" Romain Rollands erörtert. Es handelt sich nach Romain Rolland, so berichtet Freud, um die „Empfindung der ‚Ewigkeit' (...), ein Gefühl wie von etwas Unbegrenztem, Schrankenlosem, gleichsam ‚Ozeanischem' (...). Also ein Gefühl der unauflösbaren Verbundenheit, der Zusammengehörigkeit mit dem Ganzen der Außenwelt" (S. 422). Da dieses Gefühl, Romain Rolland zufolge, „die Quelle der

religiösen Energie" ist, bringt Freud es mit der „Vatersehnsucht" in Verbindung, obwohl er es einige Seiten zuvor in die
Nähe des primären Ichgefühls des Säuglings gerückt hat,
dessen Beziehung zum Vater problematisch ist. Jedenfalls
erklärt Freud, daß das „einstweilen der Nebel" verhülle und
daß es ihm „sehr beschwerlich ist, mit diesem kaum faßbaren
Großen zu arbeiten". Er erwähnt die Trance und die Ekstase
und schließt mit den Worten:

> Allein mich drängt es, auch einmal mit den Worten des Schiller-
> schen Tauchers auszurufen: „Es freue sich, wer da atmet im
> rosigen Licht". (S. 430)

Ist es nicht erstaunlich, daß dieses Gefühl der Zusammengehörigkeit „mit dem Ganzen der Außenwelt", das, wie ich
soeben zeigte, in der deutschen Romantik immer gegenwärtig
ist, Romain Rolland als etwas ganz Neues zugeschrieben
wird? Ist es nicht ebenso erstaunlich, daß Freud die religiöse
Sehnsucht nur mit der Vatersehnsucht in Beziehung setzen
kann, und zwar in völligem Gegensatz zu all dem, was wir
soeben über den romantischen Pantheismus gesagt haben, der
die Mutter Natur zum Objekt hat? Und ist es nicht erstaunlich, daß Freud diesen Zustand, der die Ausmerzung des
Vaters und die Rückkehr in den Mutterleib beinhaltet, nicht
zu kennen behauptet und nicht für wünschenswert hält?

Es sieht also so aus, als gäbe es in Freud ein „Verdrängtes",
das aus all seinen Bindungen an den romantischen Teil der
deutschen Kultur besteht. Darin erweist sich Freud als Jude.
Die väterliche Dimension ist ein wesentliches Merkmal des
Judaismus. Die Bedeutung des Vaters in der Psychoanalyse
beginnt mit der fundamentalen Rolle, die der Tod seines
Vaters in Freuds Selbstanalyse spielte, wie Didier Anzieu
(1975) gezeigt hat. Sie setzt sich fort mit dem Platz, der dem
Ödipuskomplex, von Freud oft auch Vaterkomplex genannt,
eingeräumt wird, und seiner zentralen Rolle als „Kernkom-
plex" bei den Neurosen, der Religion und den sozialen
Institutionen (*Totem und Tabu*, 1912/13). Schließlich gehört

sie zu dem, was ich das Prinzip der *Trennung* genannt habe. Ich möchte hier einige der Gedanken aufgreifen, die ich in meinem Aufsatz „Perversion and the Universal Law" (1984 a) ausgeführt habe. Ich untersuchte dort einige biblische Gebote, die in einem *Manuel d'instruction religieuse Israëlite* des Grand Rabbi Deutsch (1977) unter der Überschrift „Die verbotene Mischung" angeführt werden. Als erstes finden wir das berühmte Verbot „Du sollst das Zicklein nicht in der Milch seiner Mutter kochen". In seinem Aufsatz „Über das Verbot des orthodoxen jüdischen Gesetzes, Milch und Fleisch gleichzeitig zu verzehren", betont der israelische Analytiker Woolf (1945), daß das Kochen des Jungtiers in der Milch seiner Mutter zum Kult der Astarte gehört: „Das Jungtier in der Milch seiner Mutter zu kochen bedeutet, das Kind in den mütterlichen Schoß zurückzulegen, es wieder ganz dem Besitz der Mutter zu überlassen. Der Sohn gehört der Mutter." Woolfs These besagt, daß dieses biblische Gebot als ein Versuch zu betrachten sei, *das Mutterrecht zu zerstören.* Dieses Recht stellt bekanntlich eine Verschmelzung von Kind und Mutter dar, bei der der vermittelnde Dritte, der Vater, ausgeschlossen ist. Das Merkmal der *Isolierung,* welches das jüdische Ernährungsritual kennzeichnet – insbesondere die strikte Trennung von Fleisch und Milchspeisen –, ist ein Ergebnis des Kampfes des jüdischen Monotheismus gegen das Heidentum, das diese kleine Gruppe von Schäfern, das damalige Volk Israel, umgab, eines Kampfes, der im wesentlichen ein intrapsychischer war.

Im dritten Buch Mose (19,19) sagt der Herr:

> Meine Satzungen sollt ihr halten, daß du dein Vieh nicht lassest mit anderlei Tier zu schaffen haben und dein Feld nicht besäest mit mancherlei Samen und kein Kleid an dich komme, das mit Wolle und Leinen gemengt ist.

Im dritten Buch Mose (18,6–18) zählt der Herr die Verbote auf, die unmittelbar mit dem Inzesttabu verbunden sind. Es ist hervorzuheben, daß diese Verbote überdies das Ziel haben, die Grenzen zwischen den Dingen zu schützen und das *Wesen* jedes von ihnen zu bewahren.

6. Niemand soll sich zu seiner nächsten Blutsfreundin legen, ihre Blöße aufzudecken; denn ich bin der Herr.

7. Du sollst deines Vaters und deiner Mutter Blöße nicht aufdecken, es ist deine Mutter, darum sollst du ihre Blöße nicht aufdecken.

8. Du sollst deines Vaters Weibes Blöße nicht aufdecken, denn es ist deines Vaters Blöße.

Der Text fährt in dieser beschwörenden Art und Weise fort und wiederholt das Verbot jeweils am Ende des Verses, wie um jeden Fall einzukreisen und damit die Isolierung zu verstärken.

Alle diese biblischen Verbote beruhen auf einem Prinzip der *Teilung*, der *Trennung*. Dieses Prinzip taucht in der Pathologie, im Herzen der Zwangsneurose, als *Isolierungs-mechanismus* auf. In dieser Hinsicht verwundert es, daß Freud die Religion mit der Zwangsneurose verglich („Zwangshandlungen und Religionsübungen", 1907), ein Vergleich, der nur in bezug auf die jüdische Religion stimmt. Er, der Atheist, war so sehr vom Judaismus durchdrungen, daß er sich nicht vorstellen konnte, daß andere Religionen diesen absoluten Zwang, zu trennen, zu teilen und zu isolieren, nicht oder nicht in diesem Ausmaß kennen. In der jüdischen Religion umfaßt dieser Zwang auch die Trennung zwischen Gott und Mensch. Gott darf nicht gesehen werden (Gott sagt zu Moses: „Mein Angesicht kannst du nicht sehen; denn kein Mensch wird leben, der mich sieht." Zweites Buch Mose, 33,20). Sein Name darf nicht ausgesprochen werden. Er darf nicht dargestellt werden. Er darf nicht erkannt werden.[3]

---

[3] Natürlich wirken bei dem Verbot, Gott darzustellen, noch andere Faktoren mit, vor allem der Kampf gegen das Götzentum (und die Blasphemie, die in der Verkleinerung der in einem Bild einge-schlossenen Unendlichkeit liegt). Eine katholische Prozession mit

Die Vorstellung einer „Kommunion" mit Gott ist undenkbar. Mystische Verzückung oder Ekstase laufen dem Geist der jüdischen Religion zuwider, denn sie beinhalten die Vereinigung mit Gott. Es gibt kein natürliches Band zwischen Gott und den Menschen, nur einen Bund. Gott ist der ganz Andere. Er ist transzendent. Man kann sich in der Tat vorstellen, daß ein Gott, mit dem man sich vereinigt, seinen väterlichen Charakter verliert. In der Genesis wird deutlich, daß der Schöpfungsakt selbst auf den Prinzipien der Unterscheidung, der Teilung, der Trennung beruht:

> Am Anfang schuf Gott Himmel und Erde. Und die Erde war wüst und leer (...).

Dieses ursprüngliche Chaos wird Gott organisieren und aufteilen.

> Da schied Gott das Licht von der Finsternis (...). Und Gott sprach: Es werde eine Feste zwischen den Wassern, und die sei ein Unterschied zwischen den Wassern. Da machte Gott die Feste und schied das Wasser unter der Feste von dem Wasser über der Feste.

In meinem Aufsatz, in dem ich diese Beispiele anführte, wies ich darauf hin, daß die erste Bedeutung von *nomos* (im Griechischen: das *Gesetz*) lautet: „das, was in Teile geteilt ist". Eine zweite Bedeutung von *nomos* (mit Betonung auf der zweiten Silbe) ist „Teilung des Gebietes", „Weide", „Gegend", „Provinz" (*Dictionnaire Bailly*). Wir sehen also, daß *die Teilung die Grundlage des Gesetzes ist,* oder anders gesagt: Trennung und Gesetz (im moralischen wie im juristischen Sinn) sind ein und dasselbe. Alles Trennende kann als Repräsentant des Vaters betrachtet werden, der das Kind daran hindert, in den Mutterleib zurückzukehren.

Ich schlage vor, daß wir Freuds Haltung gegenüber dem Unbewußten als Ausdruck des Spiels zweier Kräfte betrach-

---

ihren Reliquienschreinen und ihren Statuen evoziert für die Juden eine Rückkehr zum Heidentum.

ten, die zum Teil[4] seine doppelte Kultur widerspiegeln: das Unbewußte wird ihm sozusagen von der deutschen Romantik nahegelegt, doch er weigert sich, darin zu versinken, im Gegenteil: dank seiner Identifizierung mit dem Judentum will er es mit Hilfe der Vernunft fassen und erobern. Ein anderer Aspekt seiner Haltung gegenüber dem Unbewußten ist seine Weigerung, es zu vergöttlichen, eine Haltung, die ebenfalls sein Judentum und den Kampf des jüdischen Volks gegen den Götzendienst widerspiegelt.

Man weiß, daß Freud dem Surrealismus, dieser neuen Spielart der Romantik, nichts abgewinnen konnte. Er schrieb an André Breton, daß er das Interesse am Sammeln von Träumen nicht verstehe (man darf vermuten, daß er es vor allem deshalb nicht verstehen wollte, weil er die Psychoanalyse unter allen Umständen im Bereich der Wissenschaft halten wollte) und daß er sich im täglichen Leben Verrückten gegenüber intolerant zeige. Denn wenngleich der Widerstand gegen die Psychoanalyse in erster Linie aus dem Lager derer kam, die sich an eine sterile und bornierte Vernunft klammerten, so wurde die Psychoanalyse doch auch von innen her unterhöhlt, indem man sie in die magische Welt des Irrationalen zog. So schrieb Freud an Abraham, der ihn vor Jung warnte: „Wir Juden haben es im ganzen leichter, da uns das mystische Element abgeht." (20. Juli 1908) Wir wissen, daß die mystische Versuchung noch in vielen weiteren Varianten auftauchen sollte. Wir finden also bei Freud eine Verbindung zweier Kulturen, die es ihm ermöglichte, das Unbewußte – den Mutterleib – zu erforschen, ohne sich darin zu verlieren, sondern im Gegenteil Licht in seine dunklen Tiefen zu werfen.

Eine besondere Auflösung des Ödipuskomplexes spielt hier wohl eine entscheidende Rolle. Die Anziehung, die der

---

[4] Es liegt auf der Hand, daß noch andere Faktoren dabei mitspielen. Es genügt nicht, ein deutscher Jude zu sein ...

Mutterleib (das Unbewußte) ausübt, wird nicht aufgegeben, sondern in ein Interesse für wissenschaftliche Forschung sublimiert, deren Instrumente (durch Identifizierung mit dem Vater) weder zerstörerisch noch allzu stark von Zerstörung bedroht sind.[5] Man errät eine Phantasie der Urszene, in der beide Eltern fähig sind, Leben zu erschaffen.

Die Psychoanalyse als Bollwerk gegen die Barbarei

Ich sage dem deutschen Publikum sicherlich nichts Neues, wenn ich daran erinnere, daß die deutsche Romantik von zwei der größten deutschen Schriftsteller – in einem Abstand von hundert Jahren – als Keimzelle der nationalsozialistischen Apokalypse angesehen wurde.

Man sagt, daß Heines Buch „Schriften über Deutschland", dessen erstes Kapitel 1833 auf Französisch erschien, in Deutschland nicht beliebt ist und daß Thomas Manns Veröffentlichungen über das Deutschland vor der Machtergreifung der Nazis und während des Hitlerregimes nicht immer geschätzt werden. Dabei müßte man denjenigen dankbar sein, deren Scharfsinn und Hellsichtigkeit es den Deutschen und jedem, der sich für die Geschichte der Zivilisation interessiert, ermöglichen, besser zu verstehen, was im 20. Jahrhundert in Deutschland und gleichzeitig in der ganzen Welt geschehen ist.

Tatsächlich lastet Heine (1834) der deutschen Romantik und der Naturphilosophie, dem Idealismus von Fichte und

---

[5] Hier spielen allerdings auch Ereignisse in Freuds Leben eine Rolle: die Krankheit hat ihn nicht nur zur Theorie des Todestriebs geführt, sondern auch dazu, seine großen Aufsätze über die Weiblichkeit zu schreiben, die dunkel, beunruhigend und unheimlich erscheint, mit einem tödlichen Zeichen versehen. Diese Haltung hat wahrscheinlich anderen Entdeckungen in bezug auf nicht-neurotische Strukturen den Weg versperrt, die inzwischen zum täglichen Brot des Analytikers geworden sind.

anderen deutschen Philosophen Ereignisse an, die er auf ungewöhnliche und frappierende Weise prophezeit:

> (...) so wird der Naturphilosoph dadurch fruchtbar sein, daß er mit den ursprünglichen Gewalten der Natur in Verbindung tritt, daß er die dämonischen Kräfte des altgermanischen Pantheimus beschwören kann, und daß in ihm jene Kampflust erwacht, die wir bei den alten Deutschen finden (...); dann rasselt wieder empor die Wildheit der alten Kämpfer, die unsinnige Berserkerwut, wovon die nordischen Dichter so viel singen und sagen. Jener Talisman ist morsch, und kommen wird der Tag, wo er kläglich zusammenbricht. Die alten steinernen Götter erheben sich dann aus dem verschollenen Schutt, und reiben sich den tausendjährigen Staub aus den Augen, und Thor mit dem Riesenhammer springt endlich empor und zerschlägt die gotischen Dome. Wenn ihr dann das Gepolter und Geklirre hört, hütet Euch, Ihr Nachbarskinder, Ihr Franzosen, und mischt Euch nicht in die Geschäfte, die wir zu Hause in Deutschland vollbringen. Es könnte Euch schlecht bekommen (...). Der Gedanke geht der Tat voraus, wie der Blitz dem Donner. Der deutsche Donner ist freilich auch ein Deutscher und ist nicht sehr gelenkig, und kommt etwas langsam herangerollt; aber kommen wird er, und wenn Ihr es einst krachen hört, wie es noch niemals in der Weltgeschichte gekracht hat, so wißt: der deutsche Donner hat endlich sein Ziel erreicht. Bei diesem Geräusche werden die Adler aus der Luft tot niederfallen, und die Löwen in der fernsten Wüste Afrikas werden die Schwänze einkneifen, und sich in ihren königlichen Höhlen verkriechen. Es wird ein Stück aufgeführt werden in Deutschland, wogegen die französische Revolution nur wie eine harmlose Idylle erscheinen möchte (...). Und die Stunde wird kommen. Wie auf den Stufen eines Amphitheaters werden die Völker sich um Deutschland herumgruppieren, um die großen Kampfspiele zu betrachten. (S. 163 f)

Und Heine beschließt diese erstaunliche Prophezeiung, wie man sich erinnert, indem er sich noch einmal an die Franzosen wendet:

> Da Ihr, trotz Eurer jetzigen Romantik, geborene Klassiker seid, so kennt Ihr den Olymp (...), seht Ihr eine Göttin, die, obgleich umgeben von solcher Freude und Kurzweil, dennoch immer einen Panzer trägt und den Helm auf dem Kopf und den Speer in der Hand behält. Es ist die Göttin der Weisheit. (S. 165)

Es ist anzumerken, daß Heine sich nicht einmal auf die rein

politischen Schriften der Dichter und Philosophen der deutschen Romantik beruft, die ebenfalls – im Licht der Ereignisse des 20. Jahrhunderts gelesen – prophetischen Charakter haben: Fichtes „Die Deutschheit" zum Beispiel in seiner *Rede an die Deutsche Nation* (1808) vor allem aber Hegels Theorie der Herr-Knecht-Beziehung: der Gott des alten Testaments repräsentiert die aus dem Gegensatz von Subjekt und Objekt resultierende tiefe „Kluft". Dieser Gott ist eine „fremde" Macht, die sich die Natur unterwirft und den Menschen, seinen Knecht, erdrückt, während die heidnischen Griechen in Harmonie mit dem Ganzen lebten und von Transzendenz nichts wußten. Die Auffassung des Staats, die daraus folgt und die der Herr-Knecht-Beziehung entgegensteht, erfordert die Aufopferung der individuellen Interessen zugunsten des Staats, wobei der Einzelne seine Freiheit in der freiwilligen Unterwerfung aller unter das höhere Interesse des Staats findet. Kein Zweifel, daß diese Art Freiheit, diese Rückkehr zur „schönen Ganzheit" der Griechen, im Kern alle Totalitarismen von rechts wie von links enthält. Die Aufhebung der „Andersheit" in der deutschen Romantik genügt in der Tat, uns den Sinn dieser Schwangerschaft ahnen zu lassen: den, eine tödliche Zukunft zu gebären.

Wie ich oben andeutete, hat auch Thomas Mann bereits vor Hitlers Machtergreifung und später in allen politischen Reden, die er als antinationalsozialistischer Emigrant hielt, gezeigt, daß die deutsche Romantik mit dem nationalsozialistischen Monstrum schwanger ging. In „Deutsche Ansprache. Ein Appell an die Vernunft", die 1930 im Berliner Beethovensaal gehalten und von nationalsozialistischen Zuhörern gestört wurde, erwähnt er das „Seelendunkel, das Mütterlich-Chthonische", das „in den Neo-Nationalismus unserer Tage" eingegangen ist, und spricht dann über dessen

„orgiastisch naturkultischen, radikal humanitätsfeindlichen Charakter. Wenn man aber bedenkt, was es, religionsgeschichtlich, die Menschheit gekostet hat, vom Naturkult, von einer barbarisch raffinierten Gnostik und sexualistischen Gottesaus-

schweifung des Moloch-Baal-Astarte-Dienstes sich zu geistige-
rer Anbetung zu erheben, so staunt man wohl über den leichten
Sinn, mit dem solche Überwindungen und Befreiungen heute
verleugnet werden (...). Vielleicht erscheint es Ihnen kühn,
meine geehrten Zuhörer, den radikalen Nationalismus von heute
mit solchen Ideen einer romantisierenden Philosophie in Zusammenhang zu bringen, und doch ist ein solcher Zusammenhang da
und will erkannt sein von dem, dem es um Verstehen und
Einsicht in den Zusammenhang der Dinge zu tun ist. (...)
Gespeist also von solchen geistigen und pseudogeistigen Zuströ-
men, vermischt sich die Bewegung, die man aktuell unter dem
Namen des Nationalsozialismus zusammenfaßt und die eine so
gewaltige Werbekraft bewiesen hat, vermischt sich, sage ich,
diese Bewegung mit der Riesenwelle exzentrischer Barbarei und
primitiv-massendemokratischer Jahrmarktsroheit, die über die
Welt geht (...). Alles scheint möglich, scheint erlaubt gegen den
Menschenanstand." (1930a, S. 877ff.)

Ein Jahr später verfolgt Thomas Mann in „Die Wiedergeburt
der Anständigkeit" (1931) dieselbe Idee einer Verwandtschaft
zwischen Romantik, „national-chthonischen" Ideen und Nationalsozialismus. Er geht so weit zu sagen: „Irrationalismus
als *populäre* Denkrichtung (...) ist etwas spezifisch Deut-
sches" (S. 672). In „Leiden an Deutschland" (Tagebuchblät-
ter aus den Jahren 1933 und 1934) wird dieses Thema quä-
lend. Er schreibt, daß die „Ratio das Irrationale, der Geist die
‚Seele', die Literatur das ‚Blut' predigt" (S. 607), und über
Deutschland sagt er: „Es fürchtet das Chaos nicht, sondern
liebt es" (S. 712). Man weiß, daß das Chaos ein bevorzugtes
Thema der Romantik ist. In „Achtung, Europa!" (1935)
spricht Thomas Mann von der „populären Verhunzung großer und ehrwürdiger europäischer Institutionen":

> „Eines zu sein mit allem, was lebt!" ruft Hölderlin im „Hype-
> rion". „Mit diesen Worten legt die Tugend den zürnenden
> Harnisch, der Geist des Menschen den Zepter weg und aus dem
> Bunde der Wesen schwindet der Tod, und Unzertrennlichkeit,
> ewige Jugend beseliget, verschönert die Welt." – Das dionysi-
> sche Erlebnis, von dem diese Worte künden, finden wir ernied-
> rigt wieder im kollektivistischen Rausch (...) des jungen Men-
> schen am Marschieren im Massentritt (...). Diese Jugend liebt

das allem persönlichen Lebensernst enthobene Aufgehen im Massenhaften um seiner selbst willen und kümmert sich um Marschziele nicht viel. (...) Der vom Ich und seiner Last befreiende Massenrausch ist Selbstzweck; damit verbundene Ideologien wie „Staat", „Sozialismus", „Größe des Vaterlandes" sind mehr oder weniger unterlegt, sekundär und eigentlich überflüssig: Der Zweck, auf den es ankommt, ist der Rausch, die Befreiung vom Ich, vom Denken, genaugenommen vom Sittlichen und Vernünftigen überhaupt; auch von der *Angst* natürlich. (S. 769)

Ich selbst zögere nicht zu sagen, daß es darum geht, mit der Mutter zu verschmelzen (sich im Rausch vom „Ich" zu befreien), durch Zerstörung aller Repräsentanten des Vaters (Vernunft und Gesetz).

Man könnte bei Thomas Mann noch viele andere Passagen über die Verwandtschaft zwischen Romantik und Nationalsozialismus, zwischen der Ausmerzung der Vernunft und dem Sieg zerstörerischer Kräfte finden. Ich möchte noch zwei Zitate von ihm anführen; das erste stammt aus „Deutsche Hörer!" (1940–1945), aus einer der Radiosendungen, die die BBC im August 1941 ausstrahlte:

Ich gebe zu, daß, was man Nationalsozialismus nennt, lange Wurzeln im deutschen Leben hat. Es ist die virulente Entartungsform von Ideen, die den Keim mörderischer Verderbnis immer in sich trugen, aber schon dem alten, guten Deutschland der Kultur und Bildung keineswegs fremd waren. Sie lebten dort auf vornehmem Fuße, sie hießen ‚Romantik' und hatten viel Bezauberndes für die Welt. Man kann wohl sagen, daß sie auf den Hund gekommen sind und bestimmt waren, auf den Hund zu kommen, da sie auf den Hitler kommen sollten. (S. 1011)

In „Deutschland und die Deutschen" (1945), bei Kriegsende geschrieben, greift er das Thema noch einmal auf:

Goethe hat die lakonische Definition gegeben, das Klassische sei das Gesunde und das Romantische das Kranke. Eine schmerzliche Aufstellung für den, der die Romantik liebt bis in ihre Sünden und Laster hinein. Aber es ist nicht zu leugnen, daß sie noch in ihren holdesten, ätherischsten, zugleich volkstümlichen und sublimen Erscheinungen den Krankheitskeim in sich trägt, wie die Rose den Wurm, daß sie ihrem innersten Wesen nach

Verführung ist, und zwar Verführung zum Tode. Dies ist ihr verwirrendes Paradox, daß sie, die die irrationalen Lebenskräfte revolutionär gegen die abstrakte Vernunft, den flachen Humanismus vertritt, eben durch ihre Hingabe an das Irrationale und die Vergangenheit, eine tiefe Affinität zum Tode besitzt. (S. 1145)

In der deutschen Romantik ist das Thema des Todes stets gegenwärtig, weniger dagegen das Thema der Zerstörung. In der Tat ist die Zerstörung der väterlichen Welt eine Folge des Wunsches nach Verschmelzung mit der Mutter, und die Phantasie erträgt es, daß die Verschmelzung sich vollzieht, ohne daß ihre notwendigen Vorläufer repräsentiert werden. Dennoch findet man die Schreckensbilder der Zerstörung auch bei einigen Romantikern. Karl Philipp Moritz schreibt in den *Fragmenten aus dem Tagebuche eines Geistersehers* (1787):

> Da wir nicht Schöpfer werden konnten, um Gott gleich zu seyn, wurden wir Zernichter; wir schufen rückwärts, da wir nicht vorwärts schaffen konnten. Wir schufen uns eine Welt der Zerstörung, und betrachteten nun in der Geschichte, im Trauerspiel, und in Gedichten unser Werk mit Wohlgefallen. (S. 68)

Erwähnen könnte man auch die apokalyptischen Visionen über die Entstehung und das Ende der Welt bei Jean Paul (1796):

> Die Welt brach vor ihm ein – die Scherben zerschlagener Gebirge, der Schutt stäubender Hügel fiel danieder – und Wolken und Monde zerflossen wie fallender Hagel im Sinken – die Welten fuhren in Bogenschüssen (. . .) herab, und Sonnen, von ergriffenen Erden umhangen, sanken in einem langen, schweren Fall danieder – und endlich stäubte noch lange ein Strom von Asche nach . . .

Als Thomas Mann 1929 über Freud spricht („Die Stellung Freuds in der modernen Geistesgeschichte") weist er zunächst noch einmal auf die Gefahren hin, die mit der „populären Verhunzung" der Romantik – man könnte sagen: mit der allgemeinen Verbreitung der Romantik – verbunden sind, sowie man auch auf die Wirkung der Popularisierung Nietzsches auf den Nationalsozialismus hinweisen könnte. Mit bemerkenswerter Hellsicht sorgt er sich über das Anwachsen des Irrationalen:

> Das niederschlagende Schauspiel ist uns nicht mehr ungewohnt, daß junge Körper greisenhafte Ideen tragen, sie in keckem Geschwindschritt, Jugendlieder auf den Lippen, den Arm zum römischen Gruß erhoben, dahertragen und den schönen Schwung ihrer Seele daran verschwenden. (S. 273)

Und er gibt der Jugend den Rat, sich mit der Psychoanalyse zu beschäftigen, denn er sagt über Freud:

> Freuds Forscherinteresse fürs Affektive artet nicht in die Verherrlichung seines Gegenstandes auf Kosten der intellektuellen Sphäre aus. Sein Antirationalismus bedeutet die Einsicht in die tatsächlich-machtmäßige Überlegenheit des Triebes über den Geist; er bedeutet nicht das bewunderungsvolle Auf-dem-Bauch-Liegen vor dieser Überlegenheit und die Verhöhnung des Geistes. (...) er dient dem in der Zukunft revolutionär erschauten Siege der Vernunft und des Geistes. (S. 276)

Ist das nicht ein genaues Echo der Worte, die Thomas Mann 1926 über Goethe sagte, als er dessen Vertrautheit mit den „Mächten des Chaos und der Muttererde" und seine Weigerung erkannte, „sie je als göttlich zu verehren"? Im selben Text schreibt er:

> Diese Auffassung der Menschheit bestimmte Goethes Haltung gegenüber der Romantik, die eine Haltung der Mißbilligung war. Die westliche Romantik, so fesselnd sie auch als ästhetisches Phänomen erscheinen mag, bedeutet immer eine Gefahr für die unermeßlichen Reichtümer, die unsere Gattung zusammengetragen hat. Sie droht, auf die Welt der Ordnung des Lichtes, in das apollinische Reich der bildenden Künste einzubrechen und sie mit den zersetzenden Kräften des Dionysos und der Musik zu überfluten und zu zerstören. (S. 262)

Hier finden wir – diesmal Goethe zugeschrieben – denselben Gegensatz zwischen Dionysischem und Apollinischem, die sich, Arnold Zweig zufolge, bei Freud so glücklich verbanden. Denn Freud ist nicht nur ein Theoretiker des Unbewußten, er ist auch ein mutiger Taucher: „(...) im Material selbst ist etwas, was vorwärts drängt, tiefer in die sexuelle Symbolik, in die Ausschließlichkeit, in die Kühnheit, mit dem Unbewußten wie du zu du zu verkehren", schrieb er am 24. 1. 1910 an Oskar Pfister.

Für Thomas Mann ist diese glückliche Verbindung auch die Verbindung zwischen Feigenbaum und Olivenbaum, den beiden „Bäumen im Garten" (1930b), die Verbindung zwischen Seele und Geist.[6]

So scheint mir denn auch in dieser Verbindung der deutschen romantischen Kultur mit dem Gesetz Mose, der kosmischen mütterlichen Dimension mit der väterlichen Welt der Trennung das Paradoxon der Freudschen psychoanalytischen Methode zu liegen. Eben dies veranlaßte Thomas Mann in „Bruder Hitler" (1939) über den Führer zu schreiben:

> Wie muß ein Mensch wie dieser die Analyse hassen! Ich habe den stillen Verdacht, daß die Wut, mit der er den Marsch auf eine gewisse Hauptstadt betrieb, im Grunde dem alten Analytiker galt, der dort seinen Sitz hatte, seinem wahren und eigentlichen Feinde, (...) dem großen Ernüchterer. (S. 850)

Gewiß, der Damm, den das Gesetz und die Vernunft den mütterlich-chthonischen Mächten entgegenstellen (die kleinen ödipalen Bächlein „statt der vermuteten Weite", wie die Autoren des *Anti-Ödipus*, Deleuze und Guattari, sagen würden), bremst die Maßlosigkeit, die Hybris des Menschen, der sich darüber nicht hinwegtrösten kann.

Ist das nicht einer der Gründe des Judenhasses? Hat nicht der Jude der Welt einen väterlichen Gott geschenkt, den er als einzigen verehrt? Auch wenn der Faust-Mythos zutiefst deutsch ist, so ist er dennoch universell: nur wenige Menschen verzichten darauf, nach den Sternen zu greifen. Das ist sicher auch einer der Gründe für den Widerstand gegen die Freudsche Psychoanalyse, die für Thomas Mann in „Freud

---

[6] Interessant ist hier, daß man, zumindest im Französischen, von „französischem Geist" und von „deutscher Seele" spricht. Die Seele („dousha") ist auch die bevorzugte Domäne der Slawen und Russen.

und die Zukunft" (1936) im Zeichen der *Mäßigung* und der Bescheidenheit steht; denn wir Psychoanalytiker können mit Freud und unserem Freund Heine sagen:

Den Himmel überlassen wir
Den Engeln und den Spatzen.

Postskriptum

Nach Beendigung dieses Aufsatzes fand ich einen Brief von Freud an Lou Andreas-Salomé vom 30. Juli 1915, in dem er schreibt: „Was mich interessiert, ist die Scheidung und Gliederung dessen, was sonst in einen Urbrei zusammenfließen würde." Er spricht offensichtlich von der Psycho*analyse*.

Literatur

Aischylos. (1959). Die Eumeniden. Übers. v. Emil Staiger. Stuttgart: Reclam.

Anzieu, D. (1975). L'autoanalyse de Freud. Paris: Presses Universitaires de France (2 vols).

Bachofen, J. J. (1861): Das Mutterrecht. Frankfurt: Suhrkamp 1975.

Béguin, A. (1937). Traumwelt und Romantik. Hrsg. v. P. Grotzer, Bern-München: Francke 1972.

Bernardin de St. Pierre, J. J. (1788). Paul und Virginie. Nach der deutschen Ausgabe von 1840. Berlin: Freitag 1981.

Bernstein, S. (1985). Le nazisme. Paris: M. A. Editions.

Bick, E. (1968). The experience of the skin in early object relations. International Journal of Psycho-Analysis, 49, 484–486.

Brainin, E. & Kaminer, J. (1982). Psychoanalyse und Nationalsozialismus. Psyche, November.

Braunschweig, D. & Fain, M. (1971). Eros et Antéros. Paris: Payot.

Carus, C. G. (1820). Neun Briefe über Landschaftsmalerei. 2. Ausgabe. Dresden 1935.

Chasseguet-Smirgel, J. (Hg.) (1964). Psychoanalyse der weiblichen Sexualität. Übers. v. Grete Osterwald. Frankfurt: Suhrkamp 1974.

Chasseguet-Smirgel, J. (1974a). Das Ichideal. Übers. v. Jeanette Friedeberg. Frankfurt: Suhrkamp 1981.

Chasseguet-Smirgel, J. (1974b). Perversion, idealization and sublimation. International Journal of Psycho-Analysis, 55, 349–357.

Chasseguet-Smirgel, J. (1978). Reflections on the connections between sadism and perversion. International Journal of Psycho-Analysis, 59, 27–35.

Chasseguet-Smirgel, J. (1984a). Perversion and the universal law. International Review of Psycho-Analysis.

Chasseguet-Smirgel, J. (1984b). Ethique et esthétique de la perversion. Seyssel: Champ Vallon.

Cohn, N. (1957). Das Ringen um das tausendjährige Reich. Übers. v. Eduard Thorsch. Bern-München: Francke 1961.

David, C. (1975). La bisexualité psychique. Revue Française de Psychanalyse, 39, 695–856.

Deleuze, G. & Guattari, F. (1972). Anti-Ödipus. Übers. v. Bernd Schwibs. Frankfurt: Suhrkamp 1977.

Deutsch, Grand Rabbi (1977). Manuel d'instruction religieuse israëlite. Paris: Fondation Sefer.

Eickhoff, F. W. (1968). Identification and its vicissitudes in the
context of the nazi phenomenon. International Journal of Psycho-Analysis, 67, 33–44.

Ferenczi, S. (1913). Entwicklungsstufen des Wirklichkeitssinns. In
ders., Schriften zur Psychoanalyse, Bd. I. Frankfurt: S. Fischer
1970, 148–163.

Ferenczi, S. (1924). Versuch einer Genitaltheorie. In ders., Schriften
zur Psychoanalyse, Bd. II. Frankfurt: S. Fischer 1972, 317–400.

Fernandez, D. (1982). Dans la main de l'ange. Paris: Grasser.

Fischer, J. (1984). Von grüner Kraft und Herrlichkeit. Reinbek:
Rowohlt.

Fourier, Ch. (1808). Theorie der vier Bewegungen und der allgemeinen Bestimmungen. Übers. v. Gertrud Holzhausen. Frankfurt:
Europäische Verlagsanstalt 1966.

Fourier, Ch. (1848). La phalange. In ders., Ouevres complètes, I.

Freud, S. (1900). Die Traumdeutung. GW II/III.

Freud, S. (1905). Drei Abhandlungen zur Sexualtheorie. GW V.

Freud, S. (1907). Zwangshandlungen und Religionsübungen. GW
VII, 127–139.

Freud, S. (1908). Über infantile Sexualtheorien. GW VII, 171–188.

Freud, S. (1909). Analyse der Phobie eines fünfjährigen Knaben.
GW VII, 241–377.

Freud, S. (1911a). Formulierungen über die zwei Prinzipien des
psychischen Geschehens. GW VIII, 230–238.

Freud, S. (1911b). Psychoanalytische Bemerkungen über einen
autobiographisch beschriebenen Fall von Paranoia. GW VIII,
240–320.

Freud, S. (1912). Über die allgemeinste Erniedrigung des Liebes-
lebens. GW VIII, 78–91.

Freud, S. (1912/13). Totem und Tabu. GW IX.

Freud, S. (1913a). Die Disposition zur Zwangsneurose. GW VIII,
441–452.

Freud, S. (1913b). Das Unbewußte. GW X, 264–303.

Freud, S. (1914). Zur Einführung des Narzißmus. GW X, 137–147).

Freud, S. (1915a). Triebe und Triebschicksale. GW X, 209–232.

Freud, S. (1915b). Bemerkungen über die Übertragungsliebe. GW
X, 305–321.

Freud, S. (1916a). Über Triebumsetzungen, insbesondere der Analerotik. GW X, 401–410.

Freud, S. (1916b). Metapsychologische Ergänzungen zur Traumlehre. GW X, 411–426.

Freud, S. (1917). Vorlesungen zur Einführung in die Psychoanalyse. GW XI.

Freud, S. (1918). Aus der Geschichte einer infantilen Neurose. GW XII, 27–121.

Freud, S. (1919). Das Unheimliche. GW XII, 227–268.

Freud, S. (1920). Jenseits des Lustprinzips. GW XIII, 3–69.

Freud, S. (1921). Massenpsychologie und Ich-Analyse. GW XIII, 71–161.

Freud, S. (1923a). „Psychoanalyse" und „Libidotheorie", GW XIII, 211–233.

Freud, S. (1923b). Das Ich und das Es. GW XIII, 235–289.

Freud, S. (1923c). Die infantile Genitalorganisation. GW XIII, 291–298.

Freud, S. (1924a). Rundbrief vom 15. Februar. In Jones, E., Das Leben und Werk von Sigmund Freud. Bd. III. Bern-Stuttgart: Huber 1962, 79 ff.

Freud, S. (1924b). Neurose und Psychose. GW XIII, 385–391.

Freud, S. (1924c). Das ökonomische Problem des Masochismus. GW XIII, 369–383.

Freud, S. (1924d). Der Untergang des Ödipuskomplexes. GW XIII, 393–402.

Freud, S. (1925a). Einige psychische Folgen des anatomischen Geschlechtsunterschieds. GW XIV, 17–30.

Freud, S. (1925b). „Selbstdarstellung". GW XIV, 111–205.

Freud, S. (1926). Hemmung, Symptom und Angst. GW XIV, 111–205.

Freud, S. (1927). Die Zukunft einer Illusion. GW XIV, 323–380.

Freud, S. (1930). Das Unbehagen in der Kultur. GW XIV, 419–506.

Freud, S. (1931). Über die weibliche Sexualität. GW XIV, 515–537.

Freud, S. (1933). Neue Folge der Vorlesungen zur Einführung in die Psychoanalyse. GW XV (Die Weiblichkeit: 119–145).

Freud, S. (1937). Die endliche und die unendliche Analyse. GW XVI, 57–99.

Freud, S. (1938). Abriß der Psychoanalyse. GW XVII, 63–138.

Freud, S. (1939). Der Mann Moses und die monotheistische Religion. GW XVI, 101–246.

Freud, S. (1907–1926). Sigmund Freud-Karl Abraham, Briefe. Frankfurt: S. Fischer 1965.

Freud, S. (1909–1939). Sigmund Freud-Oskar Pfister, Briefe. Frankfurt: S. Fischer 1963.

Freud, S. (1912–1936). Sigmund Freud-Lou Andreas-Salomé, Briefwechsel. Frankfurt: S. Fischer 1966.

Gillespie, W. (1975). Woman and her discontents. A reassessment of Freud's views of female sexuality. International Review of Psycho-Analysis, 3, 1–9.

Greenacre, P. (1954). The role of transference: practical considerations in relation to psycho-analytic therapy. Journal of the American Psychoanalytic Association, 2, 671–684.

Grunberger, B. (1971). Vom Narzißmus zum Objekt. Übers. v. Peter Canzler. Frankfurt: Suhrkamp 1976.

Grunberger, B. (1983). Narcisse et Anubis. Revue Française de Psychanalyse, 47, 921–938. (dt.: Narziß und Anubis oder Die doppelte Ur-Imago. In ders., Narziß und Anubis. Bd. 2. Übers. v. Eva Moldenhauer. München: Verlag Internationale Psychoanalyse 1988.)

Grunberger, B. & Chasseguet-Smirgel, J. (1976). Freud oder Reich? Übers. v. Gerhard Ahrens. Frankfurt: Ullstein 1979.

Die Grünen: diverse Broschüren, darunter: Die Grünen. Das Bundesprogramm; Tribunal gegen Erstschlag- und Massenvernichtungswaffen in Ost und West; GAL: Programm für Hamburg.

Heine, H. (1823/24). Die Heimkehr. Buch der Lieder. In ders., Sämtliche Schriften. Darmstadt: Wissenschaftliche Buchgesellschaft 1969–1976.

Heine, H. (1832–1835). Die romantische Schule. In ders., Werke, Bd. 4, Frankfurt: Insel 1968, 166–298.

Heine, H. (1834). Zur Geschichte der Religion und Philosophie in Deutschland. In ders., Werke. Bd. 4, Frankfurt: Insel 1968, 44–165.

Heine, H. (1844). Deutschland. Ein Wintermärchen. In ders., Werke, Bd. 1, Frankfurt: Insel 1968, 421–490.

Horney, K. (1932). The dread of woman. International Journal of Psycho-Analysis, 13, 348–490.

Jean Paul (1796). Die Vernichtung. Eine Vision. In ders., Sämtliche Werke. Bd. I. Historisch-kritische Ausgabe von E. Berend, 1927–1942, 13, 242 ff.

Jones, E. (1933) The phallic phase. International Journal of Psycho-Analysis, 14, 1–33.

Jones, E. (1962). Das Leben und Werk von Sigmund Freud. Band III. Bern: Huber.

Kempner, B. M. (1966). Priester vor Hitlers Tribunalen. München: Rütten & Loening.

Kernberg, O. (1976). Borderline-Störungen und pathologischer Narzißmus. Übers. v. Hermann Schultz. Frankfurt: Suhrkamp 1978.

Kesteberg, J. (1956). Vicissitudes of female sexuality. In ders., Children and parents. New York: Jason Aronson 1975.

Klein, M. (1928). Frühstadien des Ödipuskonflikts und der Über-Ich-Bildung. In ders., Psychoanalyse des Kindes. Wien: Internationaler Psychoanalytischer Verlag 1932.

Klein, M. (1930a). Die Bedeutung der Symbolbildung für die Ichentwicklung. In ders., Das Seelenleben des Kleinkindes. Stuttgart: Klett 1962.

Klein, M. (1930b). Psychotherapy of Psychoses. In ders., Contributions to Psychoanalysis. London: Hogarth Press 1948.

Klein, M. (1945). The Oedipus Complex in the Light of Early Anxieties. International Journal of Psycho-Analysis, 26.

Lanzmann, C. (1985). Shoah. Übers. v. Nina Börnsen und Anna Kamp. Düsseldorf: Claasen 1986.

Letarte, P. (1973). Angoisse d'engloutissement et Idéal du moi. Revue Française de Psychanalyse, 37, 1134–1139.

Lewin, K. (1951). The Psycho-analysis of elation. London: Hogarth Press.

Mann, Th. (1926). Les tendances spirituelles de l'Allemagne d'aujourd'hui. Les Cahiers de l'Herne. Paris: L'Herne 1973, 259–265.

Mann, Th. (1929). Die Stellung Freuds in der modernen Geistesgeschichte. In ders., Gesammelte Werke, Bd. 10, Frankfurt: S. Fischer 1974, 256–280.

Mann, Th. (1930a). Deutsche Ansprache. Ein Appell an die Vernunft. In ders., Gesammelte Werke, Bd. 11, a.a.O., 870–890.

Mann, Th. (1930b). Die Bäume im Garten. Rede für Pan-Europa. In ders., Gesammelte Werke. Bd. 11, a.a.O., 861–869.

Mann, Th. (1931). Die Wiedergeburt der Anständigkeit. In ders., Gesammelte Werke, Bd. 12, a.a.O., 649–677.

Mann, Th. (1933/34). Leiden an Deutschland. In ders., Gesammelte Werke, Bd. 12, a.a.O., 684–766.

Mann, Th. (1935). Achtung, Europa! In ders., Gesammelte Werke, Bd. 12, a.a.O., 766–779.

Mann, Th. (1936). Freud und die Zukunft. In ders., Gesammelte Werke, Bd. 9, a.a.O., 478–501.

Mann, Th. (1939). Bruder Hitler. In ders., Gesammelte Werke, Bd. 12, a.a.O., 845–852.

Mann, Th. (1940–1945). Deutsche Hörer! Fünfundzwanzig Radiosendungen nach Deutschland. In ders., Gesammelte Werke, Bd. 11, a.a.O., 983–1123.

Mann, Th. (1945). Deutschland und die Deutschen. In ders., Gesammelte Werke, Bd. 11, a.a.O., 1126–1148.

Mann, Th. (1949). Die Entstehung des Doktor Faustus. In ders., Gesammelte Werke, Bd. 11, a.a.O., 145–301.

McDougall, J. (1964). Über die weibliche Homosexualität. In

J. Chasseguet-Smirgel (Hg.), Psychoanalyse der weiblichen Sexualität (233–292). Übers. v. Grete Osterwald. Frankfurt: Suhrkamp 1974.

McDougall, J. (1972). Primal scene and sexual perversions. International Journal of Psycho-Analysis, 53, 371–384.

Minder, R. (1936). Ludwig Tieck. Paris.

Morelly, N. (1753). Le naufrage des îles flottantes ou basiliade. Paris.

Moritz, K. Ph. (1785–1790). Anton Reiser. Ein psychologischer Roman. Frankfurt: Insel 1979.

Moritz, K. Ph. (1794). Die neue Cecilia. Letzte Blätter. Berlin: Metzler 1962 (Faksimiledruck).

Moritz, K. Ph. (1787). Fragmente aus dem Tagebuche eines Geistersehers. Stuttgart: Metzler 1968 (Faksimiledruck).

Moritz, K. Ph. (1796). Launen und Phantasien. Hrsg. v. C. F. Klischnig. Berlin.

Morus, Th. (1516). Utopia. Übers. v. G. Ritter. Stuttgart: Reclam 1964.

Orwell, G. (1949). 1984. Übers. v. Michael Walter. Frankfurt-Wien: Ullstein 1984.

Rousseau, J. J. (1759). Julie oder Die Neue Héloïse. Übers. v. Reinhild Wolff. München: Winkler 1978.

Rousseau, J. J. (1761). Émile. Übers. v. Eleonore Skommodau. Stuttgart: Reclam 1965.

Sade, C. A. F., de (1788). La nouvelle Justine ou les malheurs de la vertu. In ders., Oeuvres complètes, Bd. VI. Paris 1967.

Samjatin, J. (1920). Wir. Aus dem Russischen v. Gisela Drohla. Köln: Kiepenheuer & Witsch 1958.

Sandoz, G. (1980). Ces Allemands qui ont défié Hitler. Paris: Pygmalion.

Sauzay, B. (1985). Le Vertige allemand. Paris: Olivier Orban.

Scholl, I. (1952). Die weiße Rose. Frankfurt: S. Fischer 1982.

Schreber, D. P. (1903). Denkwürdigkeiten eines Nervenkranken, Wiesbaden: Focus 1973 (Nachdruck).

Segal, H. (1953). A psychoanalytic approach to aesthetics. International Journal of Psycho-Analysis, 33, 196–207.

Segal, H. (1957). Notes on symbol formation. International Journal of Psycho-Analysis, 38, 391–397.

Servier, J. (1967). Der Traum von der großen Harmonie. Übers. v. Bernd Lächler. München: List 1971.

Sharpe, E. (1930). The technique of psychoanalysis. I. The analyst-essential qualifications for the acquisition of techniques. In ders., Collected Papers on Psycho-Analysis. London: Hogarth Press 1950, 9–21.

Sterren, H. A. van der (1948). Oedipe. Une étude psychanalytic d'après les tragédies de Sophocle. Paris: Presses Universitaires de France 1976.

Stoller, R. (1968). Sexual gender. New York: Science House.

Walser, M. (1961). Der Schwarze Schwan. Frankfurt: Suhrkamp 1964.

Woolf, M. (1945). Prohibitions against simultaneous consumption of mild and flesh in orthodox Jewish Law. International Journal of Psycho-Analysis, 26, 169–176.

Yathay, P. (1980). L'utopie meurtrière. Paris: Laffont.

Zweig. A. (1932). Odysseus Freud. Die psychoanalytische Bewegung 4 (2), 97–99.

Quellennachweis

Kapitel 1: Freud und die Weiblichkeit. Einige blinde Flecken auf dem dunklen Kontinent. Diskussionsbeitrag auf dem 29. Internationalen Psychoanalytischen Kongreß, London, Juli 1975.

Kapitel 2: Die Weiblichkeit des Psychoanalytikers bei der Ausübung seines Berufes. Vortrag auf dem 33. Internationalen Psychoanalytischen Kongreß, Madrid, Juli 1983.

Kapitel 3: Gefügige Töchter. Vortrag auf dem Kongreß der Kanadischen Psychoanalytischen Gesellschaft, Montreal, Mai 1984.

Kapitel 4: Ein „besonderer" Fall. Zur Übertragungsliebe beim Mann. Vortrag auf dem 4. Symposium der Poliklinik für Kinder- und Jugendpsychiatrie der Technischen Universität, München 1984.

Kapitel 5: Die archaische Matrix des Ödipuskomplexes. Vorlesung an der Columbia Universität, New York, Dezember 1984.

Kapitel 6: Die archaische Matrix des Ödipuskomplexes in der Utopie. André Ballard Seminar, New York, Dezember 1984.

Kapitel 7: Das Grüne Theater. Ein Versuch zur Interpretation kollektiver Äußerungen einer unbewußten Schuld. Modifizierte Version eines Vortrages auf einem Symposium über Depression am Institut der Pariser Psychoanalytischen Gesellschaft, Paris, September 1985.

Kapitel 8: Das Paradoxon der Freudschen Methode. Vortrag auf der 25-Jahr-Feier des Sigmund-Freud-Institutes, Frankfurt, Dezember 1985.

Verlag Internationale Psychoanalyse

Otto F. Kernberg
**Innere Welt und
äußere Realität**
Anwendungen der Objekt-
beziehungstheorie.
Übersetzt aus dem Amerikani-
schen von Max Looser.
1987, 408 Seiten, Leinen mit
Schutzumschlag.
DM 58,–
ISBN 3-621-26500-7

Peter Kutter, Raúl Páramo-Ortega,
Peter Zagermann (Hrsg.)
**Die psychoanalytische
Haltung**
Auf der Suche nach dem Selbst-
bild der Psychoanalyse.
1987, 412 Seiten, Leinen mit
Schutzumschlag, DM 58,–
ISBN 3-621-26501-5

Ursula Welsch/Michaela Wiesner
Lou Andreas-Salomé
Vom „Lebensurgrund" zur
Psychoanalyse
1987, ca. 536 Seiten, 92 Abb.,
Leinen mit Schutzumschlag,
DM 48,–
ISBN 3-621-26506-6

Béla Grunberger
Narziß und Anubis
Die Psychoanalyse jenseits der
Triebtheorie.
Übersetzt aus dem Französischen
von Eva Moldenhauer
1987, Band I, 256 Seiten,
Leinen mit Schutzumschlag,
DM 48,–
ISBN 3-621-26503-1
1988, Band II, 244 Seiten,
Leinen mit Schutzumschlag,
DM 48,–
ISBN 3-621-26504-X

Janine Chasseguet-Smirgel
Zwei Bäume im Garten
Zur psychischen Bedeutung der
Vater- und Mutterbilder. Psycho-
analytische Studien.
Übersetzt aus dem Französischen
von Eva Moldenhauer
1987, 216 Seiten, Leinen mit
Schutzumschlag,
DM 44,–
ISBN 3-621-26502-3

Morris N. Eagle
**Neuere Entwicklungen in der
Psychoanalyse**
Eine kritische Würdigung.
Übersetzt aus dem Amerikani-
schen von Hilde Weller.
1987, 308 Seiten, Leinen mit
Schutzumschlag.
DM 48,–
ISBN 3-621-26505-8

Angela-Graf-Nold
Der Fall Hermine Hug-Hellmuth
Eine Geschichte der frühen Kinder-
Psychoanalyse
1988, ca. 320 Seiten, ca. 50 Abb.,
Leinen mit Schutzumschlag,
ca. DM 48,–
ISBN 3-621-26507-4

Der 1987 gegründete Verlag
Internationale Psychoanalyse
ist eine Tochtergesellschaft der
Psychologie Verlags Union
München-Weinheim
Verlagsanschrift: 8000 München 2,
Postfach 20 24 40
Vertrieb: Psychologie Verlags Union,
Postfach 11 20, 6940 Weinheim

München und Wien

Preisänderungen vorbehalten